PORTUGUÉS
VOCABULARIO

ESPAÑOL-
PORTUGUÉS

Las palabras más útiles
Para expandir su vocabulario y refinar
sus habilidades lingüísticas

9000 palabras

Vocabulario Español-Portugués - 9000 palabras más usadas

por Andrey Taranov

Los vocabularios de T&P Books buscan ayudar en el aprendizaje, la memorización y la revisión de palabras de idiomas extranjeros. El diccionario se divide por temas, cubriendo toda la esfera de las actividades cotidianas, de negocios, ciencias, cultura, etc.

El proceso de aprendizaje de palabras utilizando los diccionarios temáticos de T&P Books le proporcionará a usted las siguientes ventajas:

- La información del idioma secundario está organizada claramente y predetermina el éxito para las etapas subsiguientes en la memorización de palabras.
- Las palabras derivadas de la misma raíz se agrupan, lo cual permite la memorización de grupos de palabras en vez de palabras aisladas.
- Las unidades pequeñas de palabras facilitan el proceso de reconocimiento de enlaces de asociación que se necesitan para la cohesión del vocabulario.
- De este modo, se puede estimar el número de palabras aprendidas y así también el nivel de conocimiento del idioma.

T&P Books Publishing
www.tpbooks.com

ISBN: 978-1-78071-400-4

Este libro está disponible en formato electrónico o de E-Book también.
Visite www.tpbooks.com o las librerías electrónicas más destacadas en la Red.

VOCABULARIO PORTUGUÉS
palabras más usadas

Los vocabularios de T&P Books buscan ayudar al aprendiz a aprender, memorizar y repasar palabras de idiomas extranjeros. Los vocabularios contienen más de 9000 palabras comúnmente usadas y organizadas de manera temática.

- El vocabulario contiene las palabras corrientes más usadas.
- Se recomienda como ayuda adicional a cualquier curso de idiomas.
- Capta las necesidades de aprendices de nivel principiante y avanzado.
- Es conveniente para uso cotidiano, prácticas de revisión y actividades de auto-evaluación.
- Facilita la evaluación del vocabulario.

Aspectos claves del vocabulario

- Las palabras se organizan según el significado, no según el orden alfabético.
- Las palabras se presentan en tres columnas para facilitar los procesos de repaso y auto-evaluación.
- Los grupos de palabras se dividen en pequeñas secciones para facilitar el proceso de aprendizaje.
- El vocabulario ofrece una transcripción sencilla y conveniente de cada palabra extranjera.

El vocabulario contiene 256 temas que incluyen lo siguiente:

Conceptos básicos, números, colores, meses, estaciones, unidades de medidas, ropa y accesorios, comida y nutrición, restaurantes, familia nuclear, familia extendida, características de personalidad, sentimientos, emociones, enfermedades, la ciudad y el pueblo, exploración del paisaje, compras, finanzas, la casa, el hogar, la oficina, el trabajo en oficina, importación y exportación, promociones, búsqueda de trabajo, deportes, educación, computación, la red, herramientas, la naturaleza, los países, las nacionalidades y más ...

TABLA DE CONTENIDO

GUÍA DE PRONUNCIACIÓN

T&P alfabeto fonético	Ejemplo portugués	Ejemplo español

Las vocales

[a]	baixo ['baɪʃu]	radio
[ɐ]	junta ['ʒũtɐ]	altura
[e]	erro ['eʀu]	verano
[ɛ]	leve ['lɛvə]	mes
[ə]	cliente [kli'ĕtə]	llave
[i]	lancil [lã'sil]	ilegal
[ɪ]	baixo ['baɪʃu]	abismo
[o], [ɔ]	boca, orar ['bokɐ], [ɔ'rar]	bolsa
[u]	urgente [ur'ʒĕtə]	mundo
[ã]	toranja [tu'rãʒɐ]	[a] nasal
[ẽ]	gente ['ʒẽtə]	[e] nasal
[ĩ]	seringa [sə'rĩgɐ]	[i] nasal
[õ]	ponto ['põtu]	[o] nasal
[ũ]	umbigo [ũ'bigu]	[u] nasal

Las consonantes

[b]	banco ['bãku]	en barco
[d]	duche ['duʃə]	desierto
[f]	facto ['faktu]	golf
[g]	gorila [gu'rilɐ]	jugada
[ʲ]	margem ['marʒẽʲ]	asiento
[j]	feira ['fejrɐ]	asiento
[k]	claro ['klaru]	charco
[l]	Londres ['lõdrəʃ]	lira
[ʎ]	molho ['moʎu]	lágrima
[m]	montanha [mõ'tɐɲɐ]	nombre
[n]	novela [nu'vɛlɐ]	número
[ɲ]	senhora [sə'ɲorɐ]	leña
[ŋ]	marketing ['markətiŋ]	rincón
[p]	prata ['pratɐ]	precio
[ʀ]	regador [ʀəgə'dor]	R francesa (gutural)
[r]	aberto [ɐ'bɛrtu]	pero
[s]	safira [sɐ'firɐ]	salva
[ʃ]	texto ['tɛʃtu]	shopping
[t]	teto ['tɛtu]	torre

T&P alfabeto fonético	Ejemplo portugués	Ejemplo español
[ʧ]	cappuccino [kapu'ʧinu]	mapache
[v]	alvo ['alvu]	travieso
[z]	vizinha [vi'ziɲe]	desde
[ʒ]	juntos ['ʒũtuʃ]	adyacente
[w]	sequoia [sə'kwɔjɐ]	acuerdo

ABREVIATURAS
usadas en el vocabulario

Abreviatura en español

adj	-	adjetivo
adv	-	adverbio
anim.	-	animado
conj	-	conjunción
etc.	-	etcétera
f	-	sustantivo femenino
f pl	-	femenino plural
fam.	-	uso familiar
fem.	-	femenino
form.	-	uso formal
inanim.	-	inanimado
innum.	-	innumerable
m	-	sustantivo masculino
m pl	-	masculino plural
m, f	-	masculino, femenino
masc.	-	masculino
mat	-	matemáticas
mil.	-	militar
num.	-	numerable
p.ej.	-	por ejemplo
pl	-	plural
pron	-	pronombre
sg	-	singular
v aux	-	verbo auxiliar
vi	-	verbo intransitivo
vi, vt	-	verbo intransitivo, verbo transitivo
vr	-	verbo reflexivo
vt	-	verbo transitivo

Abreviatura en portugués

f	-	sustantivo femenino
f pl	-	femenino plural
m	-	sustantivo masculino
m pl	-	masculino plural
m, f	-	masculino, femenino
pl	-	plural
v aux	-	verbo auxiliar

vi	-	verbo intransitivo
vi, vt	-	verbo intransitivo, verbo transitivo
vr	-	verbo reflexivo
vt	-	verbo transitivo

CONCEPTOS BÁSICOS

Conceptos básicos. Unidad 1

1. Los pronombres

yo	eu	['eu]
tú	tu	[tu]
él	ele	['ɛlə]
ella	ela	['ɛlɐ]
nosotros, -as	nós	[nɔʃ]
vosotros, -as	vocês	[vɔ'seʃ]
ellos	eles	['ɛləʃ]
ellas	elas	['ɛlɐʃ]

2. Saludos. Salutaciones. Despedidas

¡Hola! (fam.)	Olá!	[ɔ'la]
¡Hola! (form.)	Bom dia!	[bõ 'diɐ]
¡Buenos días!	Bom dia!	[bõ 'diɐ]
¡Buenas tardes!	Boa tarde!	['boɐ 'tardə]
¡Buenas noches!	Boa noite!	['boɐ 'nojtə]
decir hola	cumprimentar (vt)	[kũprimẽ'tar]
¡Hola! (a un amigo)	Olá!	[ɔ'la]
saludo (m)	saudação (f)	[sɐudɐ'sãu]
saludar (vt)	saudar (vt)	[sɐu'dar]
¿Cómo estáis?	Como vai?	['komu 'vaj]
¿Cómo estás?	Como vais?	['komu 'vaɪʃ]
¿Qué hay de nuevo?	O que há de novo?	[ukə a də 'novu]
¡Chau! ¡Adiós!	Até à vista!	[ɐ'tɛ a 'viʃtə]
¡Hasta pronto!	Até breve!	[ɐ'tɛ 'brɛvə]
¡Adiós!	Adeus!	[ɐ'deuʃ]
despedirse (vr)	despedir-se (vr)	[dəʃpə'dirsə]
¡Hasta luego!	Até logo!	[ɐ'tɛ 'lɔgu]
¡Gracias!	Obrigado! -a!	[ɔbri'gadu, -ɐ]
¡Muchas gracias!	Muito obrigado! -a!	['mujtu ɔbri'gadu, -ɐ]
De nada	De nada	[də 'nadɐ]
No hay de qué	Não tem de quê	['nãu tẽ de 'ke]
De nada	De nada	[də 'nadɐ]
¡Disculpa!	Desculpa!	[də'ʃkulpɐ]
¡Disculpe!	Desculpe!	[də'ʃkulpə]

disculpar (vt)	desculpar (vt)	[dəʃkul'par]
disculparse (vr)	desculpar-se (vr)	[dəʃkul'parsə]
Mis disculpas	As minhas desculpas	[ɐʃ 'miɲɐʃ də'ʃkulpɐʃ]
¡Perdóneme!	Desculpe!	[də'ʃkulpə]
perdonar (vt)	perdoar (vt)	[pərdu'ar]
¡No pasa nada!	Não faz mal	['nãu faʃ 'mal]
por favor	por favor	[pur fɐ'vor]

¡No se le olvide!	Não se esqueça!	['nãu sə ə'ʃkesɐ]
¡Ciertamente!	Certamente!	[sɛrtɐ'mẽtə]
¡Claro que no!	Claro que não!	['klaru kə 'nãu]
¡De acuerdo!	Está bem! De acordo!	[ə'ʃta bẽⁱ], [də ɐ'kordu]
¡Basta!	Basta!	['baʃtə]

3. Como dirigirse a otras personas

¡Perdóneme!	Desculpe ...	[də'ʃkulpə]
señor	senhor	[sə'ɲor]
señora	senhora	[sə'ɲorɐ]
señorita	rapariga	[ʀɐpɐ'rigɐ]
joven	rapaz	[ʀɐ'paʒ]
niño	menino	[mə'ninu]
niña	menina	[mə'ninɐ]

4. Números cardinales. Unidad 1

cero	zero	['zɛru]
uno	um	[ũ]
dos	dois	['doɪʃ]
tres	três	[treʃ]
cuatro	quatro	[ku'atru]

cinco	cinco	['sĩku]
seis	seis	['seɪʃ]
siete	sete	['sɛtə]
ocho	oito	['ojtu]
nueve	nove	['nɔvə]

diez	dez	[dɛʒ]
once	onze	['õzə]
doce	doze	['dozə]
trece	treze	['trezə]
catorce	catorze	[kɐ'torzə]

quince	quinze	['kĩzə]
dieciséis	dezasseis	[dəzɐ'seɪʃ]
diecisiete	dezassete	[dəzɐ'sɛtə]
dieciocho	dezoito	[də'zojtu]
diecinueve	dezanove	[dəzɐ'nɔvə]

veinte	vinte	['vĩtə]
veintiuno	vinte e um	['vĩtə i 'ũ]

| veintidós | vinte e dois | ['vĩtə i 'doɪʃ] |
| veintitrés | vinte e três | ['vĩtə i 'treʃ] |

treinta	trinta	['trĩte]
treinta y uno	trinta e um	['trĩte i 'ũ]
treinta y dos	trinta e dois	['trĩte i 'doɪʃ]
treinta y tres	trinta e três	['trĩte i 'treʃ]

cuarenta	quarenta	[kuɐ'rẽte]
cuarenta y uno	quarenta e um	[kuɐ'rẽte i 'ũ]
cuarenta y dos	quarenta e dois	[kuɐ'rẽte i 'doɪʃ]
cuarenta y tres	quarenta e três	[kuɐ'rẽte i 'treʃ]

cincuenta	cinquenta	[sĩku'ẽte]
cincuenta y uno	cinquenta e um	[sĩku'ẽte i 'ũ]
cincuenta y dos	cinquenta e dois	[sĩku'ẽte i 'doɪʃ]
cincuenta y tres	cinquenta e três	[sĩku'ẽte i 'treʃ]

sesenta	sessenta	[sə'sẽte]
sesenta y uno	sessenta e um	[sə'sẽte i 'ũ]
sesenta y dos	sessenta e dois	[sə'sẽte i 'doɪʃ]
sesenta y tres	sessenta e três	[sə'sẽte i 'treʃ]

setenta	setenta	[sə'tẽte]
setenta y uno	setenta e um	[sə'tẽte i 'ũ]
setenta y dos	setenta e dois	[sə'tẽte i 'doɪʃ]
setenta y tres	setenta e três	[sə'tẽte i 'treʃ]

ochenta	oitenta	[oj'tẽte]
ochenta y uno	oitenta e um	[oj'tẽte i 'ũ]
ochenta y dos	oitenta e dois	[oj'tẽte i 'doɪʃ]
ochenta y tres	oitenta e três	[oj'tẽte i 'treʃ]

noventa	noventa	[nu'vẽte]
noventa y uno	noventa e um	[nu'vẽte i 'ũ]
noventa y dos	noventa e dois	[nu'vẽte i 'doɪʃ]
noventa y tres	noventa e três	[nu'vẽte i 'treʃ]

5. Números cardinales. Unidad 2

cien	cem	[sẽʲ]
doscientos	duzentos	[du'zẽtuʃ]
trescientos	trezentos	[trə'zẽtuʃ]
cuatrocientos	quatrocentos	[kuatru'sẽtuʃ]
quinientos	quinhentos	[ki'ɲẽtuʃ]

seiscientos	seiscentos	[seɪ'ʃsẽtuʃ]
setecientos	setecentos	[sɛtə'sẽtuʃ]
ochocientos	oitocentos	[ojtu'sẽtuʃ]
novecientos	novecentos	[nɔvə'sẽtuʃ]

mil	mil	[mil]
dos mil	dois mil	['doɪʃ mil]
tres mil	três mil	['treʃ mil]

diez mil	dez mil	['dɛʒ mil]
cien mil	cem mil	[sẽ¹ mil]
millón (m)	um milhão	[ũ mi'ʎãu]
mil millones	mil milhões	[mil mi'ʎoɪʃ]

6. Números ordinales

primero (adj)	primeiro	[pri'mɐjru]
segundo (adj)	segundo	[sə'gũdu]
tercero (adj)	terceiro	[tər'sɐjru]
cuarto (adj)	quarto	[ku'artu]
quinto (adj)	quinto	['kĩtu]
sexto (adj)	sexto	['sɐʃtu]
séptimo (adj)	sétimo	['sɛtimu]
octavo (adj)	oitavo	[oj'tavu]
noveno (adj)	nono	['nonu]
décimo (adj)	décimo	['dɛsimu]

7. Números. Fracciones

fracción (f)	fração (f)	[fra'sãu]
un medio	um meio	[ũ 'mɐju]
un tercio	um terço	[ũ 'tersu]
un cuarto	um quarto	[ũ ku'artu]
un octavo	um oitavo	[ũ oj'tavu]
un décimo	um décimo	[ũ 'dɛsimu]
dos tercios	dois terços	['doɪʃ 'tersuʃ]
tres cuartos	três quartos	[treʃ ku'artuʃ]

8. Números. Operaciones básicas

sustracción (f)	subtração (f)	[subtra'sãu]
sustraer (vt)	subtrair (vi, vt)	[subtre'ir]
división (f)	divisão (f)	[divi'zãu]
dividir (vt)	dividir (vt)	[divi'dir]
adición (f)	adição (f)	[ɐdi'sãu]
sumar (totalizar)	somar (vt)	[su'mar]
adicionar (vt)	adicionar (vt)	[ɐdisju'nar]
multiplicación (f)	multiplicação (f)	[multiplike'sãu]
multiplicar (vt)	multiplicar (vt)	[multipli'kar]

9. Números. Miscelánea

| cifra (f) | algarismo, dígito (m) | [alge'riʒmu], ['diʒitu] |
| número (m) (~ cardinal) | número (m) | ['numəru] |

numeral (m)	numeral (m)	[numə'ral]
menos (m)	menos (m)	['menuʃ]
más (m)	mais (m)	['maɪʃ]
fórmula (f)	fórmula (f)	['fɔrmulɐ]

cálculo (m)	cálculo (m)	['kalkulu]
contar (vt)	contar (vt)	[kõ'tar]
calcular (vt)	calcular (vt)	[kalku'lar]
comparar (vt)	comparar (vt)	[kõpɐ'rar]

| ¿Cuánto? (innum.) | Quanto? | [ku'ãtu] |
| ¿Cuánto? (num.) | Quantos? -as? | [ku'ãtuʃ, -ɐʃ] |

suma (f)	soma (f)	['somɐ]
resultado (m)	resultado (m)	[ʀəzul'tadu]
resto (m)	resto (m)	['ʀɛʃtu]

algunos, algunas …	alguns, algumas …	[al'gũʃ], [al'gumɐʃ]
poco (innum.)	um pouco …	[ũ 'poku]
poco (num.)	poucos, poucas	['pokuʃ], ['pokɐʃ]
resto (m)	resto (m)	['ʀɛʃtu]
uno y medio	um e meio	[ũ i 'mɐju]
docena (f)	dúzia (f)	['duziɐ]

en dos	ao meio	[au 'mɐju]
en partes iguales	em partes iguais	[ẽ 'partəʃ igu'aɪʃ]
mitad (f)	metade (f)	[mə'tadə]
vez (f)	vez (f)	[veʒ]

10. Los verbos más importantes. Unidad 1

abrir (vt)	abrir (vt)	[ɐ'brir]
acabar, terminar (vt)	acabar, terminar (vt)	[ɐkɐ'bar], [tərmi'nar]
aconsejar (vt)	aconselhar (vt)	[ɐkõsə'ʎar]
adivinar (vt)	adivinhar (vt)	[ɐdivi'ɲar]
advertir (vt)	advertir (vt)	[ɐdvər'tir]
alabarse, jactarse (vr)	jactar-se, gabar-se (vr)	[ʒɐ'ktarsə], [gɐ'barsə]

almorzar (vi)	almoçar (vi)	[almu'sar]
alquilar (~ una casa)	alugar (vt)	[ɐlu'gar]
amenazar (vt)	ameaçar (vt)	[ɐmiɐ'sar]
arrepentirse (vr)	arrepender-se (vr)	[ɐʁipẽ'dersə]
ayudar (vt)	ajudar (vt)	[ɐʒu'dar]
bañarse (vr)	ir nadar	[ir nɐ'dar]

bromear (vi)	brincar (vi)	[brĩ'kar]
buscar (vt)	buscar (vt)	[bu'ʃkar]
caer (vi)	cair (vi)	[kɐ'ir]
callarse (vr)	ficar em silêncio	[fi'kar ẽ si'lẽsiu]
cambiar (vt)	mudar (vt)	[mu'dar]
castigar, punir (vt)	punir (vt)	[pu'nir]

| cavar (vt) | cavar (vt) | [kɐ'var] |
| cazar (vi, vt) | caçar (vi) | [kɐ'sar] |

cenar (vi)	jantar (vi)	[ʒã'tar]
cesar (vt)	cessar (vt)	[sə'sar]
coger (vt)	apanhar (vt)	[ɐpe'ɲar]
comenzar (vt)	começar (vt)	[kumə'sar]
comparar (vt)	comparar (vt)	[kõpe'rar]
comprender (vt)	compreender (vt)	[kõprië'der]
confiar (vt)	confiar (vt)	[kõ'fjar]
confundir (vt)	confundir (vt)	[kõfũ'dir]
conocer (~ a alguien)	conhecer (vt)	[kuɲə'ser]
contar (vt) (enumerar)	contar (vt)	[kõ'tar]
contar con …	contar com …	[kõ'tar kõ]
continuar (vt)	continuar (vt)	[kõtinu'ar]
controlar (vt)	controlar (vt)	[kõtru'lar]
correr (vi)	correr (vi)	[ku'ʀer]
costar (vt)	custar (vt)	[ku'ʃtar]
crear (vt)	criar (vt)	[kri'ar]

11. Los verbos más importantes. Unidad 2

dar (vt)	dar (vt)	[dar]
dar una pista	dar uma dica	[dar 'ume 'dike]
decir (vt)	dizer (vt)	[di'zer]
decorar (para la fiesta)	decorar (vt)	[dəku'rar]
defender (vt)	defender (vt)	[dəfë'der]
dejar caer	deixar cair (vt)	[deɪ'ʃar ke'ir]
desayunar (vi)	tomar o pequeno-almoço	[tu'mar u pə'kenu al'mosu]
descender (vi)	descer (vi)	[də'ʃser]
dirigir (administrar)	dirigir (vt)	[diri'ʒir]
disculpar (vt)	desculpar (vt)	[dəʃkul'par]
disculparse (vr)	desculpar-se (vr)	[dəʃkul'parsə]
discutir (vt)	discutir (vt)	[diʃku'tir]
dudar (vt)	duvidar (vt)	[duvi'dar]
encontrar (hallar)	encontrar (vt)	[ëkõ'trar]
engañar (vi, vt)	enganar (vt)	[ëge'nar]
entrar (vi)	entrar (vi)	[ë'trar]
enviar (vt)	enviar (vt)	[ë'vjar]
equivocarse (vr)	equivocar-se (vi)	[ëge'narsə]
escoger (vt)	escolher (vt)	[əʃku'ʎer]
esconder (vt)	esconder (vt)	[əʃkõ'der]
escribir (vt)	escrever (vt)	[əʃkrə'ver]
esperar (aguardar)	esperar (vt)	[əʃpə'rar]
esperar (tener esperanza)	esperar (vt)	[əʃpə'rar]
estar (vi)	estar (vi)	[ə'ʃtar]
estar de acuerdo	concordar (vi)	[kõkur'dar]
estudiar (vt)	estudar (vt)	[əʃtu'dar]
exigir (vt)	exigir (vt)	[ezi'ʒir]
existir (vi)	existir (vi)	[ezi'ʃtir]

explicar (vt)	explicar (vt)	[əʃpliˈkar]
faltar (a las clases)	faltar a ...	[falˈtar ɐ]
firmar (~ el contrato)	assinar (vt)	[ɐsiˈnar]

girar (~ a la izquierda)	virar (vi)	[viˈrar]
gritar (vi)	gritar (vi)	[griˈtar]
guardar (conservar)	guardar (vt)	[guɐrˈdar]
gustar (vi)	gostar (vt)	[guˈʃtar]
hablar (vi, vt)	falar (vi)	[fɐˈlar]

hacer (vt)	fazer (vt)	[fɐˈzer]
informar (vt)	informar (vt)	[ĩfurˈmar]
insistir (vi)	insistir (vi)	[ĩsiˈʃtir]
insultar (vt)	insultar (vt)	[ĩsulˈtar]

interesarse (vr)	interessar-se (vr)	[ĩtərəˈsarsə]
invitar (vt)	convidar (vt)	[kõviˈdar]
ir (a pie)	ir (vi)	[ir]
jugar (divertirse)	brincar, jogar (vi, vt)	[brĩˈkar], [ʒuˈgar]

12. Los verbos más importantes. Unidad 3

leer (vi, vt)	ler (vt)	[ler]
liberar (ciudad, etc.)	libertar (vt)	[libərˈtar]
llamar (por ayuda)	chamar (vt)	[ʃɐˈmar]
llegar (vi)	chegar (vi)	[ʃəˈgar]
llorar (vi)	chorar (vi)	[ʃuˈrar]

matar (vt)	matar (vt)	[mɐˈtar]
mencionar (vt)	mencionar (vt)	[mẽsiuˈnar]
mostrar (vt)	mostrar (vt)	[muˈʃtrar]
nadar (vi)	nadar (vi)	[nɐˈdar]

negarse (vr)	negar-se a ...	[neˈgarse a]
objetar (vt)	objetar (vt)	[ɔbʒɛˈtar]
observar (vt)	observar (vt)	[ɔbsərˈvar]
oír (vt)	ouvir (vt)	[oˈvir]

olvidar (vt)	esquecer (vt)	[əʃkɛˈser]
orar (vi)	rezar, orar (vi)	[ʀəˈzar], [ɔˈrar]
ordenar (mil.)	ordenar (vt)	[ɔrdəˈnar]
pagar (vi, vt)	pagar (vt)	[pɐˈgar]
pararse (vr)	parar (vi)	[pɐˈrar]

participar (vi)	participar (vi)	[pərtisiˈpar]
pedir (ayuda, etc.)	pedir (vt)	[pəˈdir]
pedir (en restaurante)	pedir (vt)	[pəˈdir]
pensar (vi, vt)	pensar (vt)	[pẽˈsar]

percibir (ver)	perceber (vt)	[pərsəˈber]
perdonar (vt)	perdoar (vt)	[pərduˈar]
permitir (vt)	permitir (vt)	[pərmiˈtir]
pertenecer a ...	pertencer a ...	[pərtẽˈser ɐ]
planear (vt)	planear (vt)	[plɐˈnjar]

poder (v aux)	**poder** (vi)	[pu'der]
poseer (vt)	**possuir** (vt)	[pusu'ir]
preferir (vt)	**preferir** (vt)	[prəfə'rir]
preguntar (vt)	**perguntar** (vt)	[pərgũ'tar]
preparar (la cena)	**preparar** (vt)	[prəpe'rar]
prever (vt)	**prever** (vt)	[prə'ver]
probar, tentar (vt)	**tentar** (vt)	[tẽ'tar]
prometer (vt)	**prometer** (vt)	[prumə'ter]
pronunciar (vt)	**pronunciar** (vt)	[prunũ'sjar]
proponer (vt)	**propor** (vt)	[pru'por]
quebrar (vt)	**quebrar** (vt)	[kə'brar]
quejarse (vr)	**queixar-se** (vr)	[kɛɪ'ʃarsə]
querer (amar)	**amar** (vt)	[ɐ'mar]
querer (desear)	**querer** (vt)	[kə'rer]

13. Los verbos más importantes. Unidad 4

recomendar (vt)	**recomendar** (vt)	[ʀəkumẽ'dar]
regañar, reprender (vt)	**repreender** (vt)	[ʀəpriẽ'der]
reírse (vr)	**rir** (vi)	[ʀir]
repetir (vt)	**repetir** (vt)	[ʀəpə'tir]
reservar (~ una mesa)	**reservar** (vt)	[ʀəzər'var]
responder (vi, vt)	**responder** (vt)	[ʀəʃpõ'der]
robar (vt)	**roubar** (vt)	[ʀo'bar]
saber (~ algo mas)	**saber** (vt)	[sɐ'ber]
salir (vi)	**sair** (vi)	[sɐ'ir]
salvar (vt)	**salvar** (vt)	[sa'lvar]
seguir ...	**seguir** ...	[sə'gir]
sentarse (vr)	**sentar-se** (vr)	[sẽ'tarsə]
ser (vi)	**ser** (vi)	[ser]
ser necesario	**ser necessário**	[ser nəsə'sariu]
significar (vt)	**significar** (vt)	[signifi'kar]
sonreír (vi)	**sorrir** (vi)	[su'ʀir]
sorprenderse (vr)	**surpreender-se** (vr)	[surpriẽ'dersə]
subestimar (vt)	**subestimar** (vt)	[subəʃti'mar]
tener (vt)	**ter** (vt)	[ter]
tener hambre	**ter fome**	[ter 'fomə]
tener miedo	**ter medo**	[ter 'medu]
tener prisa	**apressar-se** (vr)	[ɐprə'sarsə]
tener sed	**ter sede**	[ter 'sedə]
tirar, disparar (vi)	**disparar, atirar** (vi)	[diʃpe'rar], [ɐti'rar]
tocar (con las manos)	**tocar** (vt)	[tu'kar]
tomar (vt)	**pegar** (vt)	[pə'gar]
tomar nota	**anotar** (vt)	[ɐnu'tar]
trabajar (vi)	**trabalhar** (vi)	[trɐbe'ʎar]
traducir (vt)	**traduzir** (vt)	[trɐdu'zir]
unir (vt)	**unir** (vt)	[u'nir]

vender (vt)	vender (vt)	[vẽ'der]
ver (vt)	ver (vt)	[ver]
volar (pájaro, avión)	voar (vi)	[vu'ar]

14. Los colores

color (m)	cor (f)	[kor]
matiz (m)	matiz (m)	[mɐ'tiʒ]
tono (m)	tom (m)	[tõ]
arco (m) iris	arco-íris (m)	['arku 'iriʃ]

blanco (adj)	branco	['brãku]
negro (adj)	preto	['pretu]
gris (adj)	cinzento	[sĩ'zẽtu]

verde (adj)	verde	['verdə]
amarillo (adj)	amarelo	[ɐmɐ'rɛlu]
rojo (adj)	vermelho	[vər'meʎu]

azul (adj)	azul	[ɐ'zul]
azul claro (adj)	azul claro	[ɐ'zul 'klaru]
rosa (adj)	rosa	['rɔzɐ]
naranja (adj)	laranja	[lɐ'rãʒɐ]
violeta (adj)	violeta	[viu'letɐ]
marrón (adj)	castanho	[kɐ'ʃtɐɲu]

| dorado (adj) | dourado | [do'radu] |
| argentado (adj) | prateado | [prɐ'tjadu] |

beige (adj)	bege	['bɛʒə]
crema (adj)	creme	['krɛmə]
turquesa (adj)	turquesa	[tur'kezɐ]
rojo cereza (adj)	vermelho cereja	[vər'meʎu sə'reʒɐ]
lila (adj)	lilás	[li'laʃ]
carmesí (adj)	carmesim	[kɐrmə'zĩ]

claro (adj)	claro	['klaru]
oscuro (adj)	escuro	[ə'ʃkuru]
vivo (adj)	vivo	['vivu]

de color (lápiz ~)	de cor	[də kor]
en colores (película ~)	a cores	[ɐ 'korəʃ]
blanco y negro (adj)	preto e branco	['pretu i 'brãku]
unicolor (adj)	unicolor	[uniku'lor]
multicolor (adj)	multicor, multicolor	[multi'kor], [multiku'lor]

15. Las preguntas

¿Quién?	Quem?	[kẽĩ]
¿Qué?	Que?	[ke]
¿Dónde?	Onde?	['õdə]
¿Adónde?	Para onde?	['pɐrɐ 'õdə]

23

¿De dónde?	**De onde?**	[də 'õdə]
¿Cuándo?	**Quando?**	[ku'ãdu]
¿Para qué?	**Para quê?**	['perɐ ke]
¿Por qué?	**Porquê?**	[pur'ke]
¿Por qué razón?	**Para quê?**	['perɐ ke]
¿Cómo?	**Como?**	['komu]
¿Qué ...? (~ color)	**Qual?**	[ku'al]
¿Cuál?	**Qual?**	[ku'al]
¿A quién?	**A quem?**	[ɐ kẽʲ]
¿De quién? (~ hablan ...)	**De quem?**	[də kẽʲ]
¿De qué?	**Do quê?**	[du ke]
¿Con quién?	**Com quem?**	[kõ kẽʲ]
¿Cuánto? (innum.)	**Quanto?**	[ku'ãtu]
¿Cuánto? (num.)	**Quantos? -as?**	[ku'ãtuʃ, -ɐʃ]
¿De quién? (~ es este ...)	**De quem?**	[də kẽʲ]

16. Las preposiciones

con ... (~ algn)	**com ...**	[kõ]
sin ... (~ azúcar)	**sem**	[sẽʲ]
a ... (p.ej. voy a México)	**a ..., para ...**	[ɐ], ['perɐ]
de ... (hablar ~)	**sobre ...**	['sobrə]
antes de ...	**antes de ...**	['ãtəʃ də]
delante de ...	**diante de ...**	[di'ãtə də]
debajo	**debaixo de ...**	[də'baɪʃu də]
sobre ..., encima de ...	**sobre ..., em cima de ...**	['sobrə], [ẽ 'simɐ də]
en, sobre (~ la mesa)	**em ..., sobre ...**	[ẽ], ['sobrə]
de (origen)	**de ...**	[də]
de (fabricado de)	**de ...**	[də]
dentro de ...	**dentro de ...**	['dẽtru də]
encima de ...	**por cima de ...**	[pur 'simɐ də]

17. Las palabras útiles. Los adverbios. Unidad 1

¿Dónde?	**Onde?**	['õdə]
aquí (adv)	**aqui**	[ɐ'ki]
allí (adv)	**lá, ali**	[la], [ɐ'li]
en alguna parte	**em algum lugar**	[ɛn al'gũ lu'gar]
en ninguna parte	**em lugar nenhum**	[ẽ lu'gar nə'ɲũ]
junto a ...	**ao pé de ...**	['au pɛ də]
junto a la ventana	**ao pé da janela**	['au pɛ dɐ ʒɐ'nɛlɐ]
¿A dónde?	**Para onde?**	['perɐ 'õdə]
aquí (venga ~)	**para cá**	['perɐ ka]
allí (vendré ~)	**para lá**	['perɐ la]

de aquí (adv)	daqui	[dɐ'ki]
de allí (adv)	de lá, dali	[dǝ la], [dɐ'li]
cerca (no lejos)	perto	['pɛrtu]
lejos (adv)	longe	['lõʒǝ]
cerca de ...	perto de ...	['pɛrtu dǝ]
al lado (de ...)	ao lado de	[au 'ladu dǝ]
no lejos (adv)	perto, não fica longe	['pɛrtu], ['nãu 'fikɐ 'lõʒǝ]
izquierdo (adj)	esquerdo	[ǝ'ʃkerdu]
a la izquierda (situado ~)	à esquerda	[a ǝ'ʃkerdɐ]
a la izquierda (girar ~)	para esquerda	['pɐrɐ ǝ'ʃkerdɐ]
derecho (adj)	direito	[di'rejtu]
a la derecha (situado ~)	à direita	[a di'rejtɐ]
a la derecha (girar)	para direita	['pɐrɐ di'rejtɐ]
delante (yo voy ~)	adiante, à frente	[ɐdi'ãtǝ], [a 'frẽtǝ]
delantero (adj)	da frente	[dɐ 'frẽtǝ]
adelante (movimiento)	para a frente	['pɐrɐ a 'frẽtǝ]
detrás de ...	atrás de ...	[e'traʃ dǝ]
desde atrás	por detrás	[pur de'traʃ]
atrás (da un paso ~)	para trás	['pɐrɐ 'traʃ]
centro (m), medio (m)	meio (m), metade (f)	['mɛju], [mǝ'tadɐ]
en medio (adv)	no meio	[nu 'mɛju]
de lado (adv)	de lado	[dǝ 'ladu]
en todas partes	em todo lugar	[ãn 'todu lu'gar]
alrededor (adv)	ao redor	['au ʀǝ'dɔr]
de dentro (adv)	de dentro	[dǝ 'dẽtru]
a alguna parte	para algum lugar	['pɐrɐ al'gũ lu'gar]
todo derecho (adv)	diretamente	[dirɛte'mẽtǝ]
atrás (muévelo para ~)	de volta	['pɐrɐ 'traʃ]
de alguna parte (adv)	de algum lugar	[dǝ al'gũ lu'gar]
no se sabe de dónde	de algum lugar	[dǝ al'gũ lu'gar]
primero (adv)	em primeiro lugar	[ẽ pri'mejru lu'gar]
segundo (adv)	em segundo lugar	[ẽ sǝ'gũdu lu'gar]
tercero (adv)	em terceiro lugar	[ẽ tǝr'sejru lu'gar]
de súbito (adv)	de súbito, de repente	[dǝ 'subitu], [dǝ ʀǝ'pẽtǝ]
al principio (adv)	no início	[nu i'nisiu]
por primera vez	pela primeira vez	['pɛlɐ pri'mejrɐ 'veʒ]
mucho tiempo antes ...	muito antes de ...	['mujtu 'ãtǝʃ dǝ]
de nuevo (adv)	de novo	[dǝ 'novu]
para siempre (adv)	para sempre	['pɐrɐ 'sẽprǝ]
jamás, nunca (adv)	nunca	['nũkɐ]
de nuevo (adv)	de novo	[dǝ 'novu]
ahora (adv)	agora	[e'gɔrɐ]
frecuentemente (adv)	frequentemente	[frǝkuẽtɐ'mẽtǝ]

entonces (adv)	então	[ẽ'tãu]
urgentemente (adv)	urgentemente	[urʒẽtə'mẽtə]
usualmente (adv)	usualmente	[uzual'mẽtə]

a propósito, …	a propósito, …	[ɐ pru'pɔzitu]
es probable	é possível	[ɛ pu'sivɛl]
probablemente (adv)	provavelmente	[pruvavɛl'mẽtə]
tal vez	talvez	[ta'lveʒ]
además …	além disso, …	[a'lẽʲ 'disu]
por eso …	por isso …	[pur 'isu]
a pesar de …	apesar de …	[ɐpə'zar də]
gracias a …	graças a …	['grasɐʃ ɐ]

qué (pron)	que	[kə]
que (conj)	que	[kə]
algo (~ le ha pasado)	algo	[algu]
algo (~ así)	alguma coisa	[al'gumɐ 'kojzɐ]
nada (f)	nada	['nadɐ]

quien	quem	[kẽʲ]
alguien (viene ~)	alguém	[al'gẽʲ]
alguien (¿ha llamado ~?)	alguém	[al'gẽʲ]

nadie	ninguém	[nĩ'gẽʲ]
a ninguna parte	para lugar nenhum	['pɐrɐ lu'gar nə'ɲũ]
de nadie	de ninguém	[də nĩ'gẽʲ]
de alguien	de alguém	[də al'gẽʲ]

tan, tanto (adv)	tão	['tãu]
también (~ habla francés)	também	[tã'bẽʲ]
también (p.ej. Yo ~)	também	[tã'bẽʲ]

18. Las palabras útiles. Los adverbios. Unidad 2

¿Por qué?	Porquê?	[pur'ke]
no se sabe porqué	por alguma razão	[pur al'gumɐ ʀe'zãu]
porque …	porque …	['purkə]
por cualquier razón (adv)	por qualquer razão	['pur kual'kɛr ʀe'zãw]

y (p.ej. uno y medio)	e	[i]
o (p.ej. té o café)	ou	['ou]
pero (p.ej. me gusta, ~)	mas	[mɐʃ]
para (p.ej. es para ti)	para	['pɐrɐ]

demasiado (adv)	demasiado, muito	[dəmɐzi'adu], ['mujtu]
sólo, solamente (adv)	só, somente	[sɔ], [sɔ'mẽtə]
exactamente (adv)	exatamente	[ezatɐ'mẽtə]
unos …,	cerca de …	['serkɐ də]
cerca de … (~ 10 kg)		

aproximadamente	aproximadamente	[ɐprɔsimadɐ'mẽtə]
aproximado (adj)	aproximado	[ɐprɔsi'madu]
casi (adv)	quase	[ku'azɐ]
resto (m)	resto (m)	['ʀɛʃtu]

el otro (adj)	o outro	[u 'otru]
otro (p.ej. el otro día)	outro	['otru]
cada (adj)	cada	['kɐdɐ]
cualquier (adj)	qualquer	[kua'lkɛr]
mucho (innum.)	muito	['mujtu]
mucho (num.)	muitos, muitas	['mujtuʃ], ['mujteʃ]
muchos (mucha gente)	muitas pessoas	['mujteʃ pə'soɐʃ]
todos	todos	['toduʃ]
a cambio de ...	em troca de ...	[ẽ 'trɔkɐ də]
en cambio (adv)	em troca	[ẽ 'trɔkɐ]
a mano (hecho ~)	à mão	[a 'mãu]
poco probable	pouco provável	['poku pru'vavɛl]
probablemente	provavelmente	[pruvavɛl'mẽtɐ]
a propósito (adv)	de propósito	[də pru'pozitu]
por accidente (adv)	por acidente	[pur ɐsi'dẽtɐ]
muy (adv)	muito	['mujtu]
por ejemplo (adv)	por exemplo	[pur e'zẽplu]
entre (~ nosotros)	entre	['ẽtrə]
entre (~ otras cosas)	entre, no meio de ...	['ẽtrə], [nu 'mɐju də]
tanto (~ gente)	tanto	['tãtu]
especialmente (adv)	especialmente	[əʃpəsjal'mẽtɐ]

Conceptos básicos. Unidad 2

rico (adj)	rico	['ʀiku]
pobre (adj)	pobre	['pɔbrə]
enfermo (adj)	doente	[du'ẽtə]
sano (adj)	são	['sãu]
grande (adj)	grande	['grãdə]
pequeño (adj)	pequeno	[pə'kenu]
rápidamente (adv)	rapidamente	[ʀapidɐ'mẽtə]
lentamente (adv)	lentamente	[lẽtɐ'mẽtə]
rápido (adj)	rápido	['ʀapidu]
lento (adj)	lento	['lẽtu]
alegre (adj)	alegre	[ɐ'lɛgrə]
triste (adj)	triste	['triʃtə]
juntos (adv)	juntos	['ʒũtuʃ]
separadamente	separadamente	[səpɐradɐ'mẽtə]
en voz alta	em voz alta	[ẽ vɔʒ 'altɐ]
en silencio	para si	['pɐrɐ si]
alto (adj)	alto	['altu]
bajo (adj)	baixo	['baɪʃu]
profundo (adj)	profundo	[pru'fũdu]
poco profundo (adj)	pouco fundo	['poku 'fũdu]
sí	sim	[sĩ]
no	não	[nãu]
lejano (adj)	distante	[di'ʃtãtə]
cercano (adj)	próximo	['prɔsimu]
lejos (adv)	longe	['lõʒə]
cerco (adv)	perto	['pɛrtu]
largo (adj)	longo	['lõgu]
corto (adj)	curto	['kurtu]
bueno (de buen corazón)	bom, bondoso	[bõ], [bõ'dozu]
malvado (adj)	mau	['mau]

casado (adj)	**casado**	[kɐ'zadu]
soltero (adj)	**solteiro**	[sɔl'tɐjru]
prohibir (vt)	**proibir** (vt)	[prui'bir]
permitir (vt)	**permitir** (vt)	[pɐrmi'tir]
fin (m)	**fim** (m)	[fĩ]
principio (m)	**princípio, começo** (m)	[prĩ'sipiu], [ku'mesu]
izquierdo (adj)	**esquerdo**	[ə'ʃkerdu]
derecho (adj)	**direito**	[di'rejtu]
primero (adj)	**primeiro**	[pri'mejru]
último (adj)	**último**	['ultimu]
crimen (m)	**crime** (m)	['krimə]
castigo (m)	**castigo** (m)	[kɐ'ʃtigu]
ordenar (vt)	**ordenar** (vt)	[ɔrdə'nar]
obedecer (vi, vt)	**obedecer** (vt)	[ɔbədə'ser]
recto (adj)	**reto**	['ʀɛtu]
curvo (adj)	**curvo**	['kurvu]
paraíso (m)	**paraíso** (m)	[pɐrɐ'izu]
infierno (m)	**inferno** (m)	[ĩ'fɛrnu]
nacer (vi)	**nascer** (vi)	[nɐ'ʃser]
morir (vi)	**morrer** (vi)	[mu'ʀer]
fuerte (adj)	**forte**	['fɔrtə]
débil (adj)	**fraco, débil**	['fraku], ['dɛbil]
viejo (adj)	**velho, idoso**	['vɛʎu], [i'dozu]
joven (adj)	**jovem**	['ʒɔvẽj]
viejo (adj)	**velho**	['vɛʎu]
nuevo (adj)	**novo**	['novu]
duro (adj)	**duro**	['duru]
blando (adj)	**mole**	['mɔlə]
tibio (adj)	**tépido**	['tɛpidu]
frío (adj)	**frio**	['friu]
gordo (adj)	**gordo**	['gordu]
delgado (adj)	**magro**	['magru]
estrecho (adj)	**estreito**	[ə'ʃtrejtu]
ancho (adj)	**largo**	['largu]
bueno (adj)	**bom**	[bõ]
malo (adj)	**mau**	['mau]
valiente (adj)	**valente**	[vɐ'lẽtə]
cobarde (adj)	**cobarde**	[ku'bardə]

20. Los días de la semana

lunes (m)	segunda-feira (f)	[sə'gũdɐ 'fejɾɐ]
martes (m)	terça-feira (f)	['tersɐ 'fejɾɐ]
miércoles (m)	quarta-feira (f)	[ku'art 'fejɾɐ]
jueves (m)	quinta-feira (f)	['kĩtɐ 'fejɾɐ]
viernes (m)	sexta-feira (f)	['seʃtɐ 'fejɾɐ]
sábado (m)	sábado (m)	['sabɐdu]
domingo (m)	domingo (m)	[du'mĩgu]
hoy (adv)	hoje	['oʒə]
mañana (adv)	amanhã	[amɐ'ɲã]
pasado mañana	depois de amanhã	[də'poiʃ də amɐ'ɲã]
ayer (adv)	ontem	['õtẽj]
anteayer (adv)	anteontem	[ãti'õtẽj]
día (m)	dia (m)	['diɐ]
día (m) de trabajo	dia (m) de trabalho	['diɐ də trɐ'baʎu]
día (m) de fiesta	feriado (m)	[fə'rjadu]
día (m) de descanso	dia (m) de folga	['diɐ də 'fɔlgɐ]
fin (m) de semana	fim (m) de semana	[fĩ də sə'menɐ]
todo el día	o dia todo	[u 'diɐ 'todu]
al día siguiente	no dia seguinte	[nu 'diɐ sə'gĩtɐ]
dos días atrás	há dois dias	[a 'doiʃ 'dieʃ]
en vísperas (adv)	na véspera	[nɐ 'vɛʃpɐɾɐ]
diario (adj)	diário	[di'ariu]
cada día (adv)	todos os dias	['toduʃ uʃ 'dieʃ]
semana (f)	semana (f)	[sə'menɐ]
semana (f) pasada	na semana passada	[nɐ sə'menɐ pɐ'sadɐ]
semana (f) que viene	na próxima semana	[nɐ 'prɔsimɐ sə'menɐ]
semanal (adj)	semanal	[səmɐ'nal]
cada semana (adv)	cada semana	['kɐdɐ sə'menɐ]
2 veces por semana	duas vezes por semana	['duɐʃ 'vezɐʃ pur sə'menɐ]
todos los martes	cada terça-feira	['kɐdɐ tersɐ 'fejɾɐ]

21. Las horas. El día y la noche

mañana (f)	manhã (f)	[mɐ'ɲã]
por la mañana	de manhã	[də mɐ'ɲã]
mediodía (m)	meio-dia (m)	['mɐju 'diɐ]
por la tarde	à tarde	[a 'tardə]
noche (f)	noite (f)	['nojtə]
por la noche	à noite	[a 'nojtə]
noche (f) (p.ej. 2:00 a.m.)	noite (f)	['nojtə]
por la noche	à noite	[a 'nojtə]
medianoche (f)	meia-noite (f)	['mɐjɐ 'nojtə]
segundo (m)	segundo (m)	[sə'gũdu]
minuto (m)	minuto (m)	[mi'nutu]
hora (f)	hora (f)	['ɔɾɐ]

media hora (f)	**meia hora** (f)	['mɐje 'ɔre]
cuarto (m) de hora	**quarto** (m) **de hora**	[ku'artu də 'ɔre]
quince minutos	**quinze minutos**	['kĩzə mi'nutuʃ]
veinticuatro horas	**vinte e quatro horas**	['vĩtə i ku'atru 'ɔreʃ]
salida (f) del sol	**nascer** (m) **do sol**	[ne'ʃser du sɔl]
amanecer (m)	**amanhecer** (m)	[emɐɲə'ser]
madrugada (f)	**madrugada** (f)	[medru'gade]
puesta (f) del sol	**pôr** (m) **do sol**	[por du 'sɔl]
de madrugada	**de madrugada**	[də medru'gade]
esta mañana	**hoje de manhã**	['oʒə də me'ɲã]
mañana por la mañana	**amanhã de manhã**	[amɐ'ɲã də me'ɲã]
esta tarde	**hoje à tarde**	['oʒə a 'tardə]
por la tarde	**à tarde**	[a 'tardə]
mañana por la tarde	**amanhã à tarde**	[amɐ'ɲã a 'tardə]
esta noche (p.ej. 8:00 p.m.)	**esta noite, hoje à noite**	['ɛʃtə 'nojtə], ['oʒə a 'nojtə]
mañana por la noche	**amanhã à noite**	[amɐ'ɲã a 'nojtə]
a las tres en punto	**às três horas em ponto**	[aʃ treʃ 'ɔreʃ ẽ 'põtu]
a eso de las cuatro	**por volta das quatro**	[pur 'vɔltə deʃ ku'atru]
para las doce	**às doze**	[aʃ 'dozə]
dentro de veinte minutos	**dentro de vinte minutos**	['dẽtru də 'vĩtə mi'nutuʃ]
dentro de una hora	**dentro duma hora**	['dẽtru 'dumɐ 'ɔre]
a tiempo (adv)	**a tempo**	[ɐ 'tẽpu]
… menos cuarto	**… menos um quarto**	['menuʃ 'ũ ku'artu]
durante una hora	**durante uma hora**	[du'rãtə 'umɐ 'ɔre]
cada quince minutos	**a cada quinze minutos**	[ɐ 'kedɐ 'kĩzə mi'nutuʃ]
día y noche	**as vinte e quatro horas**	[ɐʃ 'vĩtə i ku'atru 'ɔreʃ]

22. Los meses. Las estaciones

enero (m)	**janeiro** (m)	[ʒe'nejru]
febrero (m)	**fevereiro** (m)	[fəvə'rejru]
marzo (m)	**março** (m)	['marsu]
abril (m)	**abril** (m)	[ɐ'bril]
mayo (m)	**maio** (m)	['maju]
junio (m)	**junho** (m)	['ʒuɲu]
julio (m)	**julho** (m)	['ʒuʎu]
agosto (m)	**agosto** (m)	[ɐ'goʃtu]
septiembre (m)	**setembro** (m)	[sə'tẽbru]
octubre (m)	**outubro** (m)	[o'tubru]
noviembre (m)	**novembro** (m)	[nu'vẽbru]
diciembre (m)	**dezembro** (m)	[də'zẽbru]
primavera (f)	**primavera** (f)	[primɐ'vɛre]
en primavera	**na primavera**	[ne primɐ'vɛre]
de primavera (adj)	**primaveril**	[primevə'ril]
verano (m)	**verão** (m)	[və'rãu]

en verano	no verão	[nu və'rãu]
de verano (adj)	de verão	[də və'rãu]
otoño (m)	outono (m)	[o'tonu]
en otoño	no outono	[nu o'tonu]
de otoño (adj)	outonal	[otu'nal]
invierno (m)	inverno (m)	[ĩ'vɛrnu]
en invierno	no inverno	[nu ĩ'vɛrnu]
de invierno (adj)	de inverno	[də ĩ'vɛrnu]
mes (m)	mês (m)	[meʃ]
este mes	este mês	['eʃtə meʃ]
al mes siguiente	no próximo mês	[nu 'prɔsimu meʃ]
el mes pasado	no mês passado	[nu meʃ pɐ'sadu]
hace un mes	há um mês	[a ũ meʃ]
dentro de un mes	dentro de um mês	['dẽtru də ũ meʃ]
dentro de dos meses	dentro de dois meses	['dẽtru də 'doɪʃ 'mezəʃ]
todo el mes	todo o mês	['todu u meʃ]
todo un mes	um mês inteiro	[ũ meʃ ĩ'tejru]
mensual (adj)	mensal	[mẽ'sal]
mensualmente (adv)	mensalmente	[mẽsal'mẽtə]
cada mes	cada mês	['kɐdɐ meʃ]
dos veces por mes	duas vezes por mês	['duɐʃ 'vezəʃ pur meʃ]
año (m)	ano (m)	['enu]
este año	este ano	['eʃtə 'enu]
el próximo año	no próximo ano	[nu 'prɔsimu 'enu]
el año pasado	no ano passado	[nu 'enu pɐ'sadu]
hace un año	há um ano	[a ũ 'enu]
dentro de un año	dentro dum ano	['dẽtru dũ 'enu]
dentro de dos años	dentro de dois anos	['dẽtru də 'doɪʃ 'enuʃ]
todo el año	todo o ano	['todu u 'enu]
todo un año	um ano inteiro	[ũ 'enu ĩ'tejru]
cada año	cada ano	['kɐdɐ 'enu]
anual (adj)	anual	[enu'al]
anualmente (adv)	anualmente	[enual'mẽtə]
cuatro veces por año	quatro vezes por ano	[ku'atru 'vezəʃ pur 'enu]
fecha (f) (la ~ de hoy es …)	data (f)	['datɐ]
fecha (f) (~ de entrega)	data (f)	['datɐ]
calendario (m)	calendário (m)	[kɐlẽ'dariu]
medio año (m)	meio ano	['mɐju 'enu]
seis meses	seis meses	['seɪʃ 'mezəʃ]
estación (f)	estação (f)	[əʃtɐ'sãu]
siglo (m)	século (m)	['sɛkulu]

23. La hora. Miscelánea

tiempo (m)	tempo (m)	['tẽpu]
momento (m)	momento (m)	[mu'mẽtu]

instante (m)	instante (m)	[ĩˈʃtãtə]
instantáneo (adj)	instantâneo	[ĩʃtãˈtɐniu]
lapso (m) de tiempo	lapso (m) de tempo	[ˈlapsu də ˈtẽpu]
vida (f)	vida (f)	[ˈvidə]
eternidad (f)	eternidade (f)	[etərniˈdadə]

época (f)	época (f)	[ˈɛpukə]
era (f)	era (f)	[ˈɛɾɐ]
ciclo (m)	ciclo (m)	[ˈsiklu]
periodo (m)	período (m)	[pəˈriudu]
plazo (m) (~ de tres meses)	prazo (m)	[ˈprazu]

futuro (m)	futuro (m)	[fuˈturu]
futuro (adj)	futuro	[fuˈturu]
la próxima vez	da próxima vez	[də ˈprɔsimɐ veʒ]
pasado (m)	passado (m)	[pɐˈsadu]
pasado (adj)	passado	[pɐˈsadu]
la última vez	na vez passada	[nɐ veʒ pɐˈsadɐ]
más tarde (adv)	mais tarde	[ˈmaɪʃ ˈtardə]
después	depois	[dəˈpoɪʃ]
actualmente (adv)	atualmente	[ɐtualˈmẽtə]
ahora (adv)	agora	[ɐˈgoɾɐ]
inmediatamente	imediatamente	[imədjatɐˈmẽtə]
pronto (adv)	em breve	[ẽ ˈbrɛvə]
de antemano (adv)	de antemão	[də ãtəˈmãu]

hace mucho tiempo	há muito tempo	[a ˈmujtu ˈtẽpu]
hace poco (adv)	há pouco tempo	[a ˈpoku ˈtẽpu]
destino (m)	destino (m)	[dəˈʃtinu]
recuerdos (m pl)	recordações (f pl)	[ʀəkurdɐˈsoɪʃ]
archivo (m)	arquivo (m)	[erˈkivu]
durante ...	durante ...	[duˈrãtə]
mucho tiempo (adv)	durante muito tempo	[duˈrãtə ˈmujtu ˈtẽpu]
poco tiempo (adv)	pouco tempo	[ˈpoku ˈtẽpu]
temprano (adv)	cedo	[ˈsedu]
tarde (adv)	tarde	[ˈtardə]

para siempre (adv)	para sempre	[ˈpɐɾɐ ˈsẽprə]
comenzar (vt)	começar (vt)	[kuməˈsar]
aplazar (vt)	adiar (vt)	[ɐˈdjar]

simultáneamente	simultaneamente	[ˈaw ˈmeʒmu ˈtẽpu]
permanentemente	permanentemente	[pərmənẽtəˈmẽtə]
constante (ruido, etc.)	constante	[kõˈʃtãtə]
temporal (adj)	temporário	[tẽpuˈrariu]

a veces (adv)	às vezes	[aʃ ˈvezəʃ]
raramente (adv)	raras vezes, raramente	[ˈʀaɾɐʃ ˈvezəʃ] [ʀaɾɐˈmẽtə]
frecuentemente	frequentemente	[frəkuẽtəˈmẽtə]

24. Las líneas y las formas

cuadrado (m)	quadrado (m)	[kuɐˈdradu]
cuadrado (adj)	quadrado	[kuɐˈdradu]

círculo (m)	**círculo** (m)	['sirkulu]
redondo (adj)	**redondo**	[ʀə'dõdu]
triángulo (m)	**triângulo** (m)	[tri'ãgulu]
triangular (adj)	**triangular**	[triãgu'lar]

óvalo (m)	**oval** (f)	[ɔ'val]
oval (adj)	**oval**	[ɔ'val]
rectángulo (m)	**retângulo** (m)	[ʀɛ'tãgulu]
rectangular (adj)	**retangular**	[ʀɛtãgu'lar]

pirámide (f)	**pirâmide** (f)	[pi'ʀemidə]
rombo (m)	**rombo, losango** (m)	['ʀõbu], [lu'zãgu]
trapecio (m)	**trapézio** (m)	[tre'pɛziu]
cubo (m)	**cubo** (m)	['kubu]
prisma (m)	**prisma** (m)	['priʒme]

circunferencia (f)	**circunferência** (f)	[sirkũfə'ʀẽsiɐ]
esfera (f)	**esfera** (f)	[ə'ʃfɛrɐ]
globo (m)	**globo** (m)	['globu]
diámetro (m)	**diâmetro** (m)	['djɐmətru]
radio (m)	**raio** (m)	['ʀaju]
perímetro (m)	**perímetro** (m)	[pə'rimətru]
centro (m)	**centro** (m)	['sẽtru]

horizontal (adj)	**horizontal**	[ɔrizõ'tal]
vertical (adj)	**vertical**	[vərti'kal]
paralela (f)	**paralela** (f)	[pɐrɐ'lɛlɐ]
paralelo (adj)	**paralelo**	[pɐrɐ'lɛlu]

línea (f)	**linha** (f)	['liɲe]
trazo (m)	**traço** (m)	['trasu]
recta (f)	**reta** (f)	['ʀɛte]
curva (f)	**curva** (f)	['kurvɐ]
fino (la ~a línea)	**fino**	['finu]
contorno (m)	**contorno** (m)	[kõ'tornu]

intersección (f)	**interseção** (f)	[ĩtərsɛ'sãu]
ángulo (m) recto	**ângulo** (m) **reto**	[ãgulu 'ʀɛtu]
segmento (m)	**segmento** (m)	[sɛ'gmẽtu]
sector (m)	**setor** (m)	[sɛ'tor]
lado (m)	**lado** (m)	['ladu]
ángulo (m)	**ângulo** (m)	[ãgulu]

25. Las unidades de medida

peso (m)	**peso** (m)	['pezu]
longitud (f)	**comprimento** (m)	[kõpri'mẽtu]
anchura (f)	**largura** (f)	[lɐr'gurɐ]
altura (f)	**altura** (f)	[al'turɐ]
profundidad (f)	**profundidade** (f)	[prufũdi'dadə]
volumen (m)	**volume** (m)	[vu'lumə]
área (f)	**área** (f)	['ariɐ]
gramo (m)	**grama** (m)	['gremɐ]
miligramo (m)	**miligrama** (m)	[mili'gremɐ]

kilogramo (m)	quilograma (m)	[kilu'grɐme]
tonelada (f)	tonelada (f)	[tunə'ladɐ]
libra (f)	libra (f)	['librɐ]
onza (f)	onça (f)	['ösɐ]

metro (m)	metro (m)	['mɛtru]
milímetro (m)	milímetro (m)	[mi'limətru]
centímetro (m)	centímetro (m)	[sẽ'timətru]
kilómetro (m)	quilómetro (m)	[ki'lɔmətru]
milla (f)	milha (f)	['miʎɐ]

pulgada (f)	polegada (f)	[pulə'gadɐ]
pie (m)	pé (m)	[pɛ]
yarda (f)	jarda (f)	['ʒardɐ]

metro (m) cuadrado	metro (m) quadrado	['mɛtru kuɐ'dradu]
hectárea (f)	hectare (m)	[ɛ'ktarə]

litro (m)	litro (m)	['litru]
grado (m)	grau (m)	['grau]
voltio (m)	volt (m)	['vɔltə]
amperio (m)	ampere (m)	[ã'pɛrə]
caballo (m) de fuerza	cavalo-vapor (m)	[kɐ'valu vɐ'por]

cantidad (f)	quantidade (f)	[kuãti'dadə]
un poco de ...	um pouco de ...	[ũ 'poku də]
mitad (f)	metade (f)	[mə'tadə]
docena (f)	dúzia (f)	['duziɐ]
pieza (f)	peça (f)	['pɛsɐ]

dimensión (f)	dimensão (f)	[dimẽ'sãu]
escala (f) (del mapa)	escala (f)	[ə'ʃkalɐ]

mínimo (adj)	mínimo	['minimu]
el más pequeño (adj)	menor, mais pequeno	[mə'nɔr], ['maɪʃ pə'kenu]
medio (adj)	médio	['mɛdiu]
máximo (adj)	máximo	['masimu]
el más grande (adj)	maior, mais grande	[me'jɔr], ['maɪʃ 'grãdə]

26. Contenedores

tarro (m) de vidrio	boião (m) de vidro	[bo'jãu də 'vidru]
lata (f)	lata (f)	['latə]
cubo (m)	balde (m)	['baldə]
barril (m)	barril (m)	[bɐ'ʀil]

palangana (f)	bacia (f)	[bɐ'siɐ]
tanque (m)	tanque (m)	['tãkə]
petaca (f) (de alcohol)	cantil (m) de bolso	[kã'til de 'bolsu]
bidón (m) de gasolina	bidão (m) de gasolina	[bi'dãu də gɐzu'linɐ]
cisterna (f)	cisterna (f)	[si'ʃtɛrnɐ]

taza (f) (mug de cerámica)	caneca (f)	[kɐ'nɛkɐ]
taza (f) (~ de café)	chávena (f)	['ʃavənɐ]

platillo (m)	pires (m)	['pirəʃ]
vaso (m) (~ de agua)	copo (m)	['kɔpu]
copa (f) (~ de vino)	taça (f) de vinho	['tase də 'viɲu]
olla (f)	panela, caçarola (f)	[pɐ'nɛlɐ], [kɐsɐ'rɔlɐ]
botella (f)	garrafa (f)	[gɐ'ʀafɐ]
cuello (m) de botella	gargalo (m)	[gɐr'galu]
garrafa (f)	garrafa (f)	[gɐ'ʀafɐ]
jarro (m) (~ de agua)	jarro (m)	['ʒaʀu]
recipiente (m)	recipiente (m)	[ʀəsipi'ẽtə]
tarro (m)	pote (m)	['pɔtə]
florero (m)	vaso (m), jarra (f)	['vazu], ['ʒaʀɐ]
frasco (m) (~ de perfume)	frasco (m)	['fraʃku]
frasquito (m)	frasquinho (m)	[frɐ'ʃkiɲu]
tubo (m)	tubo (m)	['tubu]
saco (m) (~ de azúcar)	saca (f)	['sakɐ]
bolsa (f) (~ plástica)	saco (m)	['saku]
paquete (m) (~ de cigarrillos)	maço (m)	['masu]
caja (f)	caixa (f)	['kaɪʃɐ]
cajón (m) (~ de madera)	caixa (f)	['kaɪʃɐ]
cesta (f)	cesto (m), cesta (f)	['seʃtu], ['seʃtɐ]

27. Materiales

material (m)	material (m)	[mɐtə'rjal]
madera (f)	madeira (f)	[mɐ'dejrɐ]
de madera (adj)	de madeira	[də mɐ'dejrɐ]
vidrio (m)	vidro (m)	['vidɾu]
de vidrio (adj)	de vidro	[də 'vidɾu]
piedra (f)	pedra (f)	['pɛdrɐ]
de piedra (adj)	de pedra	[də 'pɛdrɐ]
plástico (m)	plástico (m)	['plaʃtiku]
de plástico (adj)	de plástico	[də 'plaʃtiku]
goma (f)	borracha (f)	[bu'ʀaʃɐ]
de goma (adj)	de borracha	[də bu'ʀaʃɐ]
tela (f)	tecido, pano (m)	[tə'sidu], ['pɐnu]
de tela (adj)	de tecido	[də tə'sidu]
papel (m)	papel (m)	[pɐ'pɛl]
de papel (adj)	de papel	[də pɐ'pɛl]
cartón (m)	cartão (m)	[kɐr'tãu]
de cartón (adj)	de cartão	[də kɐr'tãu]
polietileno (m)	polietileno (m)	[poliɛti'lenu]
celofán (m)	celofane (m)	[səlu'fɐnə]

linóleo (m)	linóleo (m)	[li'nɔliu]
contrachapado (m)	contraplacado (m)	[kõtreple'kadu]
porcelana (f)	porcelana (f)	[pursə'lɐnɐ]
de porcelana (adj)	de porcelana	[də pursə'lɐnɐ]
arcilla (f), barro (m)	argila (f), barro (m)	[ɐr'ʒilɐ], ['baʀu]
de barro (adj)	de barro	[də 'baʀu]
cerámica (f)	cerâmica (f)	[sə'remikɐ]
de cerámica (adj)	de cerâmica	[də sə'remikɐ]

28. Los metales

metal (m)	metal (m)	[mə'tal]
metálico (adj)	metálico	[mə'taliku]
aleación (f)	liga (f)	['ligɐ]
oro (m)	ouro (m)	['oru]
de oro (adj)	de ouro	[də 'oru]
plata (f)	prata (f)	['pratɐ]
de plata (adj)	de prata	[də 'pratɐ]
hierro (m)	ferro (m)	['fɛʀu]
de hierro (adj)	de ferro	[də 'fɛʀu]
acero (m)	aço (m)	['asu]
de acero (adj)	de aço	[də 'asu]
cobre (m)	cobre (m)	['kɔbrə]
de cobre (adj)	de cobre	[də 'kɔbrə]
aluminio (m)	alumínio (m)	[ɐlu'miniu]
de aluminio (adj)	de alumínio	[də ɐlu'miniu]
bronce (m)	bronze (m)	['brõzə]
de bronce (adj)	de bronze	[də 'brõzə]
latón (m)	latão (m)	[lɐ'tãu]
níquel (m)	níquel (m)	['nikɛl]
platino (m)	platina (f)	[plɐ'tinɐ]
mercurio (m)	mercúrio (m)	[mər'kuriu]
estaño (m)	estanho (m)	[ə'ʃtɐɲu]
plomo (m)	chumbo (m)	['ʃũbu]
zinc (m)	zinco (m)	['zĩku]

37

EL SER HUMANO

El ser humano. El cuerpo

29. El ser humano. Conceptos básicos

ser (m) humano	**ser** (m) **humano**	[sɐr u'mɐnu]
hombre (m) (varón)	**homem** (m)	['ɔmẽj]
mujer (f)	**mulher** (f)	[mu'ʎɛr]
niño -a (m, f)	**criança** (f)	[kri'ãsɐ]
niña (f)	**menina** (f)	[mə'ninɐ]
niño (m)	**menino** (m)	[mə'ninu]
adolescente (m)	**adolescente** (m)	[ɐdulə'ʃẽtə]
viejo, anciano (m)	**velho** (m)	['vɛʎu]
vieja, anciana (f)	**velha, anciã** (f)	['vɛʎɐ], [ãsi'ã]

30. La anatomía humana

organismo (m)	**organismo** (m)	[ɔrgɐ'niʒmu]
corazón (m)	**coração** (m)	[kurɐ'sãu]
sangre (f)	**sangue** (m)	['sãgə]
arteria (f)	**artéria** (f)	[ɐr'tɛriɐ]
vena (f)	**veia** (f)	['vejɐ]
cerebro (m)	**cérebro** (m)	['sɛrɐbru]
nervio (m)	**nervo** (m)	['nervu]
nervios (m pl)	**nervos** (m pl)	['nervuʃ]
vértebra (f)	**vértebra** (f)	['vɛrtɐbrɐ]
columna (f) vertebral	**coluna** (f) **vertebral**	[ku'lunɐ vɐrtɐ'bral]
estómago (m)	**estômago** (m)	[ə'ʃtomɐgu]
intestinos (m pl)	**intestinos** (m pl)	[ĩtə'ʃtinuʃ]
intestino (m)	**intestino** (m)	[ĩtə'ʃtinu]
hígado (m)	**fígado** (m)	['figɐdu]
riñón (m)	**rim** (m)	[ʀĩ]
hueso (m)	**osso** (m)	['osu]
esqueleto (m)	**esqueleto** (m)	[ɐʃkə'letu]
costilla (f)	**costela** (f)	[ku'ʃtɛlɐ]
cráneo (m)	**crânio** (m)	['krɐniu]
músculo (m)	**músculo** (m)	['muʃkulu]
bíceps (m)	**bíceps** (m)	['bisɛps]
tríceps (m)	**tríceps** (m)	['trisɛps]
tendón (m)	**tendão** (m)	[tẽ'dãu]
articulación (f)	**articulação** (f)	[ɐrtikulɐ'sãu]

pulmones (m pl)	pulmões (m pl)	[pul'moɪʃ]
genitales (m pl)	órgãos (m pl) genitais	['ɔrgãuʃ ʒəni'taɪʃ]
piel (f)	pele (f)	['pɛlə]

31. La cabeza

cabeza (f)	cabeça (f)	[ke'besɐ]
cara (f)	cara (f)	['karɐ]
nariz (f)	nariz (m)	[nɐ'riʒ]
boca (f)	boca (f)	['bokɐ]

ojo (m)	olho (m)	['oʎu]
ojos (m pl)	olhos (m pl)	['ɔʎuʃ]
pupila (f)	pupila (f)	[pu'pilɐ]
ceja (f)	sobrancelha (f)	[subrã'seʎɐ]
pestaña (f)	pestana (f)	[pə'ʃtenɐ]
párpado (m)	pálpebra (f)	['palpəbrɐ]

lengua (f)	língua (f)	['lĩguɐ]
diente (m)	dente (m)	['dẽtə]
labios (m pl)	lábios (m pl)	['labiuʃ]
pómulos (m pl)	maçãs (f pl) do rosto	[mɐ'sãʃ du 'Roʃtu]
encía (f)	gengiva (f)	[ʒẽ'ʒivɐ]
paladar (m)	palato (m)	[pɐ'latu]

ventanas (f pl)	narinas (f pl)	[nɐ'rinɐʃ]
mentón (m)	queixo (m)	['keɪʃu]
mandíbula (f)	mandíbula (f)	[mã'dibulɐ]
mejilla (f)	bochecha (f)	[bu'ʃeʃɐ]

frente (f)	testa (f)	['tɛʃtɐ]
sien (f)	têmpora (f)	['tẽpurɐ]
oreja (f)	orelha (f)	[ɔ'reʎɐ]
nuca (f)	nuca (f)	['nukɐ]
cuello (m)	pescoço (m), colo (m)	[pə'ʃkosu], ['kɔlu]
garganta (f)	garganta (f)	[gɐr'gãtɐ]

pelo, cabello (m)	cabelos (m pl)	[ke'beluʃ]
peinado (m)	penteado (m)	[pẽ'tjadu]
corte (m) de pelo	corte (m) de cabelo	['kɔrtɐ də ke'belu]
peluca (f)	peruca (f)	[pə'rukɐ]

bigote (m)	bigode (m)	[bi'gɔdə]
barba (f)	barba (f)	['barbɐ]
tener (~ la barba)	usar, ter (vt)	[u'zar], [ter]
trenza (f)	trança (f)	['trãsɐ]
patillas (f pl)	suíças (f pl)	[su'isɐʃ]

pelirrojo (adj)	ruivo	['Rujvu]
gris, canoso (adj)	grisalho	[gri'zaʎu]
calvo (adj)	calvo	['kalvu]
calva (f)	calva (f)	['kalvɐ]
cola (f) de caballo	rabo-de-cavalo (m)	[Rabu də ke'valu]
flequillo (m)	franja (f)	['frãʒɐ]

32. El cuerpo

mano (f)	mão (f)	['mãu]
brazo (m)	braço (m)	['brasu]
dedo (m)	dedo (m)	['dedu]
dedo (m) del pie	dedo (m)	['dedu]
dedo (m) pulgar	polegar (m)	[puləˈgar]
dedo (m) meñique	dedo (m) mindinho	['dedu mĩˈdiɲu]
uña (f)	unha (f)	['uɲɐ]
puño (m)	punho (m)	['puɲu]
palma (f)	palma (f)	['palmɐ]
muñeca (f)	pulso (m)	['pulsu]
antebrazo (m)	antebraço (m)	[ãtəˈbrasu]
codo (m)	cotovelo (m)	[kutuˈvelu]
hombro (m)	ombro (m)	['õbru]
pierna (f)	perna (f)	['pɛrnɐ]
planta (f)	pé (m)	[pɛ]
rodilla (f)	joelho (m)	[ʒuˈeʎu]
pantorrilla (f)	barriga (f) da perna	[bɐˈʀigɐ də ˈpɛrnɐ]
cadera (f)	anca (f)	[ãkɐ]
talón (m)	calcanhar (m)	[kalkɐˈɲar]
cuerpo (m)	corpo (m)	['korpu]
vientre (m)	barriga (f)	[bɐˈʀigɐ]
pecho (m)	peito (m)	['pejtu]
seno (m)	seio (m)	['seju]
lado (m), costado (m)	lado (m)	['ladu]
espalda (f)	costas (f pl)	['kɔʃtɐʃ]
zona (f) lumbar	região (f) lombar	[ʀəˈʒjãu lõˈbar]
cintura (f), talle (m)	cintura (f)	[sĩˈturɐ]
ombligo (m)	umbigo (m)	[ũˈbigu]
nalgas (f pl)	nádegas (f pl)	['nadəgɐʃ]
trasero (m)	traseiro (m)	[trɐˈzejru]
lunar (m)	sinal (m)	[siˈnal]
marca (f) de nacimiento	sinal (m) de nascença	[siˈnal də nɐˈʃsẽsɐ]
tatuaje (m)	tatuagem (f)	[tɐtuˈaʒẽj]
cicatriz (f)	cicatriz (f)	[sikɐˈtriʒ]

La ropa y los accesorios

33. La ropa exterior. Los abrigos

ropa (f)	roupa (f)	['ʀopɐ]
ropa (f) de calle	roupa (f) exterior	['ʀopɐ əʃtə'ʀjoɾ]
ropa (f) de invierno	roupa (f) de inverno	['ʀopɐ də ĩ'vɛɾnu]
abrigo (m)	sobretudo (m)	[sobrə'tudu]
abrigo (m) de piel	casaco (m) de peles	[kɐ'zaku də 'pɛləʃ]
abrigo (m) corto de piel	casaco curto (m) de pele	[kɐ'zaku 'kuɾtu də 'pɛlə]
chaqueta (f) plumón	casaco (m) acolchoado	[kɐ'zaku ɐkɔlʃu'adu]
cazadora (f)	casaco, blusão (m)	[kɐ'zaku], [blu'zãu]
impermeable (m)	impermeável (m)	[ĩpərmi'avɛl]
impermeable (adj)	impermeável	[ĩpər'mjavɛl]

34. Ropa de hombre y mujer

camisa (f)	camisa (f)	[kɐ'mizɐ]
pantalones (m pl)	calças (f pl)	['kalsɐʃ]
jeans, vaqueros (m pl)	calças (f pl) de ganga	['kalsɐʃ də 'gãgɐ]
chaqueta (f), saco (m)	casaco (m)	[kɐ'zaku]
traje (m)	fato (m)	['fatu]
vestido (m)	vestido (m)	[və'ʃtidu]
falda (f)	saia (f)	['sajɐ]
blusa (f)	blusa (f)	['bluzɐ]
rebeca (f), chaqueta (f) de punto	casaco (m) de malha	[kɐ'zaku də 'maʎɐ]
chaqueta (f)	casaco, blazer (m)	[kɐ'zaku], ['blɐjzɐr]
camiseta (f) (T-shirt)	T-shirt, camiseta (f)	['tiʃərt], [kɐmi'zetɐ]
pantalones (m pl) cortos	short (m), calções (m pl)	['ʃɔrt], [ka'lsoɪʃ]
traje (m) deportivo	fato (m) de treino	['fatu də 'trɐjnu]
bata (f) de baño	roupão (m) de banho	[ʀo'pãu də 'bɐɲu]
pijama (m)	pijama (m)	[pi'ʒɐmɐ]
suéter (m)	suéter (m)	[su'ɛtɐr]
pulóver (m)	pulôver (m)	[pu'lovɛr]
chaleco (m)	colete (m)	[ku'letə]
frac (m)	fraque (m)	['fɾakə]
esmoquin (m)	smoking (m)	['smokiŋ]
uniforme (m)	uniforme (m)	[uni'fɔrmə]
ropa (f) de trabajo	roupa (f) de trabalho	['ʀopɐ də tɾɐ'baʎu]
mono (m)	fato-macaco (m)	['fatu mɐ'kaku]
bata (f) (p. ej. ~ blanca)	bata (f)	['batɐ]

35. La ropa. La ropa interior

ropa (f) interior	**roupa** (f) **interior**	['ʀopɐ ĩtə'rjor]
bóxer (m)	**cuecas boxer** (f pl)	[ku'ɛkeʃ 'bɔksɐr]
bragas (f pl)	**cuecas** (f pl)	[ku'ɛkeʃ]
camiseta (f) interior	**camisola** (f) **interior**	[kɐmi'zɔlɐ ĩtə'rjor]
calcetines (m pl)	**peúgas** (f pl)	['pjugeʃ]
camisón (m)	**camisa** (f) **de noite**	[kɐ'mizɐ də 'nojtə]
sostén (m)	**sutiã** (m)	[su'tjã]
calcetines (m pl) altos	**meias longas** (f pl)	['mɐjeʃ 'lõgeʃ]
pantimedias (f pl)	**meia-calça** (f)	['mɐjɐ 'kalsɐ]
medias (f pl)	**meias** (f pl)	['mɐjeʃ]
traje (m) de baño	**fato** (m) **de banho**	['fatu də 'beɲu]

36. Gorras

gorro (m)	**chapéu** (m)	[ʃɐ'pɛu]
sombrero (m) de fieltro	**chapéu** (m) **de feltro**	[ʃɐ'pɛu də 'feltru]
gorra (f) de béisbol	**boné** (m) **de beisebol**	[bɔ'nɛ də 'bɐjzbɔl]
gorra (f) plana	**boné** (m)	[bɔ'nɛ]
boina (f)	**boina** (f)	['bɔjnɐ]
capuchón (m)	**capuz** (m)	[kɐ'puʃ]
panamá (m)	**panamá** (m)	[pɐnɐ'ma]
gorro (m) de punto	**gorro** (m) **de malha**	['goʀu də 'maʎɐ]
pañuelo (m)	**lenço** (m)	['lẽsu]
sombrero (m) de mujer	**chapéu** (m) **de mulher**	[ʃɐ'pɛu də mu'ʎɛr]
casco (m) (~ protector)	**capacete** (m)	[kɐpɐ'setə]
gorro (m) de campaña	**bibico** (m)	[bi'biku]
casco (m) (~ de moto)	**capacete** (m)	[kɐpɐ'setə]
bombín (m)	**chapéu-coco** (m)	[ʃɐ'pɛu 'koku]
sombrero (m) de copa	**chapéu** (m) **alto**	[ʃɐ'pɛu 'altu]

37. El calzado

calzado (m)	**calçado** (m)	[kal'sadu]
botas (f pl)	**botinas** (f pl)	[bu'tineʃ]
zapatos (m pl) (~ de tacón bajo)	**sapatos** (m pl)	[sɐ'patuʃ]
botas (f pl) altas	**botas** (f pl)	['bɔteʃ]
zapatillas (f pl)	**pantufas** (f pl)	[pã'tufeʃ]
tenis (m pl)	**ténis** (m pl)	['tɛniʃ]
zapatillas (f pl) de lona	**sapatilhas** (f pl)	[sɐpɐ'tiʎeʃ]
sandalias (f pl)	**sandálias** (f pl)	[sã'dalieʃ]
zapatero (m)	**sapateiro** (m)	[sɐpɐ'tejru]
tacón (m)	**salto** (m)	['saltu]

par (m)	par (m)	[par]
cordón (m)	atacador (m)	[ɐtɐkɐ'dor]
encordonar (vt)	apertar os atacadores	[ɐpɐr'tar uʃ ɐtɐkɐ'dorɐʃ]
calzador (m)	calçadeira (f)	[kalsɐ'dejrɐ]
betún (m)	graxa (f) para calçado	['graʃɐ 'pɐrɐ ka'lsadu]

38. Los textiles. Las telas

algodón (m)	algodão (m)	[algu'dãu]
de algodón (adj)	de algodão	[də algu'dãu]
lino (m)	linho (m)	['liɲu]
de lino (adj)	de linho	[də 'liɲu]

seda (f)	seda (f)	['sedɐ]
de seda (adj)	de seda	[də 'sedɐ]
lana (f)	lã (f)	[lã]
de lana (adj)	de lã	[də lã]

terciopelo (m)	veludo (m)	[və'ludu]
gamuza (f)	camurça (f)	[kɐ'mursɐ]
pana (f)	bombazina (f)	[bõbɐ'zinɐ]

nilón (m)	nylon (m)	['najlɔn]
de nilón (adj)	de náilon	[də 'najlɔn]
poliéster (m)	poliéster (m)	[pɔli'ɛstɛr]
de poliéster (adj)	de poliéster	[də pɔli'ɛstɛr]

piel (f) (cuero)	couro (m)	['koru]
de piel (de cuero)	de couro	[də 'koru]
piel (f) (~ de zorro, etc.)	pele (f)	['pɛlə]
de piel (abrigo ~)	de peles, de pele	[də 'pɛləʃ], [də 'pɛlə]

39. Accesorios personales

guantes (m pl)	luvas (f pl)	['luvɐʃ]
manoplas (f pl)	mitenes (f pl)	[mi'tɛnɐʃ]
bufanda (f)	cachecol (m)	[kaʃɐ'kɔl]

gafas (f pl)	óculos (m pl)	['ɔkuluʃ]
montura (f)	armação (f)	[ɐrmɐ'sãu]
paraguas (m)	guarda-chuva (m)	[guardɐ 'ʃuvɐ]
bastón (m)	bengala (f)	[bẽ'galɐ]
cepillo (m) de pelo	escova (f) para o cabelo	[ə'ʃkovɐ 'pɐrɐ u kɐ'belu]
abanico (m)	leque (m)	['lɛkə]

corbata (f)	gravata (f)	[grɐ'vatɐ]
pajarita (f)	gravata-borboleta (f)	[grɐ'vatɐ burbu'letɐ]
tirantes (m pl)	suspensórios (m pl)	[suʃpẽ'sɔriuʃ]
moquero (m)	lenço (m)	['lẽsu]

| peine (m) | pente (m) | ['pẽtə] |
| pasador (m) de pelo | travessão (m) | [trɐvɐ'sãu] |

horquilla (f)	gancho (m) de cabelo	['gãʃu də ke'belu]
hebilla (f)	fivela (f)	[fi'vɛlɐ]
cinturón (m)	cinto (m)	['sĩtu]
correa (f) (de bolso)	correia (f)	[ku'ʀɐjɐ]
bolsa (f)	mala (f)	['malɐ]
bolso (m)	mala (f) de senhora	['malɐ də sə'ɲoɾɐ]
mochila (f)	mochila (f)	[mu'ʃilɐ]

40. La ropa. Miscelánea

moda (f)	moda (f)	['mɔdɐ]
de moda (adj)	na moda	[nɐ 'mɔdɐ]
diseñador (m) de moda	estilista (m)	[əʃti'liʃtɐ]
cuello (m)	colarinho (m), gola (f)	[kule'riɲu], ['gɔlɐ]
bolsillo (m)	bolso (m)	['bolsu]
de bolsillo (adj)	de bolso	[də 'bolsu]
manga (f)	manga (f)	['mãgɐ]
presilla (f)	alcinha (f)	[al'siɲɐ]
bragueta (f)	braguilha (f)	[bɾɐ'giʎɐ]
cremallera (f)	fecho (m) de correr	['feʃu də ku'ʀeɾ]
cierre (m)	fecho (m), colchete (m)	['feʃu], [ko'lʃetɐ]
botón (m)	botão (m)	[bu'tãu]
ojal (m)	casa (f) de botão	['kazɐ də bu'tãu]
saltar (un botón)	soltar-se (vr)	[sɔl'taɾsə]
coser (vi, vt)	coser (vi)	[ku'zeɾ]
bordar (vt)	bordar (vt)	[buɾ'daɾ]
bordado (m)	bordado (m)	[buɾ'dadu]
aguja (f)	agulha (f)	[ɐ'guʎɐ]
hilo (m)	fio (m)	['fiu]
costura (f)	costura (f)	[ku'ʃtuɾɐ]
ensuciarse (vr)	sujar-se (vr)	[su'ʒaɾsə]
mancha (f)	mancha (f)	['mãʃɐ]
arrugarse (vr)	engelhar-se (vr)	[ẽʒə'ʎaɾsə]
rasgar (vt)	rasgar (vt)	[ʀɐʒ'gaɾ]
polilla (f)	traça (f)	['tɾasɐ]

41. Productos personales. Cosméticos

pasta (f) de dientes	pasta (f) de dentes	['paʃtɐ də 'dẽtəʃ]
cepillo (m) de dientes	escova (f) de dentes	[ə'ʃkovɐ də 'dẽtəʃ]
limpiarse los dientes	escovar os dentes	[əʃku'vaɾ uʃ 'dẽtəʃ]
maquinilla (f) de afeitar	máquina (f) de barbear	['makinɐ də beɾbi'aɾ]
crema (f) de afeitar	creme (m) de barbear	['kɾɛmɐ də beɾ'bjaɾ]
afeitarse (vr)	barbear-se (vr)	[beɾ'bjaɾsə]
jabón (m)	sabonete (m)	[sɐbu'netə]

champú (m)	champô (m)	[ʃã'po]
tijeras (f pl)	tesoura (f)	[tə'zorɐ]
lima (f) de uñas	lima (f) de unhas	['limɐ də 'uɲeʃ]
cortaúñas (m pl)	corta-unhas (m)	['kɔrtɐ 'uɲeʃ]
pinzas (f pl)	pinça (f)	['pĩsɐ]

cosméticos (m pl)	cosméticos (m pl)	[ku'ʒmɛtikuʃ]
mascarilla (f)	máscara (f)	['maʃkɐrɐ]
manicura (f)	manicura (f)	[mɐni'kurɐ]
hacer la manicura	fazer a manicura	[fɐ'zer ɐ mɐni'kurɐ]
pedicura (f)	pedicure (f)	[pedi'kurɐ]

bolsa (f) de maquillaje	mala (f) de maquilhagem	['malɐ də mɐki'ʎaʒë']
polvos (m pl)	pó (m)	[pɔ]
polvera (f)	caixa (f) de pó	['kaɪʃɐ də pɔ]
colorete (m), rubor (m)	blush (m)	[bleʃ]

perfume (m)	perfume (m)	[pər'fumə]
agua (f) de tocador	água (f) de toilette	['aguɐ də tua'lɛtə]
loción (f)	loção (f)	[lu'sãu]
agua (f) de Colonia	água-de-colónia (f)	['aguɐ də ku'lɔniɐ]

sombra (f) de ojos	sombra (f) de olhos	['sõbrɐ də 'ɔʎuʃ]
lápiz (m) de ojos	lápis (m) delineador	['lapiʃ dəlinie'dor]
rímel (m)	máscara (f), rímel (m)	['maʃkɐrɐ], ['ʀimɛl]

pintalabios (m)	batom (m)	['batõ]
esmalte (m) de uñas	verniz (m) de unhas	[vər'niʒ də 'uɲeʃ]
fijador (m) para el pelo	laca (f) para cabelos	['lakɐ 'pɐrɐ kɐ'beluʃ]
desodorante (m)	desodorizante (m)	[dəzodori'zãtɐ]

crema (f)	creme (m)	['krɛmə]
crema (f) de belleza	creme (m) de rosto	['krɛmə də 'ʀoʃtu]
crema (f) de manos	creme (m) de mãos	['krɛmə də 'mãuʃ]
crema (f) antiarrugas	creme (m) antirrugas	['krɛmə ãti'ʀugeʃ]
crema (f) de día	creme (m) de dia	['krɛmə də 'diɐ]
crema (f) de noche	creme (m) de noite	['krɛmə də 'nojtɐ]
de día (adj)	de dia	[də 'diɐ]
de noche (adj)	da noite	[dɐ 'nojtɐ]

tampón (m)	tampão (m)	[tã'pãu]
papel (m) higiénico	papel (m) higiénico	[pɐ'pɛl i'ʒjɛniku]
secador (m) de pelo	secador (m) elétrico	[sɐkɐ'dor e'lɛtriku]

42. Las joyas

joyas (f pl)	joias (f pl)	['ʒɔjɐʃ]
precioso (adj)	precioso	[prɐ'sjozu]
contraste (m)	marca (f) de contraste	['markɐ də kõ'traʃtɐ]

anillo (m)	anel (m)	[ɐ'nɛl]
anillo (m) de boda	aliança (f)	[ɐ'ljãsɐ]
pulsera (f)	pulseira (f)	[pul'sejrɐ]
pendientes (m pl)	brincos (m pl)	['brĩkuʃ]

collar (m) (~ de perlas)	**colar** (m)	[ku'lar]
corona (f)	**coroa** (f)	[ku'roɐ]
collar (m) de abalorios	**colar** (m) **de contas**	[ku'lar də 'kõteʃ]

diamante (m)	**diamante** (m)	[diɐ'mãtə]
esmeralda (f)	**esmeralda** (f)	[əʒmə'raldə]
rubí (m)	**rubi** (m)	[ʀu'bi]
zafiro (m)	**safira** (f)	[sɐ'firɐ]
perla (f)	**pérola** (f)	['pɛrulɐ]
ámbar (m)	**âmbar** (m)	[ãbar]

43. Los relojes

reloj (m)	**relógio** (m) **de pulso**	[ʀə'lɔʒiu də 'pulsu]
esfera (f)	**mostrador** (m)	[muʃtrɐ'dor]
aguja (f)	**ponteiro** (m)	[põ'tejru]
pulsera (f)	**bracelete** (f) **em aço**	[brɐsə'lɛtə ãj 'asu]
correa (f) (del reloj)	**bracelete** (f) **em couro**	[brɐsə'lɛtə ãj 'koru]

pila (f)	**pilha** (f)	['piʎɐ]
descargarse (vr)	**acabar** (vi)	[ɐkɐ'bar]
cambiar la pila	**trocar a pilha**	[tru'kar ɐ 'piʎɐ]
adelantarse (vr)	**estar adiantado**	[ə'ʃtar ɐdiã'tadu]
retrasarse (vr)	**estar atrasado**	[ə'ʃtar ɐtrɐ'zadu]

reloj (m) de pared	**relógio** (m) **de parede**	[ʀə'lɔʒiu də pɐ'redə]
reloj (m) de arena	**ampulheta** (f)	[ãpu'ʎetɐ]
reloj (m) de sol	**relógio** (m) **de sol**	[ʀə'lɔʒiu də sɔl]
despertador (m)	**despertador** (m)	[dəʃpɐrtɐ'dor]
relojero (m)	**relojoeiro** (m)	[ʀɐluʒu'ejru]
reparar (vt)	**reparar** (vt)	[ʀɐpɐ'rar]

La comida y la nutrición

carne (f)	carne (f)	['karnə]
gallina (f)	galinha (f)	[gɐ'liɲɐ]
pollo (m)	frango (m)	['frãgu]
pato (m)	pato (m)	['patu]
ganso (m)	ganso (m)	['gãsu]
caza (f) menor	caça (f)	['kasɐ]
pava (f)	peru (m)	[pə'ru]
carne (f) de cerdo	carne (f) de porco	['karnə də 'porku]
carne (f) de ternera	carne (f) de vitela	['karnə də vi'tɛlɐ]
carne (f) de carnero	carne (f) de carneiro	['karnə də kɐr'nɐjru]
carne (f) de vaca	carne (f) de vaca	['karnə də 'vakɐ]
conejo (m)	carne (f) de coelho	['karnə də ku'eʎu]
salchichón (m)	chouriço, salsichão (m)	[ʃo'risu], [salsi'ʃãu]
salchicha (f)	salsicha (f)	[sa'lsiʃɐ]
beicon (m)	bacon (m)	['bɐjkɐn]
jamón (m)	fiambre (f)	['fjãbrə]
jamón (m) fresco	presunto (m)	[prə'zũtu]
paté (m)	patê (m)	[pɐ'te]
hígado (m)	fígado (m)	['figɐdu]
carne (f) picada	carne (f) moída	['karnə mu'idɐ]
lengua (f)	língua (f)	['lĩguɐ]
huevo (m)	ovo (m)	['ovu]
huevos (m pl)	ovos (m pl)	['ɔvuʃ]
clara (f)	clara (f) do ovo	['klarɐ du 'ovu]
yema (f)	gema (f) do ovo	['ʒeme du 'ovu]
pescado (m)	peixe (m)	['pɐjʃə]
mariscos (m pl)	mariscos (m pl)	[mɐ'riʃkuʃ]
crustáceos (m pl)	crustáceos (m pl)	[kru'ʃtasiuʃ]
caviar (m)	caviar (m)	[ka'vjar]
cangrejo (m) de mar	caranguejo (m)	[kɐrã'gɐʒu]
camarón (m)	camarão (m)	[kɐmɐ'rãu]
ostra (f)	ostra (f)	['ɔʃtrɐ]
langosta (f)	lagosta (f)	[lɐ'goʃtɐ]
pulpo (m)	polvo (m)	['polvu]
calamar (m)	lula (f)	['lulɐ]
esturión (m)	esturjão (m)	[əʃtur'ʒãu]
salmón (m)	salmão (m)	[sal'mãu]
fletán (m)	halibute (m)	[ali'butə]
bacalao (m)	bacalhau (m)	[bɐkɐ'ʎau]

caballa (f)	cavala, sarda (f)	[kɐ'valɐ], ['sardɐ]
atún (m)	atum (m)	[ɐ'tũ]
anguila (f)	enguia (f)	[ẽ'giɐ]
trucha (f)	truta (f)	['trutɐ]
sardina (f)	sardinha (f)	[sɐr'diɲɐ]
lucio (m)	lúcio (m)	['lusiu]
arenque (m)	arenque (m)	[ɐ'rẽkɐ]
pan (m)	pão (m)	['pãu]
queso (m)	queijo (m)	['kɐjʒu]
azúcar (m)	açúcar (m)	[ɐ'sukar]
sal (f)	sal (m)	[sal]
arroz (m)	arroz (m)	[ɐ'ʀɔʒ]
macarrones (m pl)	massas (f pl)	['masɐʃ]
tallarines (m pl)	talharim (m)	[tɐʎɐ'rĩ]
mantequilla (f)	manteiga (f)	[mã'tɐjgɐ]
aceite (m) vegetal	óleo (m) vegetal	['ɔliu vɐʒɐ'tal]
aceite (m) de girasol	óleo (m) de girassol	['ɔliu də ʒirɐ'sɔl]
margarina (f)	margarina (f)	[mɐrgɐ'rinɐ]
olivas, aceitunas (f pl)	azeitonas (f pl)	[ɐzɐj'tonɐʒ]
aceite (m) de oliva	azeite (m)	[ɐ'zɐjtɐ]
leche (f)	leite (m)	['lɐjtɐ]
leche (f) condensada	leite (m) condensado	['lɐjtə kõdẽ'sadu]
yogur (m)	iogurte (m)	[jo'gurtə]
nata (f) agria	nata (f) azeda	['natɐ ɐ'zedɐ]
nata (f) líquida	nata (f) do leite	['natɐ du 'lɐjtɐ]
mayonesa (f)	maionese (f)	[maju'nezə]
crema (f) de mantequilla	creme (m)	['krɛmə]
cereales (m pl) integrales	grãos (m pl) de cereais	['grãuʃ də sə'rjaɪʃ]
harina (f)	farinha (f)	[fɐ'riɲɐ]
conservas (f pl)	enlatados (m pl)	[ẽlɐ'taduʃ]
copos (m pl) de maíz	flocos (m pl) de milho	['flɔkuʃ də 'miʎu]
miel (f)	mel (m)	[mɛl]
confitura (f)	doce (m)	['dosə]
chicle (m)	pastilha (f) elástica	[pɐ'ʃtiʎɐ e'laʃtikɐ]

45. Las bebidas

agua (f)	água (f)	['aguɐ]
agua (f) potable	água (f) potável	['aguɐ pu'tavɛl]
agua (f) mineral	água (f) mineral	['aguɐ minə'ral]
sin gas	sem gás	[sẽj gaʃ]
gaseoso (adj)	gaseificada	[gɐziifi'kadɐ]
con gas	com gás	[kõ gaʃ]
hielo (m)	gelo (m)	['ʒelu]

con hielo	com gelo	[kõ 'ʒelu]
sin alcohol	sem álcool	[sɛm 'alkuɔl]
bebida (f) sin alcohol	bebida (f) sem álcool	[bə'bidɐ sɛn 'alkuɔl]
refresco (m)	refresco (m)	[ʀə'freʃku]
limonada (f)	limonada (f)	[limu'nadɐ]

bebidas (f pl) alcohólicas	bebidas (f pl) alcoólicas	[bə'bideʃ alku'ɔlikeʃ]
vino (m)	vinho (m)	['viɲu]
vino (m) blanco	vinho (m) branco	['viɲu 'brãku]
vino (m) tinto	vinho (m) tinto	['viɲu 'tĩtu]

licor (m)	licor (m)	[li'kor]
champaña (f)	champanhe (m)	[ʃã'peɲɐ]
vermú (m)	vermute (m)	[vər'mutə]

whisky (m)	uísque (m)	[u'iʃkə]
vodka (m)	vodca, vodka (f)	['vɔdkɐ]
ginebra (f)	gim (m)	[ʒĩ]
coñac (m)	conhaque (m)	[ku'ɲakə]
ron (m)	rum (m)	[ʀũ]

café (m)	café (m)	[ke'fɛ]
café (m) solo	café (m) puro	[ke'fɛ 'puru]
café (m) con leche	café (m) com leite	[ke'fɛ kõ 'lejtə]
capuchino (m)	cappuccino (m)	[kapu'tʃinu]
café (m) soluble	café (m) solúvel	[ke'fɛ su'luvɛl]

leche (f)	leite (m)	['lejtə]
cóctel (m)	coquetel (m)	[kɔkə'tɛl]
batido (m)	batido (m) de leite	[be'tidu də 'lejtə]

zumo (m), jugo (m)	sumo (m)	['sumu]
jugo (m) de tomate	sumo (m) de tomate	['sumu də tu'matə]
zumo (m) de naranja	sumo (m) de laranja	['sumu də le'rãʒe]
zumo (m) fresco	sumo (m) fresco	['sumu 'freʃku]

cerveza (f)	cerveja (f)	[sər'veʒe]
cerveza (f) rubia	cerveja (f) clara	[sər'veʒe 'klare]
cerveza (f) negra	cerveja (f) preta	[sər'veʒe 'pretɐ]

té (m)	chá (m)	[ʃa]
té (m) negro	chá (m) preto	[ʃa 'pretu]
té (m) verde	chá (m) verde	[ʃa 'verdə]

46. Las verduras

| legumbres (f pl) | legumes (m pl) | [lə'guməʃ] |
| verduras (f pl) | verduras (f pl) | [vər'dureʃ] |

tomate (m)	tomate (m)	[tu'matə]
pepino (m)	pepino (m)	[pə'pinu]
zanahoria (f)	cenoura (f)	[sə'nore]
patata (f)	batata (f)	[be'tate]
cebolla (f)	cebola (f)	[sə'bole]

ajo (m)	alho (m)	['aʎu]
col (f)	couve (f)	['kovə]
coliflor (f)	couve-flor (f)	['kovə 'flor]
col (f) de Bruselas	couve-de-bruxelas (f)	['kovə də bru'ʃɛlɐʃ]
brócoli (m)	brócolos (m pl)	['brɔkuluʃ]

remolacha (f)	beterraba (f)	[bətə'ʀabɐ]
berenjena (f)	beringela (f)	[bəñ'ʒɛlɐ]
calabacín (m)	curgete (f)	[kur'ʒɛtə]
calabaza (f)	abóbora (f)	[ɐ'bɔburɐ]
nabo (m)	nabo (m)	['nabu]

perejil (m)	salsa (f)	['salsə]
eneldo (m)	funcho, endro (m)	['fũʃu], ['ẽdru]
lechuga (f)	alface (f)	[al'fasə]
apio (m)	aipo (m)	['ajpu]
espárrago (m)	espargo (m)	[ɐ'ʃpargu]
espinaca (f)	espinafre (m)	[əʃpi'nafrə]

guisante (m)	ervilha (f)	[er'viʎɐ]
habas (f pl)	fava (f)	['favɐ]
maíz (m)	milho (m)	['miʎu]
fréjol (m)	feijão (m)	[fɐj'ʒãu]

pimiento (m) dulce	pimentão (m)	[pimẽ'tãu]
rábano (m)	rabanete (m)	[ʀɐbɐ'netə]
alcachofa (f)	alcachofra (f)	[alkɐ'ʃofrɐ]

47. Las frutas. Las nueces

fruto (m)	fruta (f)	['frutə]
manzana (f)	maçã (f)	[mɐ'sã]
pera (f)	pera (f)	['perɐ]
limón (m)	limão (m)	[li'mãu]
naranja (f)	laranja (f)	[lɐ'rãʒɐ]
fresa (f)	morango (m)	[mu'rãgu]

mandarina (f)	tangerina (f)	[tãʒə'rinɐ]
ciruela (f)	ameixa (f)	[ɐ'mejʃɐ]
melocotón (m)	pêssego (m)	['pesəgu]
albaricoque (m)	damasco (m)	[dɐ'maʃku]
frambuesa (f)	framboesa (f)	[frãbu'ezɐ]
piña (f)	ananás (m)	[ɐnɐ'naʃ]

banana (f)	banana (f)	[bɐ'nɐnɐ]
sandía (f)	melancia (f)	[məlã'siɐ]
uva (f)	uva (f)	['uvɐ]
guinda (f)	ginja (f)	['ʒĩʒɐ]
cereza (f)	cereja (f)	[sə'rɐʒɐ]
melón (m)	meloa (f), melão (m)	[mə'loɐ], [mə'lãu]

pomelo (m)	toranja (f)	[tu'rãʒɐ]
aguacate (m)	abacate (m)	[ɐbɐ'katə]
papaya (f)	papaia (f), mamão (m)	[pɐ'pajɐ], [mɐ'mãu]

| mango (m) | manga (f) | ['mãgɐ] |
| granada (f) | romã (f) | [ʀu'mã] |

grosella (f) roja	groselha (f) vermelha	[gru'zeʎɐ vər'meʎɐ]
grosella (f) negra	groselha (f) preta	[gru'zeʎɐ 'pretɐ]
grosella (f) espinosa	groselha (f) espinhosa	[gru'zeʎɐ ɐʃpi'ɲozɐ]
arándano (m)	mirtilo (m)	[mir'tilu]
zarzamoras (f pl)	amora silvestre (f)	[ɐ'mɔrɐ sil'vɛʃtrɐ]

pasas (f pl)	uvas (f pl) passas	['uveʃ 'pasɐʃ]
higo (m)	figo (m)	['figu]
dátil (m)	tâmara (f)	['temɐrɐ]

cacahuete (m)	amendoim (m)	[ɐmẽdu'ĩ]
almendra (f)	amêndoa (f)	[ɐ'mẽduɐ]
nuez (f)	noz (f)	[nɔʒ]
avellana (f)	avelã (f)	[ɐvə'lã]
nuez (f) de coco	coco (m)	['koku]
pistachos (m pl)	pistáchios (m pl)	[pi'ʃtaʃiuʃ]

48. El pan. Los dulces

pasteles (m pl)	pastelaria (f)	[peʃtɐlɐ'riɐ]
pan (m)	pão (m)	['pãu]
galletas (f pl)	bolacha (f)	[bu'laʃɐ]

chocolate (m)	chocolate (m)	[ʃuku'latɐ]
de chocolate (adj)	de chocolate	[də ʃuku'latɐ]
caramelo (m)	rebuçado (m)	[ʀɐbu'sadu]
tarta (f) (pequeña)	bolo (m)	['bolu]
tarta (f) (~ de cumpleaños)	bolo (m) de aniversário	['bolu də ɐnivər'sariu]

| tarta (f) (~ de manzana) | tarte (f) | ['tartɐ] |
| relleno (m) | recheio (m) | [ʀɐ'ʃeju] |

confitura (f)	doce (m)	['dosə]
mermelada (f)	geleia (f) de frutas	[ʒɐ'lɐjɐ də 'frutɐʃ]
gofre (m)	waffle (m)	['wɐjfɐl]
helado (m)	gelado (m)	[ʒɐ'ladu]
pudin (m)	pudim (m)	[pu'dĩ]

49. Los platos

plato (m)	prato (m)	['pratu]
cocina (f)	cozinha (f)	[ku'ziɲɐ]
receta (f)	receita (f)	[ʀɐ'sejtɐ]
porción (f)	porção (f)	[pur'sãu]

ensalada (f)	salada (f)	[sɐ'ladɐ]
sopa (f)	sopa (f)	['sopɐ]
caldo (m)	caldo (m)	['kaldu]
bocadillo (m)	sandes (f)	['sãdɐʃ]

huevos (m pl) fritos	ovos (m pl) estrelados	['ɔvuʃ əʃtrə'laduʃ]
hamburguesa (f)	hambúrguer (m)	[ã'burgɛr]
bistec (m)	bife (m)	['bifə]

guarnición (f)	conduto (m)	[kõ'dutu]
espagueti (m)	espaguete (m)	[əʃpɐ'getə]
puré (m) de patatas	puré (m) de batata	[pu'rɛ də bɐ'tatɐ]
pizza (f)	pizza (f)	['pitzɐ]
gachas (f pl)	papa (f)	['papɐ]
tortilla (f) francesa	omelete (f)	[ɔmə'lɛtə]

cocido en agua (adj)	cozido	[ku'zidu]
ahumado (adj)	fumado	[fu'madu]
frito (adj)	frito	['fritu]
seco (adj)	seco	['seku]
congelado (adj)	congelado	[kõʒə'ladu]
marinado (adj)	em conserva	[ẽ kõ'sɛrvɐ]

azucarado, dulce (adj)	doce, açucarado	['dosə], [ɐsukɐ'radu]
salado (adj)	salgado	[sa'lgadu]
frío (adj)	frio	['friu]
caliente (adj)	quente	['kẽtə]
amargo (adj)	amargo	[ɐ'margu]
sabroso (adj)	gostoso	[gu'ʃtozu]

cocer en agua	cozinhar em água a ferver	[kuzi'ɲar ɛn 'aguɐ ɐ fər'ver]
preparar (la cena)	preparar (vt)	[prəpɐ'rar]
freír (vt)	fritar (vt)	[fri'tar]
calentar (vt)	aquecer (vt)	[ɐkɛ'ser]

salar (vt)	salgar (vt)	[sa'lgar]
poner pimienta	apimentar (vt)	[ɐpimẽ'tar]
rallar (vt)	ralar (vt)	[ʀɐ'lar]
piel (f)	casca (f)	['kaʃkɐ]
pelar (vt)	descascar (vt)	[dəʃkɐ'ʃkar]

50. Las especias

sal (f)	sal (m)	[sal]
salado (adj)	salgado	[sa'lgadu]
salar (vt)	salgar (vt)	[sa'lgar]

pimienta (f) negra	pimenta (f) preta	[pi'mẽtɐ 'pretɐ]
pimienta (f) roja	pimenta (f) vermelha	[pi'mẽtɐ vər'meʎɐ]
mostaza (f)	mostarda (f)	[mu'ʃtardɐ]
rábano (m) picante	raiz-forte (f)	[ʀɐ'iʃ 'fɔrtə]

condimento (m)	condimento (m)	[kõdi'mẽtu]
especia (f)	especiaria (f)	[əʃpəsiɐ'riɐ]
salsa (f)	molho (m)	['moʎu]
vinagre (m)	vinagre (m)	[vi'nagrə]

anís (m)	anis (m)	[ɐ'niʃ]
albahaca (f)	manjericão (m)	[mãʒəri'kãu]

clavo (m)	cravo (m)	['kravu]
jengibre (m)	gengibre (m)	[ʒẽ'ʒibrə]
cilantro (m)	coentro (m)	[ku'ẽtru]
canela (f)	canela (f)	[kɐ'nɛlɐ]

sésamo (m)	sésamo (m)	['sɛzemu]
hoja (f) de laurel	folhas (f pl) de louro	['foʎeʃ də 'loru]
paprika (f)	páprica (f)	['paprikɐ]
comino (m)	cominho (m)	[ku'miɲu]
azafrán (m)	açafrão (m)	[ɐsɐ'frãu]

51. Las comidas

| comida (f) | comida (f) | [ku'midɐ] |
| comer (vi, vt) | comer (vt) | [ku'mer] |

desayuno (m)	pequeno-almoço (m)	[pə'kenu al'mosu]
desayunar (vi)	tomar o pequeno-almoço	[tu'mar u pə'kenu al'mosu]
almuerzo (m)	almoço (m)	[al'mosu]
almorzar (vi)	almoçar (vi)	[almu'sar]
cena (f)	jantar (m)	[ʒã'tar]
cenar (vi)	jantar (vi)	[ʒã'tar]

| apetito (m) | apetite (m) | [epə'titə] |
| ¡Que aproveche! | Bom apetite! | [bõ epə'titə] |

abrir (vt)	abrir (vt)	[e'brir]
derramar (líquido)	derramar (vt)	[dəʀe'mar]
derramarse (líquido)	derramar-se (vr)	[dəʀe'marsə]

hervir (vi)	ferver (vi)	[fər'ver]
hervir (vt)	ferver (vt)	[fər'ver]
hervido (agua ~a)	fervido	[fər'vidu]

| enfriar (vt) | arrefecer (vt) | [eʀəfə'ser] |
| enfriarse (vr) | arrefecer-se (vr) | [eʀəfə'sersə] |

| sabor (m) | sabor, gosto (m) | [sɐ'bor], ['goʃtu] |
| regusto (m) | gostinho (m) | [gu'ʃtiɲu] |

adelgazar (vi)	fazer dieta	[fɐ'zer di'ɛtɐ]
dieta (f)	dieta (f)	[di'ɛtɐ]
vitamina (f)	vitamina (f)	[vitɐ'minɐ]
caloría (f)	caloria (f)	[kɐlu'riɐ]

| vegetariano (m) | vegetariano (m) | [vəʒɐtɐ'rjɐnu] |
| vegetariano (adj) | vegetariano | [vəʒɐtɐ'rjɐnu] |

grasas (f pl)	gorduras (f pl)	[gur'dureʃ]
proteínas (f pl)	proteínas (f pl)	[prote'ineʃ]
carbohidratos (m pl)	carboidratos (m pl)	[kɐrbuid'ratuʃ]
loncha (f)	fatia (f)	[fe'tiɐ]
pedazo (m)	bocado, pedaço (m)	[bu'kadu], [pə'dasu]
miga (f)	migalha (f)	[mi'gaʎɐ]

52. Los cubiertos

cuchara (f)	colher (f)	[ku'ʎɛr]
cuchillo (m)	faca (f)	['fake]
tenedor (m)	garfo (m)	['garfu]
taza (f)	chávena (f)	['ʃavəne]
plato (m)	prato (m)	['pratu]
platillo (m)	pires (m)	['pirəʃ]
servilleta (f)	guardanapo (m)	[guerde'napu]
mondadientes (m)	palito (m)	[pe'litu]

53. El restaurante

restaurante (m)	restaurante (m)	[ʀəʃtau'ʀãtə]
cafetería (f)	café (m)	[ke'fɛ]
bar (m)	bar (m), cervejaria (f)	[bar], [sərvəʒe'riɐ]
salón (m) de té	salão (m) de chá	[se'lãu də ʃa]
camarero (m)	empregado (m)	[ẽprə'gadu]
camarera (f)	empregada (f)	[ẽprə'gadɐ]
barman (m)	barman (m)	['barmɐn]
carta (f), menú (m)	ementa (f)	[e'mẽtɐ]
carta (f) de vinos	lista (f) de vinhos	['liʃtɐ də 'viɲuʃ]
reservar una mesa	reservar uma mesa	[ʀəzər'var 'umɐ 'mezɐ]
plato (m)	prato (m)	['pratu]
pedir (vt)	pedir (vt)	[pə'dir]
hacer un pedido	pedir (vi)	[pə'dir]
aperitivo (m)	aperitivo (m)	[epəri'tivu]
entremés (m)	entrada (f)	[ẽ'tradɐ]
postre (m)	sobremesa (f)	[sobrə'mezɐ]
cuenta (f)	conta (f)	['kõtɐ]
pagar la cuenta	pagar a conta	[pe'gar ɐ 'kõtɐ]
dar la vuelta	dar o troco	[dar u 'troku]
propina (f)	gorjeta (f)	[gur'ʒetɐ]

La familia nuclear, los parientes y los amigos

54. La información personal. Los formularios

nombre (m)	nome (m)	['nomə]
apellido (m)	apelido (m)	[ɐpə'lidu]
fecha (f) de nacimiento	data (f) de nascimento	['datɐ də neʃsi'mẽtu]
lugar (m) de nacimiento	local (m) de nascimento	[lu'kal də neʃsi'mẽtu]
nacionalidad (f)	nacionalidade (f)	[nɐsiunɐli'dadə]
domicilio (m)	lugar (m) de residência	[lu'gar də ʀɐzi'dẽsiɐ]
país (m)	país (m)	[pɐ'iʃ]
profesión (f)	profissão (f)	[prufi'sãu]
sexo (m)	sexo (m)	['sɛksu]
estatura (f)	estatura (f)	[əʃtɐ'turɐ]
peso (m)	peso (m)	['pezu]

55. Los familiares. Los parientes

madre (f)	mãe (f)	[mɐ̃ⁱ]
padre (m)	pai (m)	[paj]
hijo (m)	filho (m)	['fiʎu]
hija (f)	filha (f)	['fiʎɐ]
hija (f) menor	filha (f) mais nova	['fiʎɐ 'maiʃ 'nɔvɐ]
hijo (m) menor	filho (m) mais novo	['fiʎu 'maiʃ 'novu]
hija (f) mayor	filha (f) mais velha	['fiʎɐ 'maiʃ 'vɛʎɐ]
hijo (m) mayor	filho (m) mais velho	['fiʎu 'maiʃ 'vɛʎu]
hermano (m)	irmão (m)	[ir'mãu]
hermano (m) mayor	irmão (m) mais velho	[ir'mãu 'maiʃ 'vɛʎu]
hermano (m) menor	irmão (m) mais novo	[ir'mãu 'maiʃ 'novu]
hermana (f)	irmã (f)	[ir'mã]
hermana (f) mayor	irmã (f) mais velha	[ir'mã 'maiʃ 'vɛʎɐ]
hermana (f) menor	irmã (f) mais nova	[ir'mã 'maiʃ 'nɔvɐ]
primo (m)	primo (m)	['primu]
prima (f)	prima (f)	['primɐ]
mamá (f)	mamã (f)	[mɐ'mã]
papá (m)	papá (m)	[pɐ'pa]
padres (pl)	pais (pl)	['paiʃ]
niño -a (m, f)	criança (f)	[kri'ãsɐ]
niños (pl)	crianças (f pl)	[kri'ãsɐʃ]
abuela (f)	avó (f)	[ɐ'vɔ]
abuelo (m)	avô (m)	[ɐ'vo]
nieto (m)	neto (m)	['nɛtu]

| nieta (f) | neta (f) | ['nɛtɐ] |
| nietos (pl) | netos (pl) | ['nɛtuʃ] |

tío (m)	tio (m)	['tiu]
tía (f)	tia (f)	['tiɐ]
sobrino (m)	sobrinho (m)	[su'briɲu]
sobrina (f)	sobrinha (f)	[su'briɲɐ]

suegra (f)	sogra (f)	['sɔgrɐ]
suegro (m)	sogro (m)	['sogru]
yerno (m)	genro (m)	['ʒẽʀu]
madrastra (f)	madrasta (f)	[mɐ'draʃtɐ]
padrastro (m)	padrasto (m)	[pɐ'draʃtu]

niño (m) de pecho	criança (f) de colo	[kri'ãsɐ də 'kɔlu]
bebé (m)	bebé (m)	[bə'bɛ]
chico (m)	menino (m)	[mə'ninu]

mujer (f)	mulher (f)	[mu'ʎɛɾ]
marido (m)	marido (m)	[mɐ'ridu]
esposo (m)	esposo (m)	[ə'ʃpozu]
esposa (f)	esposa (f)	[ə'ʃpozɐ]

casado (adj)	casado	[kɐ'zadu]
casada (adj)	casada	[kɐ'zadɐ]
soltero (adj)	solteiro	[sɔl'tɐjru]
soltero (m)	solteirão (m)	[sɔltɐj'rãu]
divorciado (adj)	divorciado	[divur'sjadu]
viuda (f)	viúva (f)	['vjuvɐ]
viudo (m)	viúvo (m)	['vjuvu]

pariente (m)	parente (m)	[pɐ'rẽtɐ]
pariente (m) cercano	parente (m) próximo	[pɐ'rẽtə 'prɔsimu]
pariente (m) lejano	parente (m) distante	[pɐ'rẽtə di'ʃtãtə]
parientes (pl)	parentes (m pl)	[pɐ'rẽtəʃ]

huérfano (m)	órfão (m)	['ɔrfãu]
huérfana (f)	órfã (f)	['ɔrfã]
tutor (m)	tutor (m)	[tu'tor]
adoptar (un niño)	adotar (vt)	[ɐdɔ'tar]
adoptar (una niña)	adotar (vt)	[ɐdɔ'tar]

56. Los amigos. Los compañeros del trabajo

amigo (m)	amigo (m)	[ɐ'migu]
amiga (f)	amiga (f)	[ɐ'migɐ]
amistad (f)	amizade (f)	[ɐmi'zadə]
ser amigo	ser amigos	[ser ɐ'miguʃ]

amigote (m)	amigo (m)	[ɐ'migu]
amiguete (f)	amiga (f)	[ɐ'migɐ]
compañero (m)	parceiro (m)	[pɐr'sɐjru]
jefe (m)	chefe (m)	['ʃɛfə]
superior (m)	superior (m)	[supə'rjor]

propietario (m)	proprietário (m)	[pruprie'tariu]
subordinado (m)	subordinado (m)	[suburdi'nadu]
colega (m, f)	colega (m)	[ku'lɛgɐ]

conocido (m)	conhecido (m)	[kuɲə'sidu]
compañero (m) de viaje	companheiro (m) de viagem	[kõpɐ'ɲejru də 'vjaʒẽʲ]
condiscípulo (m)	colega (m) de classe	[ku'lɛgɐ də 'klasə]

vecino (m)	vizinho (m)	[vi'ziɲu]
vecina (f)	vizinha (f)	[vi'ziɲɐ]
vecinos (pl)	vizinhos (pl)	[vi'ziɲuʃ]

57. El hombre. La mujer

mujer (f)	mulher (f)	[mu'ʎɛr]
muchacha (f)	rapariga (f)	[ʀɐpɐ'rigɐ]
novia (f)	noiva (f)	['nojvɐ]

guapa (adj)	bonita	[bu'nitɐ]
alta (adj)	alta	['altɐ]
esbelta (adj)	esbelta	[ə'ʒbɛltɐ]
de estatura mediana	de estatura média	[də əʃte'turɐ 'mɛdiɐ]

| rubia (f) | loura (f) | ['lorɐ] |
| morena (f) | morena (f) | [mu'renɐ] |

de señora (adj)	de senhora	[də sə'ɲorɐ]
virgen (f)	virgem (f)	['virʒẽʲ]
embarazada (adj)	grávida	['gravidɐ]

hombre (m) (varón)	homem (m)	['ɔmẽʲ]
rubio (m)	louro (m)	['loru]
moreno (m)	moreno (m)	[mu'renu]
alto (adj)	alto	['altu]
de estatura mediana	de estatura média	[də əʃte'turɐ 'mɛdiɐ]

grosero (adj)	rude	['ʀudə]
rechoncho (adj)	atarracado	[etɐʀe'kadu]
robusto (adj)	robusto	[ʀu'buʃtu]
fuerte (adj)	forte	['fɔrtə]
fuerza (f)	força (f)	['forsɐ]

gordo (adj)	gordo	['gordu]
moreno (adj)	moreno	[mu'renu]
esbelto (adj)	esbelto	[ə'ʒbɛltu]
elegante (adj)	elegante	[elə'gãtə]

58. La edad

edad (f)	idade (f)	[i'dadə]
juventud (f)	juventude (f)	[ʒuvẽ'tudə]
joven (adj)	jovem	['ʒovẽʲ]

| menor (adj) | mais novo | ['maɪʃ 'novu] |
| mayor (adj) | mais velho | ['maɪʃ 'vɛʎu] |

joven (m)	jovem (m)	['ʒɔvẽⁱ]
adolescente (m)	adolescente (m)	[ɐdulə'ʃsẽtə]
muchacho (m)	rapaz (m)	[ʀɐ'paʒ]

| anciano (m) | velho (m) | ['vɛʎu] |
| anciana (f) | velhota (f) | [vɛ'ʎɔtə] |

adulto	adulto	[ɐ'dultu]
de edad media (adj)	de meia-idade	[də mejɐ i'dadə]
anciano, mayor (adj)	idoso, de idade	[i'dozu], [de i'dade]
viejo (adj)	velho	['vɛʎu]

jubilación (f)	reforma (f)	[ʀə'fɔrmə]
jubilarse	reformar-se (vr)	[ʀəfur'marsə]
jubilado (m)	reformado (m)	[ʀəfur'madu]

59. Los niños

niño -a (m, f)	criança (f)	[kri'ãsɐ]
niños (pl)	crianças (f pl)	[kri'ãseʃ]
gemelos (pl)	gémeos (m pl)	['ʒɛmiuʃ]

cuna (f)	berço (m)	['bersu]
sonajero (m)	guizo (m)	['gizu]
pañal (m)	fralda (f)	['fraldɐ]

chupete (m)	chupeta (f)	[ʃu'petɐ]
cochecito (m)	carrinho (m) de bebé	[kɐ'ʀiɲu də bə'bɛ]
jardín (m) de infancia	jardim (m) de infância	[ʒɐr'dĩ də ĩ'fãsiɐ]
niñera (f)	babysitter (f)	[bɐbisi'ter]

infancia (f)	infância (f)	[ĩ'fãsiɐ]
muñeca (f)	boneca (f)	[bu'nɛkɐ]
juguete (m)	brinquedo (m)	[brĩ'kedu]
mecano (m)	jogo (m) de armar	['ʒogu də ɐr'mar]

bien criado (adj)	bem-educado	[bẽⁱ edu'kadu]
mal criado (adj)	mal-educado	[mal edu'kadu]
mimado (adj)	mimado	[mi'madu]

hacer travesuras	ser travesso	[ser trɐ'vɛsu]
travieso (adj)	travesso, traquinas	[trɐ'vɛsu], [trɐ'kineʃ]
travesura (f)	travessura (f)	[trɐvə'surɐ]
travieso (m)	criança (f) travessa	[kri'ãsɐ trɐ'vɛsɐ]

| obediente (adj) | obediente | [ɔbɐ'djẽtə] |
| desobediente (adj) | desobediente | [dəzɔbɐ'djẽtə] |

dócil (adj)	dócil	['dɔsil]
inteligente (adj)	inteligente	[ĩtəli'ʒẽtə]
niño (m) prodigio	menino (m) prodígio	[mə'ninu pru'diʒiu]

60. El matrimonio. La vida familiar

besar (vt)	beijar (vt)	[bɐj'ʒar]
besarse (vr)	beijar-se (vr)	[bɐj'ʒarsə]
familia (f)	família (f)	[fɐ'miliɐ]
familiar (adj)	familiar	[fɐmi'ljar]
pareja (f)	casal (m)	[kɐ'zal]
matrimonio (m)	matrimónio (m)	[mɐtri'mɔniu]
hogar (m) familiar	lar (m)	[lar]
dinastía (f)	dinastia (f)	[dinɐ'ʃtiɐ]
cita (f)	encontro (m)	[ẽ'kõtru]
beso (m)	beijo (m)	['bɐjʒu]
amor (m)	amor (m)	[e'mor]
querer (amar)	amar (vt)	[e'mar]
querido (adj)	amado, querido	[e'madu], [kə'ridu]
ternura (f)	ternura (f)	[tər'nuɾɐ]
tierno (afectuoso)	terno, afetuoso	['tɛrnu], [ɐfɛtu'ozu]
fidelidad (f)	fidelidade (f)	[fidəli'dadə]
fiel (adj)	fiel	['fjɛl]
cuidado (m)	cuidado (m)	[kui'dadu]
cariñoso (un padre ~)	carinhoso	[kɐri'ɲozu]
recién casados (pl)	recém-casados (pl)	[ʀə'sẽj kɐ'zaduʃ]
luna (f) de miel	lua (f) de mel	['luɐ də mɛl]
estar casada	casar-se (vr)	[kɐ'zarsə]
casarse (con una mujer)	casar-se (vr)	[kɐ'zarsə]
boda (f)	boda (f)	['bodɐ]
bodas (f pl) de oro	bodas (f pl) de ouro	['bodɐʃ də 'oru]
aniversario (m)	aniversário (m)	[ɐnivər'sariu]
amante (m)	amante (m)	[ɐ'mãtə]
amante (f)	amante (f)	[ɐ'mãtə]
adulterio (m)	adultério (m)	[edul'tɛriu]
cometer adulterio	cometer adultério	[kumə'ter edul'tɛriu]
celoso (adj)	ciumento	[siu'mẽtu]
tener celos	ser ciumento	[ser siu'mẽtu]
divorcio (m)	divórcio (m)	[di'vɔrsiu]
divorciarse (vr)	divorciar-se (vr)	[divur'sjarsə]
reñir (vi)	brigar (vi)	[bri'gar]
reconciliarse (vr)	fazer as pazes	[fɐ'zer ɐʃ 'pazəʃ]
juntos (adv)	juntos	['ʒũtuʃ]
sexo (m)	sexo (m)	['sɛksu]
felicidad (f)	felicidade (f)	[fəlisi'dadə]
feliz (adj)	feliz	[fə'liʃ]
desgracia (f)	infelicidade (f)	[ĩfəlisi'dadə]
desgraciado (adj)	infeliz	[ĩfə'liʃ]

Las características de personalidad. Los sentimientos

sentimiento (m)	sentimento (m)	[sēti'mētu]
sentimientos (m pl)	sentimentos (m pl)	[sēti'mētuʃ]
sentir (vt)	sentir (vt)	[sē'tir]
hambre (f)	fome (f)	['fɔmə]
tener hambre	ter fome	[ter 'fɔmə]
sed (f)	sede (f)	['sedə]
tener sed	ter sede	[ter 'sedə]
somnolencia (f)	sonolência (f)	[sunu'lēsiɐ]
tener sueño	estar sonolento	[ə'ʃtar sunu'lētu]
cansancio (m)	cansaço (m)	[kã'sasu]
cansado (adj)	cansado	[kã'sadu]
estar cansado	ficar cansado	[fi'kar kã'sadu]
humor (m) (de buen ~)	humor (m)	[u'mor]
aburrimiento (m)	tédio (m)	['tɛdiu]
aburrirse (vr)	aborrecer-se (vr)	[eburə'sersə]
soledad (f)	isolamento (m)	[izule'mētu]
aislarse (vr)	isolar-se	[izu'larsə]
inquietar (vt)	preocupar (vt)	[priɔku'par]
inquietarse (vr)	preocupar-se (vr)	[priɔku'parsə]
inquietud (f)	preocupação (f)	[priɔkupe'sãu]
preocupación (f)	ansiedade (f)	[ãsiɛ'dadə]
preocupado (adj)	preocupado	[priɔku'padu]
estar nervioso	estar nervoso	[ə'ʃtar nər'vozu]
darse al pánico	entrar em pânico	[ē'trar ē 'peniku]
esperanza (f)	esperança (f)	[əʃpə'rãsə]
esperar (tener esperanza)	esperar (vt)	[əʃpə'rar]
seguridad (f)	certeza (f)	[sər'tezɐ]
seguro (adj)	certo	['sɛrtu]
inseguridad (f)	indecisão (f)	[ĩdəsi'zãu]
inseguro (adj)	indeciso	[ĩdə'sizu]
borracho (adj)	ébrio, bêbado	['ɛbriu], ['bebedu]
sobrio (adj)	sóbrio	['sɔbriu]
débil (adj)	fraco	['fraku]
feliz (adj)	feliz	[fə'liʃ]
asustar (vt)	assustar (vt)	[esu'ʃtar]
furia (f)	fúria (f)	['furiɐ]
rabia (f)	ira, raiva (f)	[irɐ], ['ʀajvɐ]
depresión (f)	depressão (f)	[dəprə'sãu]
incomodidad (f)	desconforto (m)	[dəʃkõ'fortu]

comodidad (f)	conforto (m)	[kõ'fortu]
arrepentirse (vr)	arrepender-se (vr)	[ɐʁipẽ'dersə]
arrepentimiento (m)	arrependimento (m)	[ɐʁipẽdi'mẽtu]
mala suerte (f)	azar (m), má sorte (f)	[ɐ'zaɾ], [ma 'sɔrtə]
tristeza (f)	tristeza (f)	[tri'ʃtezɐ]

vergüenza (f)	vergonha (f)	[vər'goɲɐ]
júbilo (m)	alegria (f)	[ɐlə'griɐ]
entusiasmo (m)	entusiasmo (m)	[ẽtu'zjaʒmu]
entusiasta (m)	entusiasta (m)	[ẽtu'zjaʃtɐ]
mostrar entusiasmo	mostrar entusiasmo	[mu'ʃtrar ẽtu'zjaʒmu]

62. El carácter. La personalidad

carácter (m)	caráter (m)	[kɐ'ratɛr]
defecto (m)	falha (f) de caráter	['faʎe də kɐ'ratɛr]
mente (f)	mente (f)	['mẽtə]
razón (f)	razão (f)	[ʁɐ'zãu]

consciencia (f)	consciência (f)	[kõ'ʃsjẽsiɐ]
hábito (m)	hábito (m)	['abitu]
habilidad (f)	habilidade (f)	[ɐbili'dadə]
poder (~ nadar, etc.)	saber (vi)	[sɐ'ber]

paciente (adj)	paciente	[pɐ'sjẽtə]
impaciente (adj)	impaciente	[ĩpɐ'sjẽtə]
curioso (adj)	curioso	[ku'rjozu]
curiosidad (f)	curiosidade (f)	[kuriuzi'dadə]

modestia (f)	modéstia (f)	[mu'dɛʃtiɐ]
modesto (adj)	modesto	[mu'dɛʃtu]
inmodesto (adj)	imodesto	[imu'dɛʃtu]

pereza (f)	preguiça (f)	[prə'gisɐ]
perezoso (adj)	preguiçoso	[prəgi'sozu]
perezoso (m)	preguiçoso (m)	[prəgi'sozu]

astucia (f)	astúcia (f)	[ɐ'ʃtusiɐ]
astuto (adj)	astuto	[ɐ'ʃtutu]
desconfianza (f)	desconfiança (f)	[dəʃkõ'fjãsɐ]
desconfiado (adj)	desconfiado	[dəʃkõ'fjadu]

generosidad (f)	generosidade (f)	[ʒənəruzi'dadə]
generoso (adj)	generoso	[ʒənə'rozu]
talentoso (adj)	talentoso	[tɐlẽ'tozu]
talento (m)	talento (m)	[tɐ'lẽtu]

valiente (adj)	corajoso	[kurɐ'ʒozu]
coraje (m)	coragem (f)	[ku'raʒẽ']
honesto (adj)	honesto	[o'nɛʃtu]
honestidad (f)	honestidade (f)	[onɛʃti'dadə]

| prudente (adj) | prudente | [pru'dẽtə] |
| valeroso (adj) | valente | [vɐ'lẽtə] |

| serio (adj) | sério | ['sɛriu] |
| severo (adj) | severo | [sə'vɛru] |

decidido (adj)	decidido	[dəsi'didu]
indeciso (adj)	indeciso	[ĩdə'sizu]
tímido (adj)	tímido	['timidu]
timidez (f)	timidez (f)	[timi'deʃ]

confianza (f)	confiança (f)	[kõ'fjãsɐ]
creer (créeme)	confiar (vt)	[kõ'fjar]
confiado (crédulo)	crédulo	['krɛdulu]

sinceramente (adv)	sinceramente	[sĩsɛrɐ'mẽtə]
sincero (adj)	sincero	[sĩ'sɛru]
sinceridad (f)	sinceridade (f)	[sĩsəri'dadə]
abierto (adj)	aberto	[ɐ'bɛrtu]

calmado (adj)	calmo	['kalmu]
franco (sincero)	franco	['frãku]
ingenuo (adj)	ingénuo	[ĩ'ʒɛnuu]
distraído (adj)	distraído	[diʃtre'idu]
gracioso (adj)	engraçado	[ẽgrɐ'sadu]

avaricia (f)	ganância (f)	[gɐ'nãsiɐ]
avaro (adj)	ganancioso	[genɐ'sjozu]
tacaño (adj)	avarento	[ɐvɐ'rẽtu]
malvado (adj)	mau	['mau]
terco (adj)	teimoso	[tɐj'mozu]
desagradable (adj)	desagradável	[dəzɐgrɐ'davɛl]

egoísta (m)	egoísta (m)	[egu'iʃtɐ]
egoísta (adj)	egoísta	[egu'iʃtɐ]
cobarde (m)	cobarde (m)	[ku'bardə]
cobarde (adj)	cobarde	[ku'bardə]

63. El sueño. Los sueños

dormir (vi)	dormir (vi)	[dur'mir]
sueño (m) (estado)	sono (m)	['sonu]
sueño (m) (dulces ~s)	sonho (m)	['soɲu]
soñar (vi)	sonhar (vi)	[su'ɲar]
adormilado (adj)	sonolento	[sunu'lẽtu]

cama (f)	cama (f)	['kɐmɐ]
colchón (m)	colchão (m)	[kɔ'lʃãu]
manta (f)	cobertor (m)	[kubər'tor]
almohada (f)	almofada (f)	[almu'fadɐ]
sábana (f)	lençol (m)	[lẽ'sɔl]

insomnio (m)	insónia (f)	[ĩ'sɔniɐ]
de insomnio (adj)	insone	[ĩ'sɔnə]
somnífero (m)	sonífero (m)	[su'nifəru]
tomar el somnífero	tomar um sonífero	[tu'mar ũ su'nifəru]
tener sueño	estar sonolento	[ə'ʃtar sunu'lẽtu]

bostezar (vi)	**bocejar** (vi)	[busə'ʒar]
irse a la cama	**ir para a cama**	[ir 'pɐrɐ ɐ 'kɐmɐ]
hacer la cama	**fazer a cama**	[fɐ'zer ɐ 'kɐmɐ]
dormirse (vr)	**adormecer** (vi)	[ɐdurmə'ser]

pesadilla (f)	**pesadelo** (m)	[pəze'delu]
ronquido (m)	**ronco** (m)	['ʀõku]
roncar (vi)	**roncar** (vi)	[ʀõ'kar]

despertador (m)	**despertador** (m)	[dəʃpərtɐ'dor]
despertar (vt)	**despertar** (vt)	[dəʃpər'tar]
despertarse (vr)	**acordar** (vi)	[ɐkur'dar]
levantarse (vr)	**levantar-se** (vr)	[ləvã'tarsə]
lavarse (vr)	**lavar-se** (vr)	[lɐ'varsə]

64. El humor. La risa. La alegría

humor (m)	**humor** (m)	[u'mor]
sentido (m) del humor	**sentido** (m) **de humor**	[sẽ'tidu də u'mor]
divertirse (vr)	**divertir-se** (vr)	[divər'tirsə]
alegre (adj)	**alegre**	[ɐ'lɛgrə]
júbilo (m)	**alegria** (f)	[ɐlə'griɐ]

sonrisa (f)	**sorriso** (m)	[su'ʀizu]
sonreír (vi)	**sorrir** (vi)	[su'ʀir]
echarse a reír	**começar a rir**	[kumə'sar ɐ ʀir]
reírse (vr)	**rir** (vi)	[ʀir]
risa (f)	**riso** (m)	['ʀizu]

anécdota (f)	**anedota** (f)	[ɐnə'dɔte]
gracioso (adj)	**engraçado**	[ẽgrɐ'sadu]
ridículo (adj)	**ridículo**	[ʀi'dikulu]

bromear (vi)	**brincar, fazer piadas**	[brĩ'kar], [fɐ'zer 'pjadeʃ]
broma (f)	**piada** (f)	['pjade]
alegría (f) (emoción)	**alegria** (f)	[ɐlə'griɐ]
alegrarse (vr)	**regozijar-se** (vr)	[ʀəguzi'ʒarsə]
alegre (~ de que ...)	**alegre**	[ɐ'lɛgrə]

65. La discusión y la conversación. Unidad 1

comunicación (f)	**comunicação** (f)	[kumunikɐ'sãu]
comunicarse (vr)	**comunicar-se** (vr)	[kumuni'karsə]

conversación (f)	**conversa** (f)	[kõ'vɛrsɐ]
diálogo (m)	**diálogo** (m)	['djalugu]
discusión (f) (debate)	**discussão** (f)	[diʃku'sãu]
debate (m)	**debate** (m)	[də'batə]
debatir (vi)	**debater** (vt)	[dəbɐ'ter]

interlocutor (m)	**interlocutor** (m)	[ĩtɛrluku'tor]
tema (m)	**tema** (m)	['teme]

punto (m) de vista	ponto (m) de vista	['põtu də 'viʃtɐ]
opinión (f)	opinião (f)	[ɔpi'njãu]
discurso (m)	discurso (m)	[di'ʃkursu]

discusión (f) (del informe, etc.)	discussão (f)	[diʃku'sãu]
discutir (vt)	discutir (vt)	[diʃku'tir]
conversación (f)	conversa (f)	[kõ'vɛrsɐ]
conversar (vi)	conversar (vi)	[kõvər'sar]
reunión (f)	encontro (m)	[ẽ'kõtru]
encontrarse (vr)	encontrar-se (vr)	[ẽkõ'trarsə]

proverbio (m)	provérbio (m)	[pru'vɛrbiu]
dicho (m)	ditado (m)	[di'tadu]
adivinanza (f)	adivinha (f)	[ɐdi'viɲɐ]
contar una adivinanza	dizer uma adivinha	[di'zer 'umɐ ɐdi'viɲɐ]
contraseña (f)	senha (f)	['sɐɲɐ]
secreto (m)	segredo (m)	[sə'gredu]

juramento (m)	juramento (m)	[ʒurɐ'mẽtu]
jurar (vt)	jurar (vi)	[ʒu'rar]
promesa (f)	promessa (f)	[pru'mɛsɐ]
prometer (vt)	prometer (vt)	[prumə'ter]

consejo (m)	conselho (m)	[kõ'sɐʎu]
aconsejar (vt)	aconselhar (vt)	[ɐkõsə'ʎar]
seguir el consejo	seguir o conselho	[sə'gir u kõ'sɐʎu]
escuchar (a los padres)	escutar (vt)	[əʃku'tar]

noticias (f pl)	novidade, notícia (f)	[nuvi'dadə], [nu'tisie]
sensación (f)	sensação (f)	[sẽsɐ'sãu]
información (f)	informação (f)	[ĩfurmɐ'sãu]
conclusión (f)	conclusão (f)	[kõklu'zãu]
voz (f)	voz (f)	[vɔʒ]
cumplido (m)	elogio (m)	[elu'ʒiu]
amable (adj)	amável	[ɐ'mavɛl]

palabra (f)	palavra (f)	[pɐ'lavrɐ]
frase (f)	frase (f)	['frazə]
respuesta (f)	resposta (f)	[ʀə'ʃpɔʃtɐ]

| verdad (f) | verdade (f) | [vər'dadə] |
| mentira (f) | mentira (f) | [mẽ'tirɐ] |

pensamiento (m)	pensamento (m)	[pẽsɐ'mẽtu]
idea (f)	ideia (f)	[i'dɛjɐ]
fantasía (f)	fantasia (f)	[fãtɐ'ziɐ]

66. La discusión y la conversación. Unidad 2

respetado (adj)	estimado	[əʃti'madu]
respetar (vt)	respeitar (vt)	[ʀəʃpɐj'tar]
respeto (m)	respeito (m)	[ʀə'ʃpɐjtu]
Estimado ...	Estimado ..., Caro ...	[əʃti'madu], ['karu]
presentar (~ a sus padres)	apresentar (vt)	[ɐprəzẽ'tar]

conocer a alguien	conhecer (vt)	[kuɲə'ser]
intención (f)	intenção (f)	[ĩtẽ'sãu]
tener intención (de …)	tencionar (vt)	[tẽsiu'nar]
deseo (m)	desejo (m)	[də'zeʒu]
desear (vt) (~ buena suerte)	desejar (vt)	[dəzə'ʒar]
sorpresa (f)	surpresa (f)	[sur'preze]
sorprender (vt)	surpreender (vt)	[surpriẽ'der]
sorprenderse (vr)	surpreender-se (vr)	[surpriẽ'dersə]
dar (vt)	dar (vt)	[dar]
tomar (vt)	pegar (vt)	[pə'gar]
devolver (vt)	devolver (vt)	[dəvɔ'lver]
retornar (vt)	retornar (vt)	[ʀətur'nar]
disculparse (vr)	desculpar-se (vr)	[dəʃkul'parsə]
disculpa (f)	desculpa (f)	[də'ʃkulpe]
perdonar (vt)	perdoar (vt)	[pərdu'ar]
hablar (vi)	falar (vi)	[fe'lar]
escuchar (vt)	escutar (vt)	[əʃku'tar]
escuchar hasta el final	ouvir até o fim	[o'vir e'tɛ u fĩ]
comprender (vt)	compreender (vt)	[kõpriẽ'der]
mostrar (vt)	mostrar (vt)	[mu'ʃtrar]
mirar a …	olhar para …	[ɔ'ʎar 'peɾe]
llamar (vt)	chamar (vt)	[ʃe'mar]
distraer (molestar)	distrair (vt)	[diʃtrɐ'ir]
molestar (vt)	perturbar (vt)	[pərtur'bar]
pasar (~ un mensaje)	entregar (vt)	[ẽtrə'gar]
petición (f)	pedido (m)	[pə'didu]
pedir (vt)	pedir (vt)	[pə'dir]
exigencia (f)	exigência (f)	[ezi'ʒẽsie]
exigir (vt)	exigir (vt)	[ezi'ʒir]
motejar (vr)	chamar nomes (vt)	[ʃe'mar 'noməʃ]
burlarse (vr)	zombar (vt)	[zõ'bar]
burla (f)	zombaria (f)	[zõbe'rie]
apodo (m)	alcunha (f)	[al'kuɲe]
alusión (f)	insinuação (f)	[elu'zãu]
aludir (vi)	insinuar (vt)	[ĩsinu'ar]
sobrentender (vt)	subentender (vt)	[subẽtẽ'der]
descripción (f)	descrição (f)	[dəʃkri'sãu]
describir (vt)	descrever (vt)	[dəʃkrə'ver]
elogio (m)	elogio (m)	[elu'ʒiu]
elogiar (vt)	elogiar (vt)	[elu'ʒjar]
decepción (f)	desapontamento (m)	[dəzepõte'mẽtu]
decepcionar (vt)	desapontar (vt)	[dəzepõ'tar]
estar decepcionado	desapontar-se (vr)	[dəzepõ'tarsə]
suposición (f)	suposição (f)	[supuzi'sãu]
suponer (vt)	supor (vt)	[su'por]

| advertencia (f) | advertência (f) | [ɐdvər'tẽsiɐ] |
| prevenir (vt) | advertir (vt) | [ɐdvər'tir] |

67. La discusión y la conversación. Unidad 3

| convencer (vt) | convencer (vt) | [kõvẽ'ser] |
| calmar (vt) | acalmar (vt) | [ɐkal'mar] |

silencio (m) (~ es oro)	silêncio (m)	[si'lẽsiu]
callarse (vr)	ficar em silêncio	[fi'kar ẽ si'lẽsiu]
susurrar (vi, vt)	sussurrar (vt)	[susu'ʀar]
susurro (m)	sussurro (m)	[su'suʀu]

| francamente (adv) | francamente | [frãkɐ'mẽtɐ] |
| en mi opinión ... | a meu ver ... | [ɐ 'meu ver] |

detalle (m) (de la historia)	detalhe (m)	[də'taʎə]
detallado (adj)	detalhado	[dətə'ʎadu]
detalladamente (adv)	detalhadamente	[dəteʎadɐ'mẽtɐ]

| pista (f) | dica (f) | ['dikɐ] |
| dar una pista | dar uma dica | [dar 'umɐ 'dikɐ] |

mirada (f)	olhar (m)	[ɔ'ʎar]
echar una mirada	dar uma vista de olhos	[dar 'umɐ 'viʃtɐ də 'ɔʎuʃ]
fija (mirada ~)	fixo	['fiksu]
parpadear (vi)	piscar (vi)	[pi'ʃkar]
guiñar un ojo	pestanejar (vt)	[pəʃtɐnɐ'ʒar]
asentir con la cabeza	acenar (vt)	[ɐsə'nar]

suspiro (m)	suspiro (m)	[su'ʃpiru]
suspirar (vi)	suspirar (vi)	[suʃpi'rar]
estremecerse (vr)	estremecer (vi)	[əʃtrəmə'ser]
gesto (m)	gesto (m)	['ʒɛʃtu]
tocar (con la mano)	tocar (vt)	[tu'kar]
asir (~ de la mano)	agarrar (vt)	[ɐgɐ'ʀar]
palmear (~ la espalda)	bater de leve	[bɐ'ter də 'lɛvə]

¡Cuidado!	Cuidado!	[kui'dadu]
¿De veras?	A sério?	[ɐ 'sɛriu]
¿Estás seguro?	Tem certeza?	[tãj sər'tezɐ]
¡Suerte!	Boa sorte!	['boɐ 'sɔrtɐ]
¡Ya veo!	Compreendi!	[kõpriẽ'di]
¡Es una lástima!	Que pena!	[kə 'penɐ]

68. El acuerdo. El rechazo

acuerdo (m)	consentimento (m)	[kõsẽti'mẽtu]
estar de acuerdo	consentir (vi)	[kõsẽ'tir]
aprobación (f)	aprovação (f)	[ɐpruvɐ'sãu]
aprobar (vt)	aprovar (vt)	[ɐpru'var]
rechazo (m)	recusa (f)	[ʀə'kuzɐ]

negarse (vr)	negar-se (vt)	[nə'garsə]
¡Excelente!	Está ótimo!	[ə'ʃta 'ɔtimu]
¡De acuerdo!	Muito bem!	['mũjtu bẽʲ]
¡Vale!	Está bem! De acordo!	[ə'ʃta bẽʲ], [də ɐ'kordu]

prohibido (adj)	proibido	[prui'bidu]
está prohibido	é proibido	[ɛ prui'bidu]
es imposible	é impossível	[ɛ ĩpu'sivɛl]
incorrecto (adj)	incorreto	[ĩku'ʀɛtu]

rechazar (vt)	rejeitar (vt)	[ʀəʒej'tar]
apoyar (la decisión)	apoiar (vt)	[ɐpo'jar]
aceptar (vt)	aceitar (vt)	[ɐsej'tar]

confirmar (vt)	confirmar (vt)	[kõfir'mar]
confirmación (f)	confirmação (f)	[kõfirmɐ'sãu]
permiso (m)	permissão (f)	[pərmi'sãu]
permitir (vt)	permitir (vt)	[pərmi'tir]
decisión (f)	decisão (f)	[dəsi'zãu]
no decir nada	não dizer nada	['nãu di'zer 'nadɐ]

condición (f)	condição (f)	[kõdi'sãu]
excusa (f) (pretexto)	pretexto (m)	[prə'tɛʃtu]
elogio (m)	elogio (m)	[ɛlu'ʒiu]
elogiar (vt)	elogiar (vt)	[ɛlu'ʒjar]

69. El éxito. La buena suerte. El fracaso

éxito (m)	êxito, sucesso (m)	['ɛzitu], [su'sɛsu]
con éxito (adv)	com êxito	[kõ 'ɛzitu]
exitoso (adj)	bem sucedido	[bẽʲ susə'didu]

suerte (f)	sorte (f)	['sɔrtə]
¡Suerte!	Boa sorte!	['boɐ 'sɔrtə]
de suerte (día ~)	de sorte	[də 'sɔrtə]
afortunado (adj)	sortudo, felizardo	[sur'tudu], [fəli'zardu]

fiasco (m)	fracasso (m)	[frɐ'kasu]
infortunio (m)	pouca sorte (f)	['pokɐ 'sɔrtə]
mala suerte (f)	azar (m), má sorte (f)	[ɐ'zar], [ma 'sɔrtə]

| fracasado (adj) | mal sucedido | [mal susə'didu] |
| catástrofe (f) | catástrofe (f) | [kɐ'taʃtrufə] |

orgullo (m)	orgulho (m)	[or'guʎu]
orgulloso (adj)	orgulhoso	[orgu'ʎozu]
estar orgulloso	estar orgulhoso	[ə'ʃtar orgu'ʎozu]

ganador (m)	vencedor (m)	[vẽsɐ'dor]
ganar (vi)	vencer (vi)	[vẽ'ser]
perder (vi)	perder (vt)	[pər'der]
tentativa (f)	tentativa (f)	[tẽtɐ'tivɐ]
intentar (tratar)	tentar (vt)	[tẽ'tar]
chance (f)	chance (m)	['ʃãsə]

70. Las discusiones. Las emociones negativas

grito (m)	grito (m)	['gritu]
gritar (vi)	gritar (vi)	[gri'tar]
comenzar a gritar	começar a gritar	[kumə'sar ɐ gri'tar]
disputa (f), riña (f)	discussão (f)	[diʃku'sãu]
reñir (vi)	discutir (vt)	[diʃku'tir]
escándalo (m) (riña)	escândalo (m)	[ə'ʃkãdɐlu]
causar escándalo	criar escândalo	[kri'ar ə'ʃkãdɐlu]
conflicto (m)	conflito (m)	[kõ'flitu]
malentendido (m)	mal-entendido (m)	[mal ẽtẽ'didu]
insulto (m)	insulto (m)	[ĩ'sultu]
insultar (vt)	insultar (vt)	[ĩsul'tar]
insultado (adj)	insultado	[ĩsul'tadu]
ofensa (f)	ofensa (f)	[ɔ'fẽsɐ]
ofender (vt)	ofender (vt)	[ɔfẽ'der]
ofenderse (vr)	ofender-se (vr)	[ɔfẽ'dersə]
indignación (f)	indignação (f)	[ĩdignɐ'sãu]
indignarse (vr)	indignar-se (vr)	[ĩdi'gnarsə]
queja (f)	queixa (f)	['keɪʃɐ]
quejarse (vr)	queixar-se (vr)	[keɪ'ʃarsə]
disculpa (f)	desculpa (f)	[də'ʃkulpɐ]
disculparse (vr)	desculpar-se (vr)	[dəʃkul'parsə]
pedir perdón	pedir perdão	[pə'dir pər'dãu]
crítica (f)	crítica (f)	['kritikɐ]
criticar (vt)	criticar (vt)	[kriti'kar]
acusación (f)	acusação (f)	[ɐkuzɐ'sãu]
acusar (vt)	acusar (vt)	[ɐku'zar]
venganza (f)	vingança (f)	[vĩ'gãsɐ]
vengar (vt)	vingar (vt)	[vĩ'gar]
pagar (vt)	vingar-se (vr)	[vĩ'garsə]
desprecio (m)	desprezo (m)	[də'ʃprezu]
despreciar (vt)	desprezar (vt)	[dəʃprɐ'zar]
odio (m)	ódio (m)	['ɔdiu]
odiar (vt)	odiar (vt)	[o'djar]
nervioso (adj)	nervoso	[nər'vozu]
estar nervioso	estar nervoso	[ə'ʃtar nər'vozu]
enfadado (adj)	zangado	[zã'gadu]
enfadar (vt)	zangar (vt)	[zã'gar]
humillación (f)	humilhação (f)	[umiʎɐ'sãu]
humillar (vt)	humilhar (vt)	[umi'ʎar]
humillarse (vr)	humilhar-se (vr)	[umi'ʎarsə]
choque (m)	choque (m)	['ʃɔkə]
chocar (vi)	chocar (vt)	[ʃu'kar]
molestia (f) (problema)	aborrecimento (m)	[ɐbuʀɐsi'mẽtu]

desagradable (adj)	desagradável	[dəzɛgrɐ'davɛl]
miedo (m)	medo (m)	['medu]
terrible (tormenta, etc.)	terrível	[tə'rivɛl]
de miedo (historia ~)	assustador	[ɐsuʃtɐ'dor]
horror (m)	horror (m)	[ɔ'ʀor]
horrible (adj)	horrível	[ɔ'ʀivɛl]

empezar a temblar	começar a tremer	[kumɐ'sar ɐ trə'mer]
llorar (vi)	chorar (vi)	[ʃu'rar]
comenzar a llorar	começar a chorar	[kumɐ'sar ɐ ʃu'rar]
lágrima (f)	lágrima (f)	['lagrimɐ]

culpa (f)	falta (f)	['faltɐ]
remordimiento (m)	culpa (f)	['kulpɐ]
deshonra (f)	desonra (f)	[də'zõʀɐ]
protesta (f)	protesto (m)	[pru'tɛʃtu]
estrés (m)	stresse (m)	['stresə]

molestar (vt)	perturbar (vt)	[pərtur'bar]
estar furioso	zangar-se com ...	[zã'garsə kõ]
enfadado (adj)	zangado	[zã'gadu]
terminar (vt)	terminar (vt)	[tərmi'nar]
regañar (vt)	praguejar	[prɐgɐ'ʒar]

asustarse (vr)	assustar-se	[ɐsu'ʃtarsə]
golpear (vt)	golpear (vt)	[gɔl'pjar]
pelear (vi)	brigar (vi)	[bri'gar]

resolver (~ la discusión)	resolver (vt)	[ʀəzɔ'lver]
descontento (adj)	descontente	[dəʃkõ'tẽtə]
furioso (adj)	furioso	[fu'rjozu]

| ¡No está bien! | Não está bem! | ['nãu ə'ʃta bẽⁱ] |
| ¡Está mal! | É mau! | [ɛ 'mau] |

La medicina

enfermedad (f)	doença (f)	[du'ẽse]
estar enfermo	estar doente	[ə'ʃtar du'ẽtə]
salud (f)	saúde (f)	[se'udə]
resfriado (m) (coriza)	nariz (m) a escorrer	[ne'riʒ e əʃku'ʀer]
angina (f)	amigdalite (f)	[emigde'litə]
resfriado (m)	constipação (f)	[kõʃtipe'sãu]
resfriarse (vr)	constipar-se (vr)	[kõʃti'parsə]
bronquitis (f)	bronquite (f)	[brõ'kitə]
pulmonía (f)	pneumonia (f)	[pneumu'niɐ]
gripe (f)	gripe (f)	['gripə]
miope (adj)	míope	['miupə]
présbita (adj)	presbita	[prə'ʒbitɐ]
estrabismo (m)	estrabismo (m)	[əʃtre'biʒmu]
estrábico (m) (adj)	estrábico	[ə'ʃtrabiku]
catarata (f)	catarata (f)	[kete'ratɐ]
glaucoma (m)	glaucoma (m)	[glau'komɐ]
insulto (m)	AVC (m), apoplexia (f)	[ave'sɛ], [epoplɛ'ksiɐ]
ataque (m) cardiaco	ataque (m) cardíaco	[e'takə ker'dieku]
infarto (m) de miocardio	enfarte (m) do miocárdio	[ẽ'fartɐ du miɔ'kardiu]
parálisis (f)	paralisia (f)	[pereli'ziɐ]
paralizar (vt)	paralisar (vt)	[pereli'zar]
alergia (f)	alergia (f)	[elər'ʒiɐ]
asma (f)	asma (f)	['aʒmɐ]
diabetes (f)	diabetes (f)	[die'bɛtəʃ]
dolor (m) de muelas	dor (f) de dentes	[dor də 'dẽtəʃ]
caries (f)	cárie (f)	['kariə]
diarrea (f)	diarreia (f)	[die'ʀejɐ]
estreñimiento (m)	prisão (f) de ventre	[pri'zãu də 'vẽtrɐ]
molestia (f) estomacal	desarranjo (m) intestinal	[dəze'ʀãʒu ĩtəʃti'nal]
envenenamiento (m)	intoxicação (f) alimentar	[ĩtɔksike'sãu elimẽ'tar]
envenenarse (vr)	intoxicar-se	[ĩtɔksi'karsə]
artritis (f)	artrite (f)	[er'tritɐ]
raquitismo (m)	raquitismo (m)	[ʀeki'tiʒmu]
reumatismo (m)	reumatismo (m)	[ʀiume'tiʒmu]
ateroesclerosis (f)	arteriosclerose (f)	[erteriɔʃklə'rɔzə]
gastritis (f)	gastrite (f)	[ge'ʃtritɐ]
apendicitis (f)	apendicite (f)	[epẽdi'sitɐ]

colecistitis (f)	colecistite (f)	[kulɛsi'ʃtitə]
úlcera (f)	úlcera (f)	['ulsərɐ]

sarampión (m)	sarampo (m)	[se'rãpu]
rubeola (f)	rubéola (f)	[ʀu'bɛulɐ]
ictericia (f)	iterícia (f)	[itə'risiɐ]
hepatitis (f)	hepatite (f)	[epɐ'titə]

esquizofrenia (f)	esquizofrenia (f)	[əʃkizɔfrə'niɐ]
rabia (f) (hidrofobia)	raiva (f)	['ʀajvɐ]
neurosis (f)	neurose (f)	[neu'rɔzə]
conmoción (f) cerebral	comoção (f) cerebral	[kumu'sãu sərə'bral]

cáncer (m)	cancro (m)	['kãkru]
esclerosis (f)	esclerose (f)	[əʃklə'rɔzə]
esclerosis (m) múltiple	esclerose (f) múltipla	[əʃklə'rɔzə 'multiplɐ]

alcoholismo (m)	alcoolismo (m)	[alkuu'liʒmu]
alcohólico (m)	alcoólico (m)	[alku'ɔliku]
sífilis (f)	sífilis (f)	['sifiliʃ]
SIDA (m)	SIDA (f)	['sidɐ]

tumor (m)	tumor (m)	[tu'mor]
maligno (adj)	maligno	[me'lignu]
benigno (adj)	benigno	[bə'nignu]

fiebre (f)	febre (f)	['fɛbrə]
malaria (f)	malária (f)	[me'lariɐ]
gangrena (f)	gangrena (f)	[gã'grenɐ]
mareo (m)	enjoo (m)	[ẽ'ʒou]
epilepsia (f)	epilepsia (f)	[epilɛp'siɐ]

epidemia (f)	epidemia (f)	[epidə'miɐ]
tifus (m)	tifo (m)	['tifu]
tuberculosis (f)	tuberculose (f)	[tubɛrku'lɔzə]
cólera (f)	cólera (f)	['kɔlɐrɐ]
peste (f)	peste (f)	['pɛʃtə]

72. Los síntomas. Los tratamientos. Unidad 1

síntoma (m)	sintoma (m)	[sĩ'tomɐ]
temperatura (f)	temperatura (f)	[tẽpərɐ'turɐ]
fiebre (f)	febre (f)	['fɛbrə]
pulso (m)	pulso (m)	['pulsu]

mareo (m) (vértigo)	vertigem (f)	[vər'tiʒẽi̯]
caliente (adj)	quente	['kẽtə]
escalofrío (m)	calafrio (m)	[kɐlɐ'friu]
pálido (adj)	pálido	['palidu]

tos (f)	tosse (f)	['tɔsə]
toser (vi)	tossir (vi)	[tɔ'sir]
estornudar (vi)	espirrar (vi)	[əʃpi'ʀar]
desmayo (m)	desmaio (m)	[də'ʒmaju]

desmayarse (vr)	desmaiar (vi)	[dəʒme'jar]
moradura (f)	nódoa (f) negra	['nɔduɐ 'negrɐ]
chichón (m)	galo (m)	['galu]
golpearse (vr)	magoar-se (vr)	[mɐgu'arsə]
magulladura (f)	pisadura (f)	[pizɐ'durɐ]
magullarse (vr)	aleijar-se (vr)	[ɐlej'ʒarsə]
cojear (vi)	coxear (vi)	[kɔ'ksjar]
dislocación (f)	deslocação (f)	[dəʒlukɐ'sãu]
dislocar (vt)	deslocar (vt)	[dəʒlu'kar]
fractura (f)	fratura (f)	[fra'turɐ]
tener una fractura	fraturar (vt)	[frɐtu'rar]
corte (m) (tajo)	corte (m)	['kɔrtə]
cortarse (vr)	cortar-se (vr)	[kur'tarsə]
hemorragia (f)	hemorragia (f)	[emuʀɐ'ʒiɐ]
quemadura (f)	queimadura (f)	[kɐjmɐ'durɐ]
quemarse (vr)	queimar-se (vr)	[kɐj'marsə]
pincharse (~ el dedo)	picar (vt)	[pi'kar]
pincharse (vr)	picar-se (vr)	[pi'karsə]
herir (vt)	lesionar (vt)	[ləziu'nar]
herida (f)	lesão (m)	[lə'zãu]
lesión (f) (herida)	ferida (f), ferimento (m)	[fə'ridɐ], [fəri'mẽtu]
trauma (m)	trauma (m)	['traumɐ]
delirar (vi)	delirar (vi)	[dəli'rar]
tartamudear (vi)	gaguejar (vi)	[gɐgə'ʒar]
insolación (f)	insolação (f)	[ĩsulɐ'sãu]

73. Los síntomas. Los tratamientos. Unidad 2

dolor (m)	dor (f)	[dor]
astilla (f)	farpa (f)	['farpɐ]
sudor (m)	suor (m)	[su'ɔr]
sudar (vi)	suar (vi)	[su'ar]
vómito (m)	vómito (m)	['vɔmitu]
convulsiones (f pl)	convulsões (f pl)	[kõvu'lsoɪʃ]
embarazada (adj)	grávida	['gravidɐ]
nacer (vi)	nascer (vi)	[nɐ'ʃser]
parto (m)	parto (m)	['partu]
dar a luz	dar à luz	[dar a luʃ]
aborto (m)	aborto (m)	[ɐ'bortu]
respiración (f)	respiração (f)	[ʀəʃpirɐ'sãu]
inspiración (f)	inspiração (f)	[ĩʃpirɐ'sãu]
espiración (f)	expiração (f)	[əʃpirɐ'sãu]
espirar (vi)	expirar (vi)	[əʃpi'rar]
inspirar (vi)	inspirar (vi)	[ĩʃpi'rar]
inválido (m)	inválido (m)	[ĩ'validu]
mutilado (m)	aleijado (m)	[ɐlej'ʒadu]

drogadicto (m)	toxicodependente (m)	[tɔksiku·dəpẽ'dẽtə]
sordo (adj)	surdo	['surdu]
mudo (adj)	mudo	['mudu]
sordomudo (adj)	surdo-mudo	['surdu 'mudu]

loco (adj)	louco	['loku]
loco (m)	louco (m)	['loku]
loca (f)	louca (f)	['lokɐ]
volverse loco	ficar louco	[fi'kar 'loku]

gen (m)	gene (m)	['ʒɛnə]
inmunidad (f)	imunidade (f)	[imuni'dadə]
hereditario (adj)	hereditário	[erədi'tariu]
de nacimiento (adj)	congénito	[kõ'ʒɛnitu]

virus (m)	vírus (m)	['viruʃ]
microbio (m)	micróbio (m)	[mi'krɔbiu]
bacteria (f)	bactéria (f)	[ba'ktɛriɐ]
infección (f)	infeção (f)	[ĩfɛ'sãu]

74. Los síntomas. Los tratamientos. Unidad 3

| hospital (m) | hospital (m) | [ɔʃpi'tal] |
| paciente (m) | paciente (m) | [pɐ'sjẽtə] |

diagnosis (f)	diagnóstico (m)	[diɐ'gnɔʃtiku]
cura (f)	cura (f)	['kurɐ]
tratamiento (m)	tratamento (m) médico	[trɐtɐ'mẽtu 'mɛdiku]
curarse (vr)	curar-se (vr)	[ku'rarsə]
tratar (vt)	tratar (vt)	[trɐ'tar]
cuidar (a un enfermo)	cuidar (vt)	[kui'dar]
cuidados (m pl)	cuidados (m pl)	[kui'daduʃ]

operación (f)	operação (f)	[ɔpɐrɐ'sãu]
vendar (vt)	enfaixar (vt)	[ẽfaj'ʃar]
vendaje (m)	enfaixamento (m)	[ẽfajʃɐ'mẽtu]

vacunación (f)	vacinação (f)	[vɐsinɐ'sãu]
vacunar (vt)	vacinar (vt)	[vɐsi'nar]
inyección (f)	injeção (f)	[ĩʒɛ'sãu]
aplicar una inyección	dar uma injeção	[dar 'umɐ ĩʒɛ'sãu]

ataque (m)	ataque (m)	[ɐ'takə]
amputación (f)	amputação (f)	[ãputɐ'sãu]
amputar (vt)	amputar (vt)	[ãpu'tar]
coma (m)	coma (f)	['komɐ]
estar en coma	estar em coma	[ə'ʃtar ẽ 'komɐ]
revitalización (f)	reanimação (f)	[ʀiɐnimɐ'sãu]

recuperarse (vr)	recuperar-se (vr)	[ʀəkupɐ'rarsə]
estado (m) (de salud)	estado (m)	[ə'ʃtadu]
consciencia (f)	consciência (f)	[kõ'ʃsjẽsiɐ]
memoria (f)	memória (f)	[mə'mɔriɐ]
extraer (un diente)	tirar (vt)	[ti'rar]

| empaste (m) | chumbo (m), obturação (f) | ['ʃũbu], [ɔbturɐ'sãu] |
| empastar (vt) | chumbar, obturar (vt) | [ʃũ'bar], [ɔbtu'rar] |

| hipnosis (f) | hipnose (f) | [ip'nɔzə] |
| hipnotizar (vt) | hipnotizar (vt) | [ipnuti'zar] |

75. Los médicos

médico (m)	médico (m)	['mɛdiku]
enfermera (f)	enfermeira (f)	[ẽfər'mejɾɐ]
médico (m) personal	médico (m) pessoal	['mɛdiku pəsu'al]

dentista (m)	dentista (m)	[dẽ'tiʃtɐ]
oftalmólogo (m)	oculista (m)	[ɔku'liʃtɐ]
internista (m)	terapeuta (m)	[tɐɾɐ'peutɐ]
cirujano (m)	cirurgião (m)	[sirur'ʒjãu]

psiquiatra (m)	psiquiatra (m)	[psiki'atɾɐ]
pediatra (m)	pediatra (m)	[pə'djatɾɐ]
psicólogo (m)	psicólogo (m)	[psi'kɔlugu]
ginecólogo (m)	ginecologista (m)	[ʒinɛkulu'ʒiʃtɐ]
cardiólogo (m)	cardiologista (m)	[kɐrdiulu'ʒiʃtɐ]

76. La medicina. Las drogas. Los accesorios

medicamento (m), droga (f)	medicamento (m)	[mədikɐ'mẽtu]
remedio (m)	remédio (m)	[ʀə'mɛdiu]
prescribir (vt)	receitar (vt)	[ʀəsɐj'tar]
receta (f)	receita (f)	[ʀə'sɐjtɐ]

tableta (f)	comprimido (m)	[kõpri'midu]
ungüento (m)	pomada (f)	[pu'madɐ]
ampolla (f)	ampola (f)	[ã'pɔlɐ]
mixtura (f), mezcla (f)	preparado (m)	[prɐpɐ'radu]
sirope (m)	xarope (m)	[ʃe'rɔpə]
píldora (f)	cápsula (f)	['kapsulɐ]
polvo (m)	remédio (m) em pó	[ʀə'mɛdiu ẽ pɔ]

venda (f)	ligadura (f)	[ligɐ'durɐ]
algodón (m) (discos de ~)	algodão (m)	[algu'dãu]
yodo (m)	iodo (m)	['jodu]

tirita (f), curita (f)	penso (m) rápido	['pẽsu 'ʀapidu]
pipeta (f)	conta-gotas (m)	[kõtɐ 'gotɐʃ]
termómetro (m)	termómetro (m)	[tər'mɔmɐtru]
jeringa (f)	seringa (f)	[sə'ɾĩgɐ]

| silla (f) de ruedas | cadeira (f) de rodas | [kɐ'dɐjɾɐ də 'ʀodɐʃ] |
| muletas (f pl) | muletas (f pl) | [mu'letɐʃ] |

| anestésico (m) | analgésico (m) | [ɐnal'ʒɛziku] |
| purgante (m) | laxante (m) | [la'ʃãtɐ] |

alcohol (m)	**álcool** (m)	['alkɔɔl]
hierba (f) medicinal	**ervas** (f pl) **medicinais**	['ɛrveʃ mədisi'naɪʃ]
de hierbas (té ~)	**de ervas**	[də 'ɛrveʃ]

77. El tabaquismo. Los productos del tabaco

tabaco (m)	**tabaco** (m)	[te'baku]
cigarrillo (m)	**cigarro** (m)	[si'gaʀu]
cigarro (m)	**charuto** (m)	[ʃe'rutu]
pipa (f)	**cachimbo** (m)	[ke'ʃĩbu]
paquete (m)	**maço** (m)	['masu]
cerillas (f pl)	**fósforos** (m pl)	['fɔʃfuruʃ]
caja (f) de cerillas	**caixa** (f) **de fósforos**	['kaɪʃe də 'fɔʃfuruʃ]
encendedor (m)	**isqueiro** (m)	[i'ʃkejru]
cenicero (m)	**cinzeiro** (m)	[sĩ'zejru]
pitillera (f)	**cigarreira** (f)	[sige'ʀejɾe]
boquilla (f)	**boquilha** (f)	[bu'kiʎe]
filtro (m)	**filtro** (m)	['filtru]
fumar (vi, vt)	**fumar** (vi, vt)	[fu'maɾ]
encender un cigarrillo	**acender um cigarro**	[esẽ'der ũ si'gaʀu]
tabaquismo (m)	**tabagismo** (m)	[tebe'ʒiʒmu]
fumador (m)	**fumador** (m)	[fume'dor]
colilla (f)	**beata** (f)	['bjate]
humo (m)	**fumo** (m)	['fumu]
ceniza (f)	**cinza** (f)	['sĩze]

EL AMBIENTE HUMANO

La ciudad

78. La ciudad. La vida en la ciudad

ciudad (f)	cidade (f)	[si'dadə]
capital (f)	capital (f)	[kɐpi'tal]
aldea (f)	aldeia (f)	[al'dɐjɐ]
plano (m) de la ciudad	mapa (m) da cidade	['mapɐ dɐ si'dadə]
centro (m) de la ciudad	centro (m) da cidade	['sẽtru dɐ si'dadə]
suburbio (m)	subúrbio (m)	[su'burbiu]
suburbano (adj)	suburbano	[subuɾ'bɐnu]
arrabal (m)	periferia (f)	[pɐrifɐ'riɐ]
afueras (f pl)	arredores (m pl)	[ɐʀɐ'dorɐʃ]
barrio (m)	quarteirão (m)	[kuɐɾtɐj'rãu]
zona (f) de viviendas	quarteirão (m) residencial	[kuɐɾtɐj'rãu ʀɐzidẽ'sjal]
tráfico (m)	tráfego (m)	['trafɐgu]
semáforo (m)	semáforo (m)	[sɐ'mafuru]
transporte (m) urbano	transporte (m) público	[trã'ʃpɔɾtɐ 'publiku]
cruce (m)	cruzamento (m)	[kruzɐ'mẽtu]
paso (m) de peatones	passadeira (f)	[pɐsɐ'dɐjɾɐ]
paso (m) subterráneo	passagem (f) subterrânea	[pɐ'saʒɐ̃ĭ subtɐ'ʀɐniɐ]
cruzar (vt)	cruzar, atravessar (vt)	[kru'zar], [ɐtrɐvɐ'sar]
peatón (m)	peão (m)	['pjãu]
acera (f)	passeio (m)	[pɐ'sɐju]
puente (m)	ponte (f)	['põtɐ]
muelle (m)	margem (f) do rio	['marʒɐ̃ĭ du 'ʀiu]
fuente (f)	fonte (f)	['fõtɐ]
alameda (f)	alameda (f)	[ɐlɐ'medɐ]
parque (m)	parque (m)	['parkɐ]
bulevar (m)	bulevar (m)	[bulɐ'var]
plaza (f)	praça (f)	['prasɐ]
avenida (f)	avenida (f)	[ɐvɐ'nidɐ]
calle (f)	rua (f)	['ʀuɐ]
callejón (m)	travessa (f)	[trɐ'vɛsɐ]
callejón (m) sin salida	beco (m) sem saída	['beku sẽ sɐ'idɐ]
casa (f)	casa (f)	['kazɐ]
edificio (m)	edifício, prédio (m)	[edi'fisiu], ['prɛdiu]
rascacielos (m)	arranha-céus (m)	[ɐ'ʀɐɲɐ 'sɛuʃ]
fachada (f)	fachada (f)	[fɐ'ʃadɐ]
techo (m)	telhado (m)	[tɐ'ʎadu]

ventana (f)	janela (f)	[ʒe'nɛle]
arco (m)	arco (m)	['arku]
columna (f)	coluna (f)	[ku'lune]
esquina (f)	esquina (f)	[ə'ʃkine]

escaparate (f)	montra (f)	['mõtre]
letrero (m) (~ luminoso)	letreiro (m)	[lə'trejru]
cartel (m)	cartaz (m)	[kɐr'taʃ]
cartel (m) publicitario	cartaz (m) publicitário	[kɐr'taʃ publisi'tariu]
valla (f) publicitaria	painel (m) publicitário	[paj'nɛl publisi'tariu]

basura (f)	lixo (m)	['liʃu]
cajón (m) de basura	cesta (f) do lixo	['seʃte du 'liʃu]
tirar basura	jogar lixo na rua	[ʒu'gar 'liʃu ne 'ʀue]
basurero (m)	aterro (m) sanitário	[e'teʀu sɐni'tariu]

cabina (f) telefónica	cabine (f) telefónica	[ke'bine tələ'fɔnike]
farola (f)	candeeiro (m) de rua	[kã'djejru də 'ʀue]
banco (m) (del parque)	banco (m)	['bãku]

policía (m)	polícia (m)	[pu'lisie]
policía (f) (~ nacional)	polícia (f)	[pu'lisie]
mendigo (m)	mendigo (m)	[mẽ'digu]
persona (f) sin hogar	sem-abrigo (m)	[sãj e'brigu]

79. Las instituciones urbanas

tienda (f)	loja (f)	['lɔʒe]
farmacia (f)	farmácia (f)	[fɐr'masie]
óptica (f)	ótica (f)	['ɔtike]
centro (m) comercial	centro (m) comercial	['sẽtru kumər'sjal]
supermercado (m)	supermercado (m)	[supɛrmər'kadu]

panadería (f)	padaria (f)	[pede'rie]
panadero (m)	padeiro (m)	[pa'dejru]
pastelería (f)	pastelaria (f)	[peʃtələ'rie]
tienda (f) de comestibles	mercearia (f)	[mərsie'rie]
carnicería (f)	talho (m)	['taʎu]

verdulería (f)	loja (f) de legumes	['lɔʒe də lə'guməʃ]
mercado (m)	mercado (m)	[mər'kadu]

cafetería (f)	café (m)	[ke'fɛ]
restaurante (m)	restaurante (m)	[ʀeʃtau'rãtə]
cervecería (f)	bar (m), cervejaria (f)	[bar], [sərvəʒe'rie]
pizzería (f)	pizzaria (f)	[pitse'rie]

peluquería (f)	salão (m) de cabeleireiro	[se'lãu də kebələj'rejru]
oficina (f) de correos	correios (m pl)	[ku'ʀejuʃ]
tintorería (f)	lavandaria (f)	[levãde'rie]
estudio (m) fotográfico	estúdio (m) fotográfico	[ə'ʃtudiu futu'grafiku]

zapatería (f)	sapataria (f)	[sepete'rie]
librería (f)	livraria (f)	[livre'rie]

tienda (f) deportiva	loja (f) de artigos de desporto	['lɔʒe də er'tiguʃ də də'ʃportu]
arreglos (m pl) de ropa	reparação (f) de roupa	[ʀəpere'sãu də 'ʀope]
alquiler (m) de ropa	aluguer (m) de roupa	[elu'gɛr də 'ʀope]
videoclub (m)	aluguer (m) de filmes	[elu'gɛr də 'filmeʃ]
circo (m)	circo (m)	['sirku]
zoológico (m)	jardim (m) zoológico	[ʒer'dĩ zuu'lɔʒiku]
cine (m)	cinema (m)	[si'neme]
museo (m)	museu (m)	[mu'zeu]
biblioteca (f)	biblioteca (f)	[bibliu'tɛke]
teatro (m)	teatro (m)	[tə'atru]
ópera (f)	ópera (f)	['ɔpere]
club (m) nocturno	clube (m) noturno	['klubə nɔ'turnu]
casino (m)	casino (m)	[ke'zinu]
mezquita (f)	mesquita (f)	[mə'ʃkite]
sinagoga (f)	sinagoga (f)	[sine'gɔge]
catedral (f)	catedral (f)	[ketə'dral]
templo (m)	templo (m)	['tẽplu]
iglesia (f)	igreja (f)	[i'greʒe]
instituto (m)	instituto (m)	[ĩʃti'tutu]
universidad (f)	universidade (f)	[univərsi'dadə]
escuela (f)	escola (f)	[ə'ʃkole]
prefectura (f)	prefeitura (f)	[prəfej'ture]
alcaldía (f)	câmara (f) municipal	['kemere munisi'pal]
hotel (m)	hotel (m)	[ɔ'tɛl]
banco (m)	banco (m)	['bãku]
embajada (f)	embaixada (f)	[ẽbaɪ'ʃade]
agencia (f) de viajes	agência (f) de viagens	[e'ʒẽsie də 'vjaʒẽiʃ]
oficina (f) de información	agência (f) de informações	[e'ʒẽsie də ĩfurme'soiʃ]
oficina (f) de cambio	casa (f) de câmbio	['kaze də 'kãbiu]
metro (m)	metro (m)	['mɛtru]
hospital (m)	hospital (m)	[ɔʃpi'tal]
gasolinera (f)	posto (m) de gasolina	['poʃtu də gezu'line]
aparcamiento (m)	parque (m) de estacionamento	['parkə də əʃtesiune'mẽtu]

80. Los avisos

letrero (m) (~ luminoso)	letreiro (m)	[lə'trejru]
cartel (m) (texto escrito)	inscrição (f)	[ĩʃkri'sãu]
pancarta (f)	cartaz, póster (m)	[ker'taʃ], ['poʃtɛr]
señal (m) de dirección	sinal (m) informativo	[si'nal ĩfurme'tivu]
flecha (f) (signo)	seta (f)	['sɛte]
advertencia (f)	aviso (m), advertência (f)	[e'vizu], [edvər'tẽsie]
aviso (m)	sinal (m) de aviso	[si'nal də e'vizu]

advertir (vt)	avisar, advertir (vt)	[evi'zar], [edvər'tir]
día (m) de descanso	dia (m) de folga	['die də 'fɔlge]
horario (m)	horário (m)	[ɔ'rariu]
horario (m) de apertura	horário (m)	[ɔ'rariu]
¡BIENVENIDOS!	BEM-VINDOS!	[bẽ'vĩduʃ]
ENTRADA	ENTRADA	[ẽ'tradə]
SALIDA	SAÍDA	[se'ide]
EMPUJAR	EMPURRE	[ẽ'puʀə]
TIRAR	PUXE	['puʃə]
ABIERTO	ABERTO	[e'bɛrtu]
CERRADO	FECHADO	[fə'ʃadu]
MUJERES	MULHER	[mu'ʎɛr]
HOMBRES	HOMEM	['ɔmẽʲ]
REBAJAS	DESCONTOS	[də'ʃkõtuʃ]
SALDOS	SALDOS	['salduʃ]
NOVEDAD	NOVIDADE!	[nuvi'dadə]
GRATIS	GRÁTIS	['gratiʃ]
¡ATENCIÓN!	ATENÇÃO!	[etẽ'sãu]
COMPLETO	NÃO HÁ VAGAS	['nãu a 'vageʃ]
RESERVADO	RESERVADO	[ʀəzər'vadu]
ADMINISTRACIÓN	ADMINISTRAÇÃO	[edminiʃtre'sãu]
SÓLO PERSONAL	SOMENTE PESSOAL	[sɔ'mẽtə pəsu'al
AUTORIZADO	AUTORIZADO	auturi'zadu]
CUIDADO CON EL PERRO	CUIDADO CÃO FEROZ	[kui'dadu 'kãu fə'rɔʃ]
PROHIBIDO FUMAR	PROIBIDO FUMAR!	[prui'bidu fu'mar]
NO TOCAR	NÃO TOCAR	['nãu tu'kar]
PELIGROSO	PERIGOSO	[pəri'gozu]
PELIGRO	PERIGO	[pə'rigu]
ALTA TENSIÓN	ALTA TENSÃO	['alte tẽ'sãu]
PROHIBIDO BAÑARSE	PROIBIDO NADAR	[prui'bidu ne'dar]
NO FUNCIONA	AVARIADO	[eve'rjadu]
INFLAMABLE	INFLAMÁVEL	[ĩfle'mavɛl]
PROHIBIDO	PROIBIDO	[prui'bidu]
PROHIBIDO EL PASO	ENTRADA PROIBIDA	[ẽ'trade prui'bide]
RECIÉN PINTADO	CUIDADO TINTA FRESCA	[kui'dadu 'tĩte 'freʃke]

81. El transporte urbano

autobús (m)	autocarro (m)	[auto'kaʀu]
tranvía (m)	elétrico (m)	[e'lɛtriku]
trolebús (m)	troleicarro (m)	[trulɛi'kaʀu]
itinerario (m)	itinerário (m)	[itinə'rariu]
número (m)	número (m)	['numəru]
ir en ...	ir de ...	[ir də]
tomar (~ el autobús)	entrar em ...	[ẽ'trar ẽʲ]

bajar (~ del tren)	descer de ...	[də'ʃser də]
parada (f)	paragem (f)	[pɐ'raʒẽⁱ]
próxima parada (f)	próxima paragem (f)	['prɔsimɐ pɐ'raʒẽⁱ]
parada (f) final	ponto (m) final	['põtu fi'nal]
horario (m)	horário (m)	[ɔ'rariu]
esperar (aguardar)	esperar (vt)	[əʃpə'rar]

billete (m)	bilhete (m)	[bi'ʎetə]
precio (m) del billete	custo (m) do bilhete	['kuʃtu du bi'ʎetə]

cajero (m)	bilheteiro (m)	[biʎə'tejru]
control (m) de billetes	controle (m) dos bilhetes	[kõ'trole duʃ bi'ʎetəʃ]
revisor (m)	revisor (m)	[ʀəvi'zor]

llegar tarde (vi)	atrasar-se (vr)	[etrɐ'zarsə]
perder (~ el tren)	perder (vt)	[pər'der]
tener prisa	estar com pressa	[ə'ʃtar kõ 'prɛsɐ]

taxi (m)	táxi (m)	['taksi]
taxista (m)	taxista (m)	[ta'ksiʃtɐ]
en taxi	de táxi	[də 'taksi]
parada (f) de taxi	praça (f) de táxis	['prasɐ də 'taksiʃ]
llamar un taxi	chamar um táxi	[ʃɐ'mar ũ 'taksi]
tomar un taxi	apanhar um táxi	[ɐpɐ'ɲar ũ 'taksi]

tráfico (m)	tráfego (m)	['trafəgu]
atasco (m)	engarrafamento (m)	[ẽgɐʀɐfɐ'mẽtu]
horas (f pl) de punta	horas (f pl) de ponta	['ɔreʃ də 'põtɐ]
aparcar (vi)	estacionar (vi)	[əʃtesiu'nar]
aparcar (vt)	estacionar (vt)	[əʃtesiu'nar]
aparcamiento (m)	parque (m) de estacionamento	['parkə də əʃtesiunɐ'mẽtu]

metro (m)	metro (m)	['mɛtru]
estación (f)	estação (f)	[əʃtɐ'sãu]
ir en el metro	ir de metro	[ir də 'mɛtru]
tren (m)	comboio (m)	[kõ'bɔju]
estación (f)	estação (f)	[əʃtɐ'sãu]

82. El turismo. La excursión

monumento (m)	monumento (m)	[munu'mẽtu]
fortaleza (f)	fortaleza (f)	[furtɐ'lezɐ]
palacio (m)	palácio (m)	[pɐ'lasiu]
castillo (m)	castelo (m)	[kɐ'ʃtɛlu]
torre (f)	torre (f)	['toʀə]
mausoleo (m)	mausoléu (m)	[mauzu'lɛu]

arquitectura (f)	arquitetura (f)	[ɐrkitɛ'turɐ]
medieval (adj)	medieval	[mədiɛ'val]
antiguo (adj)	antigo	[ã'tigu]
nacional (adj)	nacional	[nɐsiu'nal]
conocido (adj)	conhecido	[kuɲə'sidu]
turista (m)	turista (m)	[tu'riʃtɐ]

guía (m) (persona)	guia (m)	['giɐ]
excursión (f)	excursão (f)	[əʃkur'sãu]
mostrar (vt)	mostrar (vt)	[mu'ʃtrar]
contar (una historia)	contar (vt)	[kõ'tar]

encontrar (hallar)	encontrar (vt)	[ẽkõ'trar]
perderse (vr)	perder-se (vr)	[pər'dersə]
plano (m) (~ de metro)	mapa (m)	['mapɐ]
mapa (m) (~ de la ciudad)	mapa (m)	['mapɐ]

recuerdo (m)	lembrança (f), presente (m)	[lẽ'brãsɐ], [prə'zẽtɐ]
tienda (f) de regalos	loja (f) de presentes	['lɔʒɐ də prə'zẽtəʃ]
hacer fotos	fotografar (vt)	[futugrɐ'far]
fotografiarse (vr)	fotografar-se	[futugrɐ'farsə]

83. Las compras

comprar (vt)	comprar (vt)	[kõ'prar]
compra (f)	compra (f)	['kõprɐ]
hacer compras	fazer compras	[fe'zer 'kõprɐʃ]
compras (f pl)	compras (f pl)	['kõprɐʃ]

| estar abierto (tienda) | estar aberta | [ə'ʃtar ɐ'bɛrtɐ] |
| estar cerrado | estar fechada | [ə'ʃtar fə'ʃadɐ] |

calzado (m)	calçado (m)	[kal'sadu]
ropa (f)	roupa (f)	['ʀopɐ]
cosméticos (m pl)	cosméticos (m pl)	[ku'ʒmɛtikuʃ]
productos alimenticios	alimentos (m pl)	[ɐli'mẽtuʃ]
regalo (m)	presente (m)	[prə'zẽtɐ]

| vendedor (m) | vendedor (m) | [vẽdə'dor] |
| vendedora (f) | vendedora (f) | [vẽdə'dorɐ] |

caja (f)	caixa (f)	['kaɪʃɐ]
espejo (m)	espelho (m)	[ə'ʃpeʎu]
mostrador (m)	balcão (m)	[bal'kãu]
probador (m)	cabine (f) de provas	[kɐ'binɐ də 'prɔveʃ]

probar (un vestido)	provar (vt)	[pru'var]
quedar (una ropa, etc.)	servir (vi)	[sər'vir]
gustar (vi)	gostar (vt)	[gu'ʃtar]

precio (m)	preço (m)	['presu]
etiqueta (f) de precio	etiqueta (f) de preço	[eti'ketɐ də 'presu]
costar (vt)	custar (vt)	[ku'ʃtar]
¿Cuánto?	Quanto?	[ku'ãtu]
descuento (m)	desconto (m)	[də'ʃkõtu]

no costoso (adj)	não caro	['nãu 'karu]
barato (adj)	barato	[bɐ'ratu]
caro (adj)	caro	['karu]
Es caro	É caro	[ɛ 'karu]
alquiler (m)	aluguer (m)	[ɐlu'gɛr]

alquilar (vt)	alugar (vt)	[ɐluˈgar]
crédito (m)	crédito (m)	[ˈkrɛditu]
a crédito (adv)	a crédito	[ɐ ˈkrɛditu]

84. El dinero

dinero (m)	dinheiro (m)	[diˈɲɐjru]
cambio (m)	câmbio (m)	[ˈkãbiu]
curso (m)	taxa (f) de câmbio	[ˈtaʃɐ dɐ ˈkãbiu]
cajero (m) automático	Caixa Multibanco (m)	[ˈkaɪʃɐ multiˈbãku]
moneda (f)	moeda (f)	[muˈɛdɐ]

| dólar (m) | dólar (m) | [ˈdɔlar] |
| euro (m) | euro (m) | [ˈeuru] |

lira (f)	lira (f)	[ˈlirɐ]
marco (m) alemán	marco (m)	[ˈmarku]
franco (m)	franco (m)	[ˈfrãku]
libra esterlina (f)	libra (f) esterlina	[ˈlibrɐ ɐʃtərˈlinɐ]
yen (m)	iene (m)	[ˈjɛnə]

deuda (f)	dívida (f)	[ˈdividɐ]
deudor (m)	devedor (m)	[dɐvɐˈdor]
prestar (vt)	emprestar (vt)	[ẽprɐˈʃtar]
tomar prestado	pedir emprestado	[pɐˈdir ẽprɐˈʃtadu]

banco (m)	banco (m)	[ˈbãku]
cuenta (f)	conta (f)	[ˈkõtɐ]
ingresar (~ en la cuenta)	depositar (vt)	[dɐpuziˈtar]
ingresar en la cuenta	depositar na conta	[dɐpuziˈtar nɐ ˈkõtɐ]
sacar de la cuenta	levantar (vt)	[lɐvãˈtar]

tarjeta (f) de crédito	cartão (m) de crédito	[kɐrˈtãu dɐ ˈkrɛditu]
dinero (m) en efectivo	dinheiro (m) vivo	[diˈɲɐjru ˈvivu]
cheque (m)	cheque (m)	[ˈʃɛkə]
sacar un cheque	passar um cheque	[pɐˈsar ũ ˈʃɛkə]
talonario (m)	livro (m) de cheques	[ˈlivru dɐ ˈʃɛkəʃ]

cartera (f)	carteira (f)	[kɐrˈtejrɐ]
monedero (m)	porta-moedas (m)	[ˈpɔrtɐ muˈɛdɐʃ]
caja (f) fuerte	cofre (m)	[ˈkɔfrɐ]

heredero (m)	herdeiro (m)	[erˈdejru]
herencia (f)	herança (f)	[eˈrãsɐ]
fortuna (f)	fortuna (f)	[furˈtunɐ]

arriendo (m)	arrendamento (m)	[ɐʀẽdɐˈmẽtu]
alquiler (m) (dinero)	renda (f) de casa	[ˈʀẽdɐ dɐ ˈkazɐ]
alquilar (~ una casa)	alugar (vt)	[ɐluˈgar]

precio (m)	preço (m)	[ˈpresu]
coste (m)	custo (m)	[ˈkuʃtu]
suma (f)	soma (f)	[ˈsomɐ]
gastar (vt)	gastar (vt)	[gɐˈʃtar]

gastos (m pl)	gastos (m pl)	['gaʃtuʃ]
economizar (vi, vt)	economizar (vi)	[ekɔnumi'zar]
económico (adj)	económico	[eku'nɔmiku]

pagar (vi, vt)	pagar (vt)	[pe'gar]
pago (m)	pagamento (m)	[pɐge'mẽtu]
cambio (m) (devolver el ~)	troco (m)	['troku]

impuesto (m)	imposto (m)	[ĩ'poʃtu]
multa (f)	multa (f)	['multɐ]
multar (vt)	multar (vt)	[mul'tar]

85. La oficina de correos

oficina (f) de correos	correios (m pl)	[ku'ʀɐjuʃ]
correo (m) (cartas, etc.)	correio (m)	[ku'ʀɐju]
cartero (m)	carteiro (m)	[ker'tejru]
horario (m) de apertura	horário (m)	[ɔ'rariu]

carta (f)	carta (f)	['kartɐ]
carta (f) certificada	carta (f) registada	['kartɐ ʀɐʒi'ʃtadɐ]
tarjeta (f) postal	postal (m)	[pu'ʃtal]
telegrama (m)	telegrama (m)	[tələ'grɐmɐ]
paquete (m) postal	encomenda (f) postal	[ẽku'mẽdɐ pu'ʃtal]
giro (m) postal	remessa (f) de dinheiro	[ʀɐ'mɛsɐ də di'ɲejru]

recibir (vt)	receber (vt)	[ʀəsə'ber]
enviar (vt)	enviar (vt)	[ẽ'vjar]
envío (m)	envio (m)	[ẽ'viu]

dirección (f)	endereço (m)	[ẽdə'resu]
código (m) postal	código (m) postal	['kɔdigu pu'ʃtal]
expedidor (m)	remetente (m)	[ʀəmə'tẽtə]
destinatario (m)	destinatário (m)	[dəʃtine'tariu]

| nombre (m) | nome (m) | ['nomə] |
| apellido (m) | apelido (m) | [epə'lidu] |

tarifa (f)	tarifa (f)	[te'rifɐ]
ordinario (adj)	ordinário	[ɔrdi'nariu]
económico (adj)	económico	[eku'nɔmiku]

peso (m)	peso (m)	['pezu]
pesar (~ una carta)	pesar (vt)	[pə'zar]
sobre (m)	envelope (m)	[ẽvə'lɔpə]
sello (m)	selo (m)	['selu]
poner un sello	colar o selo	[ku'lar u 'selu]

La vivienda. La casa. El hogar

86. La casa. La vivienda

casa (f)	casa (f)	['kazɐ]
en casa (adv)	em casa	[ẽ 'kazɐ]
patio (m)	pátio (m)	['patiu]
verja (f)	cerca (f)	['serkɐ]
ladrillo (m)	tijolo (m)	[ti'ʒolu]
de ladrillo (adj)	de tijolos	[də ti'ʒɔluʃ]
piedra (f)	pedra (f)	['pɛdɾɐ]
de piedra (adj)	de pedra	[də 'pɛdɾɐ]
hormigón (m)	betão (m)	[bə'tãu]
de hormigón (adj)	de betão	[də bə'tãu]
nuevo (adj)	novo	['novu]
viejo (adj)	velho	['vɛʎu]
deteriorado (adj)	decrépito	[də'kɾɛpitu]
moderno (adj)	moderno	[mu'dɛrnu]
de muchos pisos	de muitos andares	[də 'mujtuʃ ã'darəʃ]
alto (adj)	alto	['altu]
piso (m), planta (f)	andar (m)	[ã'dar]
de una sola planta	de um andar	[də ũ ã'dar]
piso (m) bajo	andar (m) de baixo	[ãdar də 'baɪʃu]
piso (m) alto	andar (m) de cima	[ãdar də 'simɐ]
techo (m)	telhado (m)	[tə'ʎadu]
chimenea (f)	chaminé (f)	[ʃɐmi'nɛ]
tejas (f pl)	telha (f)	['tɐʎɐ]
de tejas (adj)	de telha	[də 'tɐʎɐ]
desván (m)	sótão (m)	['sɔtãu]
ventana (f)	janela (f)	[ʒɐ'nɛlɐ]
vidrio (m)	vidro (m)	['vidɾu]
alféizar (m)	parapeito (m)	[pɐɾɐ'pɐjtu]
contraventanas (f pl)	portadas (f pl)	[pur'tadəʃ]
pared (f)	parede (f)	[pɐ'redə]
balcón (m)	varanda (f)	[vɐ'rãdɐ]
gotera (f)	tubo (m) de queda	['tubu də 'kɛdɐ]
arriba (estar ~)	em cima	[ẽ 'simɐ]
subir (vi)	subir (vi)	[su'bir]
descender (vi)	descer (vi)	[də'ʃser]
mudarse (vr)	mudar-se (vr)	[mu'darsə]

87. La casa. La entrada. El ascensor

entrada (f)	entrada (f)	[ẽ'tradɐ]
escalera (f)	escada (f)	[ə'ʃkadɐ]
escalones (m pl)	degraus (m pl)	[də'grauʃ]
baranda (f)	corrimão (m)	[kuʀi'mãu]
vestíbulo (m)	hall (m) de entrada	[ɔl də ẽ'tradɐ]
buzón (m)	caixa (f) de correio	['kaɪʃɐ də ku'ʀeju]
contenedor (m) de basura	caixote (m) do lixo	[kaɪ'ʃɔtə du 'liʃu]
bajante (f) de basura	conduta (f) do lixo	[kõ'dutɐ du 'liʃu]
ascensor (m)	elevador (m)	[eləve'dor]
ascensor (m) de carga	elevador (m) de carga	[eləve'dor də 'kargɐ]
cabina (f)	cabine (f)	[ke'binə]
ir en el ascensor	pegar o elevador	[pə'gar u eləve'dor]
apartamento (m)	apartamento (m)	[epertɐ'mẽtu]
inquilinos (pl)	moradores (m pl)	[murɐ'dorəʃ]
vecino (m)	vizinho (m)	[vi'ziɲu]
vecina (f)	vizinha (f)	[vi'ziɲɐ]
vecinos (pl)	vizinhos (pl)	[vi'ziɲuʃ]

88. La casa. La electricidad

electricidad (f)	eletricidade (f)	[elɛtrisi'dadə]
bombilla (f)	lâmpada (f)	['lãpedɐ]
interruptor (m)	interruptor (m)	[ĩtəʀup'tor]
fusible (m)	fusível (m)	[fu'zivɛl]
cable, hilo (m)	fio, cabo (m)	['fiu], ['kabu]
instalación (f) eléctrica	instalação (f) elétrica	[ĩʃtele'sãu e'lɛtrikɐ]
contador (m) de luz	contador (m) de eletricidade	[kõte'dor də elɛtrisi'dadɐ]
lectura (f) (~ del contador)	indicação (f), registo (m)	[ĩdike'sãu], [ʀə'ʒiʃtu]

89. La casa. La puerta. La cerradura

puerta (f)	porta (f)	['pɔrtɐ]
portón (m)	portão (m)	[pur'tãu]
tirador (m)	maçaneta (f)	[mese'netɐ]
abrir el cerrojo	destrancar (vt)	[dəʃtrã'kar]
abrir (vt)	abrir (vt)	[e'brir]
cerrar (vt)	fechar (vt)	[fə'ʃar]
llave (f)	chave (f)	['ʃavə]
manojo (m) de llaves	molho (m)	['moʎu]
crujir (vi)	ranger (vi)	[ʀã'ʒer]
crujido (m)	rangido (m)	[ʀã'ʒidu]
gozne (m)	dobradiça (f)	[dubre'disɐ]
felpudo (m)	tapete (m) de entrada	[te'petɐ də ẽ'tradɐ]
cerradura (f)	fechadura (f)	[fəʃe'durɐ]

ojo (m) de cerradura	buraco (m) da fechadura	[bu'raku dɐ fəʃe'durɐ]
cerrojo (m)	ferrolho (m)	[fə'ʀoʎu]
pestillo (m)	ferrolho, fecho (m)	[fə'ʀoʎu], ['feʃu]
candado (m)	cadeado (m)	[kɐ'djadu]
tocar el timbre	tocar (vt)	[tu'kar]
campanillazo (m)	toque (m)	['tɔkə]
timbre (m)	campainha (f)	[kãpɐ'iɲɐ]
botón (m)	botão (m)	[bu'tãu]
toque (m) a la puerta	batida (f)	[bɐ'tidɐ]
tocar la puerta	bater (vi)	[bɐ'ter]
código (m)	código (m)	['kɔdigu]
cerradura (f) de contraseña	fechadura (f) de código	[fəʃe'durɐ də 'kɔdigu]
telefonillo (m)	telefone (m) de porta	[tələ'fɔnə də 'pɔrtɐ]
número (m)	número (m)	['numəru]
placa (f) de puerta	placa (f) de porta	['plakɐ də 'pɔrtɐ]
mirilla (f)	vigia (f), olho (m) mágico	[vi'ʒiɐ], ['oʎu 'maʒiku]

90. La casa de campo

aldea (f)	aldeia (f)	[al'dejɐ]
huerta (f)	horta (f)	['ɔrtɐ]
empalizada (f)	cerca (f)	['serkɐ]
valla (f)	paliçada (f)	[pɐli'sadɐ]
puertecilla (f)	cancela (f)	[kã'sɛlɐ]
granero (m)	celeiro (m)	[sə'lejru]
sótano (m)	adega (f)	[ɐ'dɛgɐ]
cobertizo (m)	galpão, barracão (m)	[gal'pãu], [bɐʀɐ'kãu]
pozo (m)	poço (m)	['posu]
estufa (f)	fogão (m)	[fu'gãu]
calentar la estufa	atiçar o fogo	[ɐti'sar u 'fogu]
leña (f)	lenha (f)	['leɲɐ]
leño (m)	acha, lenha (f)	[aʃɐ], ['leɲɐ]
veranda (f)	varanda (f)	[vɐ'rãdɐ]
terraza (f)	alpendre (m)	[al'pẽdrə]
porche (m)	degraus (m pl) de entrada	[də'grauʃ də ẽ'tradɐ]
columpio (m)	balouço (m)	[bɐ'losu]

91. La villa. La mansión

casa (f) de campo	casa (f) de campo	['kazɐ də 'kãpu]
villa (f)	vila (f)	['vilɐ]
ala (f)	ala (f)	['alɐ]
jardín (m)	jardim (m)	[ʒɐr'dĩ]
parque (m)	parque (m)	['parkə]
invernadero (m) tropical	estufa (f)	[ə'ʃtufɐ]
cuidar (~ el jardín, etc.)	cuidar de …	[kuidar də]

piscina (f)	piscina (f)	[pi'ʃinɐ]
gimnasio (m)	ginásio (m)	[ʒi'naziu]
cancha (f) de tenis	campo (m) de ténis	['kãpu dǝ 'tɛniʃ]
sala (f) de cine	cinema (m)	[si'nemɐ]
garaje (m)	garagem (f)	[gɐ'raʒẽⁱ]

| propiedad (f) privada | propriedade (f) privada | [pruprie'dadǝ pri'vadɐ] |
| terreno (m) privado | terreno (m) privado | [tǝ'ʀenu pri'vadu] |

| advertencia (f) | advertência (f) | [ɐdvɐr'tẽsiɐ] |
| letrero (m) de aviso | sinal (m) de aviso | [si'nal dǝ ɐ'vizu] |

seguridad (f)	guarda (f)	[gu'ardɐ]
guardia (m) de seguridad	guarda (m)	[gu'ardɐ]
alarma (f) antirrobo	alarme (m)	[ɐ'larmǝ]

92. El castillo. El palacio

castillo (m)	castelo (m)	[kɐ'ʃtɛlu]
palacio (m)	palácio (m)	[pɐ'lasiu]
fortaleza (f)	fortaleza (f)	[furtɐ'lezɐ]
muralla (f)	muralha (f)	[mu'raʎɐ]
torre (f)	torre (f)	['toʀǝ]
torre (f) principal	calabouço (m)	[kɐlɐ'bosu]

rastrillo (m)	grade (f) levadiça	['gradǝ lǝvɐ'disɐ]
pasaje (m) subterráneo	passagem (f) subterrânea	[pɐ'saʒẽⁱ subtǝ'ʀɐniɐ]
foso (m) del castillo	fosso (m)	['fosu]
cadena (f)	corrente, cadeia (f)	[ku'ʀẽtɐ], [kɐ'dɐjɐ]
aspillera (f)	seteira (f)	[sǝ'tɐjʀɐ]

magnífico (adj)	magnífico	[ma'gnifiku]
majestuoso (adj)	majestoso	[mɐʒǝ'ʃtozu]
inexpugnable (adj)	inexpugnável	[inǝʃpu'gnavɛl]
medieval (adj)	medieval	[mǝdiɛ'val]

93. El apartamento

apartamento (m)	apartamento (m)	[ɐpɐrtɐ'mẽtu]
habitación (f)	quarto (m)	[ku'artu]
dormitorio (m)	quarto (m) de dormir	[ku'artu dǝ dur'mir]
comedor (m)	sala (f) de jantar	['salɐ dǝ ʒã'tar]
salón (m)	sala (f) de estar	['salɐ dǝ ǝ'ʃtar]
despacho (m)	escritório (m)	[ǝʃkri'tɔriu]

antecámara (f)	antessala (f)	[ãtǝ'salɐ]
cuarto (m) de baño	quarto (m) de banho	[ku'artu dǝ 'bɐɲu]
servicio (m)	quarto (m) de banho	[ku'artu dǝ 'bɐɲu]

techo (m)	teto (m)	['tɛtu]
suelo (m)	chão, soalho (m)	['ʃãu], [su'aʎu]
rincón (m)	canto (m)	['kãtu]

94. El apartamento. La limpieza

hacer la limpieza	arrumar, limpar (vt)	[ɐRu'maɾ], [lĩ'paɾ]
quitar (retirar)	guardar (vt)	[gueɾ'daɾ]
polvo (m)	pó (m)	[pɔ]
polvoriento (adj)	empoeirado	[ẽpɔej'radu]
limpiar el polvo	limpar o pó	[lĩ'paɾ u pɔ]
aspirador (m), aspiradora (f)	aspirador (m)	[ɐʃpirɐ'doɾ]
limpiar con la aspiradora	aspirar (vt)	[ɐʃpi'raɾ]

barrer (vi, vt)	varrer (vt)	[vɐ'Reɾ]
barreduras (f pl)	sujeira (f)	[su'ʒejɾɐ]
orden (m)	arrumação (f), ordem (f)	[ɐRumɐ'sãu], ['ɔrdẽj]
desorden (m)	desordem (f)	[də'zɔrdẽj]

fregona (f)	esfregão (m)	[əʃfrɐ'gãu]
trapo (m)	pano (m), trapo (m)	['pɐnu], ['trapu]
escoba (f)	vassoura (f)	[vɐ'soɾɐ]
cogedor (m)	pá (f) de lixo	[pa də 'liʃu]

95. Los muebles. El interior

muebles (m pl)	mobiliário (m)	[mubi'ljariu]
mesa (f)	mesa (f)	['mezɐ]
silla (f)	cadeira (f)	[kɐ'dejɾɐ]
cama (f)	cama (f)	['kɐmɐ]
sofá (m)	divã (m)	[di'vã]
sillón (m)	cadeirão (m)	[kɐdej'rãu]

librería (f)	estante (f)	[ə'ʃtãtə]
estante (m)	prateleira (f)	[pretə'lejɾɐ]

armario (m)	guarda-vestidos (m)	[gu'arde və'ʃtiduʃ]
percha (f)	cabide (m) de parede	[kɐ'bidɐ də pɐ'redə]
perchero (m) de pie	cabide (m) de pé	[kɐ'bidɐ də pɛ]

cómoda (f)	cómoda (f)	['kɔmudɐ]
mesa (f) de café	mesinha (f) de centro	[mə'ziɲe də 'sẽtru]

espejo (m)	espelho (m)	[ə'ʃpeʎu]
tapiz (m)	tapete (m)	[tɐ'petə]
alfombra (f)	tapete (m) pequeno	[tɐ'petə pɐ'kenu]

chimenea (f)	lareira (f)	[lɐ'rejɾɐ]
vela (f)	vela (f)	['vɛlɐ]
candelero (m)	castiçal (m)	[kɐʃti'sal]

cortinas (f pl)	cortinas (f pl)	[kur'tinɐʃ]
empapelado (m)	papel (m) de parede	[pɐ'pɛl də pɐ'redɐ]
estor (m) de láminas	estores (f pl)	[ə'ʃtorəʃ]

lámpara (f) de mesa	candeeiro (m) de mesa	[kã'djejru də 'mezɐ]
aplique (m)	candeeiro (m) de parede	[kã'djejru də pɐ'redɐ]

| lámpara (f) de pie | candeeiro (m) de pé | [kã'djɐjɾu də pɛ] |
| lámpara (f) de araña | lustre (m) | ['luʃtɾə] |

pata (f) (~ de la mesa)	pé (m)	[pɛ]
brazo (m)	braço (m)	['bɾasu]
espaldar (m)	costas (f pl)	['kɔʃtɐʃ]
cajón (m)	gaveta (f)	[gɐ'vetɐ]

96. Los accesorios de cama

ropa (f) de cama	roupa (f) de cama	['ʀopɐ də 'kɐmɐ]
almohada (f)	almofada (f)	[almu'fadɐ]
funda (f)	fronha (f)	['fɾoɲɐ]
manta (f)	cobertor (m)	[kubər'tor]
sábana (f)	lençol (m)	[lẽ'sɔl]
sobrecama (f)	colcha (f)	['kolʃɐ]

97. La cocina

cocina (f)	cozinha (f)	[ku'ziɲɐ]
gas (m)	gás (m)	[gaʃ]
cocina (f) de gas	fogão (m) a gás	[fu'gãu ɐ gaʃ]
cocina (f) eléctrica	fogão (m) elétrico	[fu'gãu e'lɛtriku]
horno (m)	forno (m)	['foɾnu]
horno (m) microondas	forno (m) de micro-ondas	['foɾnu də mikɾɔ'õdɐʃ]

frigorífico (m)	frigorífico (m)	[fɾigu'ɾifiku]
congelador (m)	congelador (m)	[kõʒɐlɐ'dor]
lavavajillas (m)	máquina (f) de lavar louça	['makinɐ də lɐ'var 'losɐ]

picadora (f) de carne	moedor (m) de carne	[muɐ'dor də 'kaɾnɐ]
exprimidor (m)	espremedor (m)	[ɐʃpɾɐmɐ'dor]
tostador (m)	torradeira (f)	[tuʀɐ'dɐjɾɐ]
batidora (f)	batedeira (f)	[bɐtɐ'dɐjɾɐ]

cafetera (f) (aparato de cocina)	máquina (f) de café	['makinɐ də kɐ'fɛ]
cafetera (f) (para servir)	cafeteira (f)	[kɐfɐ'tɐjɾɐ]
molinillo (m) de café	moinho (m) de café	[mu'iɲu də kɐ'fɛ]

hervidor (m) de agua	chaleira (f)	[ʃɐ'lɐjɾɐ]
tetera (f)	bule (m)	['bulə]
tapa (f)	tampa (f)	['tãpɐ]
colador (m) de té	coador (m) de chá	[kuɐ'dor də 'ʃa]

cuchara (f)	colher (f)	[ku'ʎɛɾ]
cucharilla (f)	colher (f) de chá	[ku'ʎɛɾ də ʃa]
cuchara (f) de sopa	colher (f) de sopa	[ku'ʎɛɾ də 'sopɐ]
tenedor (m)	garfo (m)	['gaɾfu]
cuchillo (m)	faca (f)	['fakɐ]
vajilla (f)	louça (f)	['losɐ]
plato (m)	prato (m)	['pɾatu]

platillo (m)	pires (m)	['pirəʃ]
vaso (m) de chupito	cálice (m)	['kalisə]
vaso (m) (~ de agua)	copo (m)	['kɔpu]
taza (f)	chávena (f)	['ʃavənɐ]
azucarera (f)	açucareiro (m)	[esuke'rejru]
salero (m)	saleiro (m)	[se'lejru]
pimentero (m)	pimenteiro (m)	[pimẽ'tejru]
mantequera (f)	manteigueira (f)	[mãtii'gejrɐ]
cacerola (f)	panela, caçarola (f)	[pe'nɛlɐ], [kɐse'rɔlɐ]
sartén (f)	frigideira (f)	[friʒi'dejrɐ]
cucharón (m)	concha (f)	['kõʃɐ]
colador (m)	passador (m)	[pɐse'dor]
bandeja (f)	bandeja (f)	[bã'deʒɐ]
botella (f)	garrafa (f)	[ge'ʀafɐ]
tarro (m) de vidrio	boião (m) de vidro	[bo'jãu də 'vidru]
lata (f)	lata (f)	['latɐ]
abrebotellas (m)	abre-garrafas (m)	[abrə ge'ʀafɐʃ]
abrelatas (m)	abre-latas (m)	[abrə 'latɐʃ]
sacacorchos (m)	saca-rolhas (m)	['sakɐ 'ʀoʎɐʃ]
filtro (m)	filtro (m)	['filtru]
filtrar (vt)	filtrar (vt)	[fil'trar]
basura (f)	lixo (m)	['liʃu]
cubo (m) de basura	balde (m) do lixo	['baldə du 'liʃu]

98. El baño

cuarto (m) de baño	quarto (m) de banho	[ku'artu də 'beɲu]
agua (f)	água (f)	['aguɐ]
grifo (m)	torneira (f)	[tur'nejrɐ]
agua (f) caliente	água (f) quente	['aguɐ 'kẽtɐ]
agua (f) fría	água (f) fria	['aguɐ 'friɐ]
pasta (f) de dientes	pasta (f) de dentes	['paʃtɐ də 'dẽtɐʃ]
limpiarse los dientes	escovar os dentes	[əʃku'var uʃ 'dẽtɐʃ]
cepillo (m) de dientes	escova (f) de dentes	[ə'ʃkovɐ də 'dẽtɐʃ]
afeitarse (vr)	barbear-se (vr)	[ber'bjarsə]
espuma (f) de afeitar	espuma (f) de barbear	[ə'ʃpumɐ də ber'bjar]
maquinilla (f) de afeitar	máquina (f) de barbear	['makinɐ də berbi'ar]
lavar (vt)	lavar (vt)	[le'var]
darse un baño	lavar-se (vr)	[le'varsə]
ducha (f)	duche (m)	['duʃə]
darse una ducha	tomar um duche	[tu'mar ũ 'duʃə]
bañera (f)	banheira (f)	[be'ɲejrɐ]
inodoro (m)	sanita (f)	[se'nitɐ]
lavabo (m)	lavatório (m)	[leve'tɔriu]
jabón (m)	sabonete (m)	[sebu'netɐ]

jabonera (f)	saboneteira (f)	[sɐbunɐ'tɐjɾɐ]
esponja (f)	esponja (f)	[ə'ʃpõʒɐ]
champú (m)	champô (m)	[ʃã'po]
toalla (f)	toalha (f)	[tu'aʎɐ]
bata (f) de baño	roupão (m) de banho	[ʀo'pãu də 'bɐɲu]

colada (f), lavado (m)	lavagem (f)	[lɐ'vaʒẽj]
lavadora (f)	máquina (f) de lavar	['makinɐ də lɐ'var]
lavar la ropa	lavar a roupa	[lɐ'var ɐ 'ʀopɐ]
detergente (m) en polvo	detergente (m)	[dətər'ʒẽtə]

99. Los aparatos domésticos

televisor (m)	televisor (m)	[tələvi'zor]
magnetófono (m)	gravador (m)	[grɐvɐ'dor]
vídeo (m)	videogravador (m)	[vidiu·grɐvɐ'dor]
radio (m)	rádio (m)	['ʀadiu]
reproductor (m) (~ MP3)	leitor (m)	[lɐj'tor]

proyector (m) de vídeo	projetor (m)	[pruʒɛ'tor]
sistema (m) home cinema	cinema (m) em casa	[si'nemɐ ẽ 'kazɐ]
reproductor (m) de DVD	leitor (m) de DVD	[lɐj'tor də dɛvɛ'de]
amplificador (m)	amplificador (m)	[ãplifikɐ'dor]
videoconsola (f)	console (f) de jogos	[kõ'sɔlə də 'ʒɔguʃ]

cámara (f) de vídeo	câmara (f) de vídeo	['kɐmɐɾɐ də 'vidiu]
cámara (f) fotográfica	máquina (f) fotográfica	['makinɐ futu'grafikɐ]
cámara (f) digital	câmara (f) digital	['kɐmɐɾɐ diʒi'tal]

aspirador (m), aspiradora (f)	aspirador (m)	[ɐʃpiɾɐ'dor]
plancha (f)	ferro (m) de engomar	['fɛʀu də ẽgu'mar]
tabla (f) de planchar	tábua (f) de engomar	['tabuɐ də ẽgu'mar]

teléfono (m)	telefone (m)	[tələ'fɔnə]
teléfono (m) móvil	telemóvel (m)	[tɛlɛ'mɔvɛl]
máquina (f) de escribir	máquina (f) de escrever	['makinɐ də əʃkrɐ'ver]
máquina (f) de coser	máquina (f) de costura	['makinɐ də ku'ʃturɐ]

micrófono (m)	microfone (m)	[mikrɔ'fɔnə]
auriculares (m pl)	auscultadores (m pl)	[auʃkultɐ'dorəʃ]
mando (m) a distancia	controlo remoto (m)	[kõ'trolu ʀɐ'mɔtu]

CD (m)	CD (m)	['sɛdɛ]
casete (m)	cassete (f)	[ka'sɛtə]
disco (m) de vinilo	disco (m) de vinil	['diʃku də vi'nil]

100. Los arreglos. La renovación

renovación (f)	renovação (f)	[ʀɐnuvɐ'sãu]
renovar (vt)	renovar (vt), fazer obras	[ʀɐnu'var], [fɐ'zer 'ɔbrɐʃ]
reparar (vt)	reparar (vt)	[ʀɐpɐ'rar]
poner en orden	consertar (vt)	[kõsər'tar]

rehacer (vt)	refazer (vt)	[ʀəfe'zeɾ]
pintura (f)	tinta (f)	['tĩte]
pintar (las paredes)	pintar (vt)	[pĩ'taɾ]
pintor (m)	pintor (m)	[pĩ'toɾ]
brocha (f)	pincel (m)	[pĩ'sɛl]

| cal (f) | cal (f) | [kal] |
| encalar (vt) | caiar (vt) | [ka'jaɾ] |

empapelado (m)	papel (m) de parede	[pe'pɛl də pe'redə]
empapelar (vt)	colocar papel de parede	[kulu'kaɾ pe'pɛl də pe'redə]
barniz (m)	verniz (m)	[vəɾ'niʒ]
cubrir con barniz	envernizar (vt)	[ẽvəɾni'zaɾ]

101. La plomería

agua (f)	água (f)	['aguɐ]
agua (f) caliente	água (f) quente	['aguɐ 'kẽtə]
agua (f) fría	água (f) fria	['aguɐ 'friɐ]
grifo (m)	torneira (f)	[tuɾ'nejɾɐ]

gota (f)	gota (f)	['gotɐ]
gotear (el grifo)	gotejar (vi)	[gotə'ʒaɾ]
gotear (cañería)	vazar (vt)	[ve'zaɾ]
escape (m) de agua	vazamento (m)	[veze'mẽtu]
charco (m)	poça (f)	['pɔsɐ]

tubo (m)	tubo (m)	['tubu]
válvula (f)	válvula (f)	['valvulɐ]
estar atascado	entupir-se (vr)	[ẽtu'pirsə]

instrumentos (m pl)	ferramentas (f pl)	[fəʀe'mẽtɐʃ]
llave (f) inglesa	chave (f) inglesa	['ʃavə ĩ'glezɐ]
destornillar (vt)	desenroscar (vt)	[dəzẽʀu'ʃkar]
atornillar (vt)	enroscar (vt)	[ẽʀu'ʃkar]

desatascar (vt)	desentupir (vt)	[dəzẽtu'pir]
fontanero (m)	canalizador (m)	[kɐnɐlize'dor]
sótano (m)	cave (f)	['kavə]
alcantarillado (m)	sistema (m) de esgotos	[si'ʃtemɐ də əʒ'gotuʃ]

102. El fuego. El incendio

incendio (m)	incêndio (m)	[ĩ'sẽdiu]
llama (f)	chama (f)	['ʃemɐ]
chispa (f)	faísca (f)	[fe'iʃkɐ]
humo (m)	fumo (m)	['fumu]
antorcha (f)	tocha (f)	['tɔʃɐ]
hoguera (f)	fogueira (f)	[fu'gejɾɐ]

| gasolina (f) | gasolina (f) | [gezu'linɐ] |
| queroseno (m) | querosene (m) | [kəru'zɛnɐ] |

inflamable (adj)	inflamável	[ĩfle'mavɛl]
explosivo (adj)	explosivo	[əʃplu'zivu]
PROHIBIDO FUMAR	PROIBIDO FUMAR!	[prui'bidu fu'mar]

seguridad (f)	segurança (f)	[səgu'rãsə]
peligro (m)	perigo (m)	[pə'rigu]
peligroso (adj)	perigoso	[pəri'gozu]

prenderse fuego	incendiar-se (vr)	[ĩsẽ'djarsə]
explosión (f)	explosão (f)	[əʃplu'zãu]
incendiar (vt)	incendiar (vt)	[ĩsẽ'djar]
incendiario (m)	incendiário (m)	[ĩsẽ'djariu]
incendio (m) provocado	incêndio (m) criminoso	[ĩ'sẽdiu krimi'nozu]

estar en llamas	arder (vi)	[er'der]
arder (vi)	queimar (vi)	[kej'mar]
incendiarse (vr)	queimar tudo (vi)	[kej'mar 'tudu]

llamar a los bomberos	chamar os bombeiros	[ʃe'mar uʃ bõ'bejruʃ]
bombero (m)	bombeiro (m)	[bõ'bejru]
coche (m) de bomberos	carro (m) de bombeiros	['karu də bõ'bejruʃ]
cuerpo (m) de bomberos	corpo (m) de bombeiros	['korpu də bõ'bejruʃ]
escalera (f) telescópica	escada (f) extensível	[ə'ʃkade əʃtẽ'sivɛl]

manguera (f)	mangueira (f)	[mã'gejrɐ]
extintor (m)	extintor (m)	[əʃtĩ'tor]
casco (m)	capacete (m)	[kepe'setə]
sirena (f)	sirene (f)	[si'rɛnə]

gritar (vi)	gritar (vi)	[gri'tar]
pedir socorro	chamar por socorro	[ʃe'mar pur su'koru]
socorrista (m)	salvador (m)	[salve'dor]
salvar (vt)	salvar, resgatar (vt)	[sa'lvar], [ʀəʒge'tar]

llegar (vi)	chegar (vi)	[ʃə'gar]
apagar (~ el incendio)	apagar (vt)	[epe'gar]
agua (f)	água (f)	['aguɐ]
arena (f)	areia (f)	[e'rejɐ]

ruinas (f pl)	ruínas (f pl)	[ʀu'inəʃ]
colapsarse (vr)	ruir (vi)	[ʀu'ir]
hundirse (vr)	desmoronar (vi)	[dəʒmuru'nar]
derrumbarse (vr)	desabar (vi)	[dəze'bar]

trozo (m) (~ del muro)	fragmento (m)	[fra'gmẽtu]
ceniza (f)	cinza (f)	['sĩzɐ]

morir asfixiado	sufocar (vi)	[sufu'kar]
perecer (vi)	perecer (vi)	[pərə'ser]

LAS ACTIVIDADES DE LA GENTE

El trabajo. Los negocios. Unidad 1

103. La oficina. El trabajo de oficina

oficina (f)	escritório (m)	[əʃkri'tɔriu]
despacho (m)	escritório (m)	[əʃkri'tɔriu]
recepción (f)	receção (f)	[ʀəsɛ'sãu]
secretario (m)	secretário (m)	[səkrə'tariu]
secretaria (f)	secretária (f)	[səkrə'tariɐ]
director (m)	diretor (m)	[dirɛ'tor]
manager (m)	gerente (m)	[ʒə'rẽtə]
contable (m)	contabilista (m)	[kõtɐbi'liʃtɐ]
colaborador (m)	empregado (m)	[ẽprə'gadu]
muebles (m pl)	mobiliário (m)	[mubi'ljariu]
escritorio (m)	mesa (f)	['mezɐ]
silla (f)	cadeira (f)	[kɐ'dɐjrɐ]
cajonera (f)	bloco (m) de gavetas	['blɔku də gɐ'vetɐʃ]
perchero (m) de pie	cabide (m) de pé	[kɐ'bidɐ də pɛ]
ordenador (m)	computador (m)	[kõputɐ'dor]
impresora (f)	impressora (f)	[ĩprə'sorɐ]
fax (m)	fax (m)	[faks]
fotocopiadora (f)	fotocopiadora (f)	[futukupiɐ'dorɐ]
papel (m)	papel (m)	[pɐ'pɛl]
papelería (f)	artigos (m pl) de escritório	[ɐr'tiguʃ də əʃkri'tɔriu]
alfombrilla (f) para ratón	tapete (m) de rato	[tɐ'petɐ də 'ʀatu]
hoja (f) de papel	folha (f)	['foʎɐ]
carpeta (f)	pasta (f)	['paʃtɐ]
catálogo (m)	catálogo (m)	[kɐ'talugu]
directorio (m) telefónico	diretório (f) telefónico	[dirɛ'tɔriu tələ'foniku]
documentación (f)	documentação (f)	[dukumẽtɐ'sãu]
folleto (m)	brochura (f)	[bru'ʃurɐ]
prospecto (m)	flyer (m)	['flejər]
muestra (f)	amostra (f)	[ɐ'mɔʃtrɐ]
reunión (f) de formación	formação (f)	[furmɐ'sãu]
reunión (f)	reunião (f)	[ʀiu'njãu]
pausa (f) del almuerzo	hora (f) de almoço	['ɔrɐ də al'mosu]
hacer una copia	fazer uma cópia	[fɐ'zer 'umɐ 'kɔpiɐ]
hacer copias	tirar cópias	[ti'rar 'kɔpiɐʃ]
recibir un fax	receber um fax	[ʀəsə'ber ũ faks]
enviar un fax	enviar um fax	[ẽ'vjar ũ faks]

llamar por teléfono	fazer uma chamada	[fe'zer 'umɐ ʃe'madɐ]
responder (vi, vt)	responder (vt)	[ʀəʃpõ'der]
poner en comunicación	passar (vt)	[pɐ'sar]

fijar (~ una reunión)	marcar (vt)	[mer'kar]
demostrar (vt)	demonstrar (vt)	[dəmõ'ʃtrar]
estar ausente	estar ausente	[ə'ʃtar au'zẽtə]
ausencia (f)	ausência (f)	[au'zẽsiɐ]

104. Los procesos de negocio. Unidad 1

negocio (m), comercio (m)	negócio (m)	[nə'gɔsiu]
ocupación (f)	ocupação (f)	[ɔkupɐ'sãu]
firma (f)	firma, empresa (f)	['firmɐ], [ẽp'rezɐ]
compañía (f)	companhia (f)	[kõpɐ'ɲiɐ]
corporación (f)	corporação (f)	[kurpurɐ'sãu]
empresa (f)	empresa (f)	[ẽ'prezɐ]
agencia (f)	agência (f)	[ɐ'ʒẽsiɐ]

acuerdo (m)	acordo (m)	[ɐ'kordu]
contrato (m)	contrato (m)	[kõ'tratu]
trato (m), acuerdo (m)	acordo (m)	[ɐ'kordu]
pedido (m)	encomenda (f)	[ẽku'mẽdɐ]
condición (f) del contrato	cláusulas (f pl), termos (m pl)	['klawzuleʃ], ['termuʃ]

al por mayor (adv)	por grosso	[pur 'grosu]
al por mayor (adj)	por grosso	[pur 'grosu]
venta (f) al por mayor	venda (f) por grosso	['vẽdɐ pur 'grosu]
al por menor (adj)	a retalho	[ɐ ʀɐ'taʎu]
venta (f) al por menor	venda (f) a retalho	['vẽdɐ ɐ ʀɐ'taʎu]

competidor (m)	concorrente (m)	[kõku'ʀẽtɐ]
competencia (f)	concorrência (f)	[kõku'ʀẽsiɐ]
competir (vi)	competir (vi)	[kõpə'tir]

socio (m)	sócio (m)	['sɔsiu]
sociedad (f)	parceria (f)	[persə'riɐ]

crisis (f)	crise (f)	['krizə]
bancarrota (f)	bancarrota (f)	[bãkɐ'ʀotɐ]
ir a la bancarrota	entrar em falência	[ẽ'trar ẽ fe'lẽsiɐ]
dificultad (f)	dificuldade (f)	[difikul'dadə]
problema (m)	problema (m)	[prub'lemɐ]
catástrofe (f)	catástrofe (f)	[kɐ'taʃtrufə]

economía (f)	economia (f)	[ekɔnu'miɐ]
económico (adj)	económico	[eku'nɔmiku]
recesión (f) económica	recessão (f) económica	[ʀɐsə'sãu eku'nɔmikɐ]

meta (f)	objetivo (m)	[ɔbʒɛ'tivu]
objetivo (m)	tarefa (f)	[tɐ'ʀɛfɐ]

comerciar (vi)	comerciar (vi, vt)	[kumər'sjar]
red (f) (~ comercial)	rede (f), cadeia (f)	['ʀedɐ], [kɐ'dɐjɐ]

| existencias (f pl) | estoque (m) | [ə'ʃtɔkə] |
| surtido (m) | sortimento (m) | [surti'mẽtu] |

líder (m)	líder (m)	['lidɛɾ]
grande (empresa ~)	grande	['grãdə]
monopolio (m)	monopólio (m)	[munu'pɔliu]

teoría (f)	teoria (f)	[tiu'riɐ]
práctica (f)	prática (f)	['pratikɐ]
experiencia (f)	experiência (f)	[əʃpə'rjẽsiɐ]
tendencia (f)	tendência (f)	[tẽ'dẽsiɐ]
desarrollo (m)	desenvolvimento (m)	[dəzẽvɔlvi'mẽtu]

105. Los procesos de negocio. Unidad 2

| rentabilidad (f) | rentabilidade (f) | [ʀẽtɐbili'dadə] |
| rentable (adj) | rentável | [ʀẽ'tavɛl] |

delegación (f)	delegação (f)	[dələgə'sãu]
salario (m)	salário, ordenado (m)	[sɐ'lariu], [ɔrdə'nadu]
corregir (un error)	corrigir (vt)	[kuʀi'ʒir]
viaje (m) de negocios	viagem (f) de negócios	['vjaʒẽ' də nə'gɔsiuʃ]
comisión (f)	comissão (f)	[kumi'sãu]

controlar (vt)	controlar (vt)	[kõtru'lar]
conferencia (f)	conferência (f)	[kõfə'ʀẽsiɐ]
licencia (f)	licença (f)	[li'sẽsɐ]
fiable (socio ~)	confiável	[kõ'fjavɛl]

iniciativa (f)	empreendimento (m)	[ẽpriẽdi'mẽtu]
norma (f)	norma (f)	['nɔrmɐ]
circunstancia (f)	circunstância (f)	[sirkũ'ʃtãsiɐ]
deber (m)	dever (m)	[də'ver]

empresa (f)	empresa (f)	[ẽ'prezɐ]
organización (f) (proceso)	organização (f)	[ɔrgɐnizɐ'sãu]
organizado (adj)	organizado	[ɔrgɐni'zadu]
anulación (f)	anulação (f)	[ɐnulɐ'sãu]
anular (vt)	anular, cancelar (vt)	[ɐnu'lar], [kãsə'lar]
informe (m)	relatório (m)	[ʀələ'tɔriu]

patente (m)	patente (f)	[pɐ'tẽtə]
patentar (vt)	patentear (vt)	[pɐtẽ'tjar]
planear (vt)	planear (vt)	[plɐ'njar]

premio (m)	prémio (m)	['prɛmiu]
profesional (adj)	profissional	[prufisiu'nal]
procedimiento (m)	procedimento (m)	[prusədi'mẽtu]

examinar (vt)	examinar (vt)	[ezɐmi'nar]
cálculo (m)	cálculo (m)	['kalkulu]
reputación (f)	reputação (f)	[ʀəputɐ'sãu]
riesgo (m)	risco (m)	['ʀiʃku]
dirigir (administrar)	dirigir (vt)	[diri'ʒir]

información (f)	informação (f)	[ĩfurmɐ'sãu]
propiedad (f)	propriedade (f)	[prupriɛ'dadə]
unión (f)	união (f)	[u'njãu]

seguro (m) de vida	seguro (m) de vida	[sə'guru də 'vidə]
asegurar (vt)	fazer um seguro	[fe'zer ũ sə'guru]
seguro (m)	seguro (m)	[sə'guru]

subasta (f)	leilão (m)	[lej'lãu]
notificar (informar)	notificar (vt)	[nutifi'kar]
gestión (f)	gestão (f)	[ʒə'ʃtãu]
servicio (m)	serviço (m)	[sər'visu]

foro (m)	fórum (m)	['fɔrũ]
funcionar (vi)	funcionar (vi)	[fũsiu'nar]
etapa (f)	estágio (m)	[ə'ʃtaʒiu]
jurídico (servicios ~s)	jurídico	[ʒu'ridiku]
jurista (m)	jurista (m)	[ʒu'riʃtə]

106. La producción. Los trabajos

planta (f)	usina (f)	[u'zina]
fábrica (f)	fábrica (f)	['fabrikə]
taller (m)	oficina (f)	[ɔfi'sinə]
planta (f) de producción	local (m) de produção	[lu'kal də prudu'sãu]

industria (f)	indústria (f)	[ĩ'duʃtriɐ]
industrial (adj)	industrial	[ĩduʃtri'al]
industria (f) pesada	indústria (f) pesada	[ĩ'duʃtriɐ pə'zadə]
industria (f) ligera	indústria (f) ligeira	[ĩ'duʃtriɐ li'ʒejrə]

producción (f)	produção (f)	[prudu'sãu]
producir (vt)	produzir (vt)	[prudu'zir]
materias (f pl) primas	matérias-primas (f pl)	[mɐ'tɛrieʃ 'primeʃ]

jefe (m) de brigada	chefe (m) de brigada	['ʃɛfə də bri'gadə]
brigada (f)	brigada (f)	[bri'gadə]
obrero (m)	operário (m)	[ɔpə'rariu]

día (m) de trabajo	dia (m) de trabalho	['diə də trɐ'baʎu]
descanso (m)	pausa (f)	['pauzə]
reunión (f)	reunião (f)	[ʁiu'njãu]
discutir (vt)	discutir (vt)	[diʃku'tir]

plan (m)	plano (m)	['plɐnu]
cumplir el plan	cumprir o plano	[kũ'prir u 'plɐnu]
tasa (f) de producción	taxa (f) de produção	['taʃe də prudu'sãu]
calidad (f)	qualidade (f)	[kuɐli'dadə]
control (m)	controlo (m)	[kõ'trolu]
control (m) de calidad	controlo (m) da qualidade	[kõ'trolu də kuɐli'dadə]

seguridad (f) de trabajo	segurança (f) no trabalho	[səgu'rãsə nu trɐ'baʎu]
disciplina (f)	disciplina (f)	[diʃsi'plinə]
infracción (f)	infração (f)	[ĩfra'sãu]

violar (las reglas)	violar (vt)	[viu'lar]
huelga (f)	greve (f)	['gʀɛvə]
huelguista (m)	grevista (m)	[gʀɛ'viʃtɐ]
estar en huelga	estar em greve	[ə'ʃtar ẽ 'gʀɛvə]
sindicato (m)	sindicato (m)	[sĩdi'katu]

inventar (máquina, etc.)	inventar (vt)	[ĩvẽ'tar]
invención (f)	invenção (f)	[ĩvẽ'sãu]
investigación (f)	pesquisa (f)	[pə'ʃkizɐ]
mejorar (vt)	melhorar (vt)	[məʎu'rar]
tecnología (f)	tecnologia (f)	[tɛknulu'ʒiɐ]
dibujo (m) técnico	desenho (m) técnico	[də'zɐɲu 'tɛkniku]

cargamento (m)	carga (f)	['kargɐ]
cargador (m)	carregador (m)	[kɐʀəgɐ'dor]
cargar (camión, etc.)	carregar (vt)	[kɐʀɐ'gar]
carga (f) (proceso)	carregamento (m)	[kɐʀəgɐ'mẽtu]
descargar (vt)	descarregar (vt)	[dəʃkɐʀɐ'gar]
descarga (f)	descarga (f)	[də'ʃkargɐ]

transporte (m)	transporte (m)	[trã'ʃpɔrtə]
compañía (f) de transporte	companhia (f) de transporte	[kõpɐ'ɲiɐ də trã'ʃpɔrtə]
transportar (vt)	transportar (vt)	[trãʃpur'tar]

vagón (m)	vagão (m) de carga	[ve'gãu də 'kargɐ]
cisterna (f)	cisterna (f)	[si'ʃtɛrnɐ]
camión (m)	camião (m)	[ka'mjãu]

| máquina (f) herramienta | máquina-ferramenta (f) | ['makinɐ fɐʀɐ'mẽtɐ] |
| mecanismo (m) | mecanismo (m) | [məkɐ'niʒmu] |

desperdicios (m pl)	resíduos (m pl) industriais	[ʀə'ziduʃ ĩdu'ʃtrjaiʃ]
empaquetado (m)	embalagem (f)	[ẽbɐ'laʒẽʲ]
empaquetar (vt)	embalar (vt)	[ẽbɐ'lar]

107. El contrato. El acuerdo

contrato (m)	contrato (m)	[kõ'tratu]
acuerdo (m)	acordo (m)	[ɐ'kordu]
anexo (m)	adenda (f), anexo (m)	[ɐ'dẽdɐ], [ɐ'nɛksu]

firmar un contrato	assinar o contrato	[ɐsi'nar u kõ'tratu]
firma (f) (nombre)	assinatura (f)	[ɐsinɐ'turɐ]
firmar (vt)	assinar (vt)	[ɐsi'nar]
sello (m)	carimbo (m)	[kɐ'rĩbu]

objeto (m) del acuerdo	objeto (m) do contrato	[ɔb'ʒɛtu du kõ'tratu]
cláusula (f)	cláusula (f)	['klauzulɐ]
partes (f pl)	partes (f pl)	['partəʃ]
domicilio (m) legal	morada (f) jurídica	[mu'radɐ ʒu'ridikɐ]

violar el contrato	violar o contrato	[viu'lar u kõ'tratu]
obligación (f)	obrigação (f)	[ɔbrigɐ'sãu]
responsabilidad (f)	responsabilidade (f)	[ʀəʃpõsɐbili'dadə]

fuerza mayor (f)	força (f) maior	['forsɐ mɐ'jɔr]
disputa (f)	litígio (m), disputa (f)	[li'tiʒiu], [di'ʃputɐ]
penalidades (f pl)	multas (f pl)	['multɐʃ]

108. Importación y exportación

importación (f)	importação (f)	[ĩpurtɐ'sãu]
importador (m)	importador (m)	[ĩpurtɐ'dor]
importar (vt)	importar (vt)	[ĩpur'tar]
de importación (adj)	de importação	[dɐ ĩpurtɐ'sãu]

exportación (f)	exportação (f)	[ɐʃpurtɐ'sãu]
exportador (m)	exportador (m)	[ɐʃpurtɐ'dor]
exportar (vt)	exportar (vt)	[ɐʃpur'tar]
de exportación (adj)	de exportação	[dɐ ɐʃpurtɐ'sãu]

| mercancía (f) | mercadoria (f) | [mɐrkɐdu'riɐ] |
| lote (m) de mercancías | lote (m) | ['lɔtɐ] |

peso (m)	peso (m)	['pezu]
volumen (m)	volume (m)	[vu'lumɐ]
metro (m) cúbico	metro (m) cúbico	['mɛtru 'kubiku]

productor (m)	produtor (m)	[prudu'tor]
compañía (f) de transporte	companhia (f) de transporte	[kõpɐ'niɐ dɐ trã'ʃpɔrtɐ]
contenedor (m)	contentor (m)	[kõtẽ'tor]

frontera (f)	fronteira (f)	[frõ'tejrɐ]
aduana (f)	alfândega (f)	[al'fãdɐgɐ]
derechos (m pl) arancelarios	taxa (f) alfandegária	['taʃɐ alfãdɐ'gariɐ]
aduanero (m)	funcionário (m) da alfândega	[fũsiu'nariu dɐ al'fãdɐgɐ]
contrabandismo (m)	contrabando (m)	[kõtrɐ'bãdu]
contrabando (m)	contrabando (m)	[kõtrɐ'bãdu]

109. Las finanzas

acción (f)	ação (f)	[a'sãu]
bono (m), obligación (f)	obrigação (f)	[ɔbrigɐ'sãu]
letra (f) de cambio	nota (f) promissória	['nɔtɐ prumi'sɔriɐ]

| bolsa (f) | bolsa (f) | ['bolsɐ] |
| cotización (f) de valores | cotação (m) das ações | [kutɐ'sãu deʃ a'soɪʃ] |

| abaratarse (vr) | tornar-se mais barato | [tur'narsɐ 'maɪʃ bɐ'ratu] |
| encarecerse (vr) | tornar-se mais caro | [tur'narsɐ 'maɪʃ 'karu] |

parte (f)	parte (f)	['partɐ]
interés (m) mayoritario	participação (f) maioritária	[pɐrtisipɐ'sãu mɐjuri'tariɐ]
inversiones (f pl)	investimento (m)	[ĩvɐʃti'mẽtu]
invertir (vi, vt)	investir (vt)	[ĩvɐ'ʃtir]
porcentaje (m)	percentagem (f)	[pɐrsẽ'taʒẽʲ]
interés (m)	juros (m pl)	['ʒuruʃ]

beneficio (m)	lucro (m)	['lukɾu]
beneficioso (adj)	lucrativo	[lukɾɐ'tivu]
impuesto (m)	imposto (m)	[ĩ'poʃtu]

divisa (f)	divisa (f)	[di'vizɐ]
nacional (adj)	nacional	[nɐsiu'nal]
cambio (m)	câmbio (m)	['kãbiu]

contable (m)	contabilista (m)	[kõtɐbi'liʃtɐ]
contaduría (f)	contabilidade (f)	[kõtɐbili'dadə]

bancarrota (f)	bancarrota (f)	[bãkɐ'ʀotɐ]
quiebra (f)	falência (f)	[fɐ'lẽsiɐ]
ruina (f)	ruína (f)	[ʀu'inɐ]
arruinarse (vr)	arruinar-se (vr)	[ɐʀui'narsə]
inflación (f)	inflação (f)	[ĩfla'sãu]
devaluación (f)	desvalorização (f)	[dəʒvɐlurize'sãu]

capital (m)	capital (m)	[kɐpi'tal]
ingresos (m pl)	rendimento (m)	[ʀẽdi'mẽtu]
volumen (m) de negocio	volume (m) de negócios	[vu'lumə də nə'gɔsiuʃ]
recursos (m pl)	recursos (m pl)	[ʀə'kursuʃ]
recursos (m pl) monetarios	recursos (m pl) financeiros	[ʀə'kursuʃ finã'sejruʃ]
gastos (m pl) accesorios	despesas (f pl) gerais	[də'ʃpezəʃ ʒə'raiʃ]
reducir (vt)	reduzir (vt)	[ʀədu'zir]

110. La mercadotecnia

mercadotecnia (f)	marketing (m)	['markətiŋ]
mercado (m)	mercado (m)	[mər'kadu]
segmento (m) del mercado	segmento (m) do mercado	[sɛg'mẽtu du mər'kadu]
producto (m)	produto (m)	[pru'dutu]
mercancía (f)	mercadoria (f)	[mərkɐdu'riɐ]

marca (f)	marca (f)	['markɐ]
marca (f) comercial	marca (f) comercial	['markɛ kumər'sjal]
logotipo (m)	logotipo (m)	[lɔgɔ'tipu]
logo (m)	logo (m)	['lɔgu]

demanda (f)	demanda (f)	[də'mãdɐ]
oferta (f)	oferta (f)	[ɔ'fɛrtɐ]

necesidad (f)	necessidade (f)	[nəsəsi'dadə]
consumidor (m)	consumidor (m)	[kõsumi'dor]

análisis (m)	análise (f)	[ɐ'nalizə]
analizar (vt)	analisar (vt)	[ɐnɐli'zar]

posicionamiento (m)	posicionamento (m)	[puzisiunɐ'mẽtu]
posicionar (vt)	posicionar (vt)	[puzisiu'nar]

precio (m)	preço (m)	['presu]
política (f) de precios	política (f) de preços	[pu'litikɐ də 'presuʃ]
formación (f) de precios	formação (f) de preços	[furmɐ'sãu də 'presuʃ]

111. La publicidad

publicidad (f)	publicidade (f)	[publisi'dadə]
publicitar (vt)	publicitar (vt)	[publisi'tar]
presupuesto (m)	orçamento (m)	[ɔrse'mẽtu]
anuncio (m) publicitario	anúncio (m) publicitário	[e'nũsiu publisi'tariu]
publicidad (f) televisiva	publicidade (f) televisiva	[publisi'dadə tələvi'zivɛ]
publicidad (f) radiofónica	publicidade (f) na rádio	[publisi'dadə nɛ 'ʀadiu]
publicidad (f) exterior	publicidade (f) exterior	[publisi'dadə əʃtə'rjor]
medios (m pl) de comunicación de masas	comunicação (f) de massa	[kumunike'sãu də 'masɛ]
periódico (m)	periódico (m)	[pə'rjɔdiku]
imagen (f)	imagem (f)	[i'maʒẽj]
consigna (f)	slogan (m)	['slogɛn]
divisa (f)	mote (m), divisa (f)	['mɔtə], [di'vizɛ]
campaña (f)	campanha (f)	[kã'peɲɛ]
campaña (f) publicitaria	campanha (f) publicitária	[kã'peɲe publisi'tariɛ]
auditorio (m) objetivo	grupo (m) alvo	['grupu 'alvu]
tarjeta (f) de visita	cartão (m) de visita	[ker'tãu də vi'zitɛ]
prospecto (m)	flyer (m)	['flejər]
folleto (m)	brochura (f)	[bru'ʃurɛ]
panfleto (m)	folheto (m)	[fu'ʎetu]
boletín (m)	boletim (m)	[bulə'tĩ]
letrero (m) (~ luminoso)	letreiro (m)	[lə'trejru]
pancarta (f)	cartaz, póster (m)	[ker'taʃ], ['pɔʃtɛr]
valla (f) publicitaria	painel (m) publicitário	[paj'nɛl publisi'tariu]

112. La banca

banco (m)	banco (m)	['bãku]
sucursal (f)	sucursal, balcão (f)	[sukur'sal], [ba'lkãu]
consultor (m)	consultor (m)	[kõsul'tor]
gerente (m)	gerente (m)	[ʒə'rẽtə]
cuenta (f)	conta (f)	['kõtɛ]
numero (m) de la cuenta	número (m) da conta	['numəru dɛ 'kõtɛ]
cuenta (f) corriente	conta (f) corrente	['kõtɛ ku'rẽtɛ]
cuenta (f) de ahorros	conta (f) poupança	['kõtɛ po'pãsɛ]
abrir una cuenta	abrir uma conta	[e'brir 'umɛ 'kõtɛ]
cerrar la cuenta	fechar uma conta	[fə'ʃar 'umɛ 'kõtɛ]
ingresar en la cuenta	depositar na conta	[dəpuzi'tar nɛ 'kõtɛ]
sacar de la cuenta	levantar (vt)	[ləvã'tar]
depósito (m)	depósito (m)	[də'pɔzitu]
hacer un depósito	fazer um depósito	[fe'zer ũ də'pɔzitu]

giro (m) bancario	transferência (f) bancária	[trãʃfə'rēsie bã'karie]
hacer un giro	transferir (vt)	[trãʃfə'rir]
suma (f)	soma (f)	['somɐ]
¿Cuánto?	Quanto?	[ku'ãtu]
firma (f) (nombre)	assinatura (f)	[ɐsinɐ'turɐ]
firmar (vt)	assinar (vt)	[ɐsi'nar]
tarjeta (f) de crédito	cartão (m) de crédito	[ker'tãu də 'krɛditu]
código (m)	código (m)	['kɔdigu]
número (m) de tarjeta	número (m) do cartão	['numɐru du ker'tãu
de crédito	de crédito	də 'krɛditu]
cajero (m) automático	Caixa Multibanco (m)	['kaɪʃe multi'bãku]
cheque (m)	cheque (m)	['ʃɛkə]
sacar un cheque	passar um cheque	[pe'sar ũ 'ʃɛkə]
talonario (m)	livro (m) de cheques	['livru də 'ʃɛkəʃ]
crédito (m)	empréstimo (m)	[ẽ'prɛʃtimu]
pedir el crédito	pedir um empréstimo	[pə'dir un ẽ'prɛʃtimu]
obtener un crédito	obter um empréstimo	[ɔb'ter un ẽp'rɛʃtimu]
conceder un crédito	conceder um empréstimo	[kõsə'der un ẽp'rɛʃtimu]
garantía (f)	garantia (f)	[gerã'tie]

113. El teléfono. Las conversaciones telefónicas

teléfono (m)	telefone (m)	[telə'fonə]
teléfono (m) móvil	telemóvel (m)	[tɛlɛ'mɔvɛl]
contestador (m)	secretária (f) eletrónica	[səkrə'tarie elɛ'trɔnike]
llamar, telefonear	fazer uma chamada	[fe'zer 'umɐ ʃe'madɐ]
llamada (f)	chamada (f)	[ʃe'madɐ]
marcar un número	marcar um número	[mer'kar ũ 'numɐru]
¿Sí?, ¿Dígame?	Alô!	[e'lo]
preguntar (vt)	perguntar (vt)	[pərgũ'tar]
responder (vi, vt)	responder (vt)	[ʀəʃpõ'der]
oír (vt)	ouvir (vt)	[o'vir]
bien (adv)	bem	[bẽ']
mal (adv)	mal	[mal]
ruidos (m pl)	ruído (m)	[ʀu'idu]
auricular (m)	auscultador (m)	[auʃkulte'dor]
descolgar (el teléfono)	pegar o telefone	[pə'gar u telə'fonə]
colgar el auricular	desligar (vi)	[dəʒli'gar]
ocupado (adj)	ocupado	[ɔku'padu]
sonar (teléfono)	tocar (vi)	[tu'kar]
guía (f) de teléfonos	lista (f) telefónica	['liʃte telə'fonike]
local (adj)	local	[lu'kal]
llamada (f) local	chamada (f) local	[ʃe'madɐ lu'kal]

de larga distancia	de longa distância	[də 'lõgɐ di'ʃtãsiɐ]
llamada (f) de larga distancia	chamada (f)	[ʃa'mada
	de longa distância	də 'lõgɐ di'ʃtãsiɐ]
internacional (adj)	internacional	[ĩtɐrnɐsiu'nal]
llamada (f) internacional	chamada (f) internacional	[ʃe'madɐ ĩtɐrnɐsiu'nal]

114. El teléfono celular

teléfono (m) móvil	telemóvel (m)	[tɛlɛ'mɔvɛl]
pantalla (f)	ecrã (m)	[ɛ'krã]
botón (m)	botão (m)	[bu'tãu]
tarjeta SIM (f)	cartão SIM (m)	[kɐr'tãu sim]

pila (f)	bateria (f)	[bɐtɐ'riɐ]
descargarse (vr)	descarregar-se	[dɐʃkɐrɐ'garsɐ]
cargador (m)	carregador (m)	[kɐrɐgɐ'dor]

menú (m)	menu (m)	[mɛ'nu]
preferencias (f pl)	definições (f pl)	[dɐfini'soɪʃ]
melodía (f)	melodia (f)	[mɐlu'diɐ]
seleccionar (vt)	escolher (vt)	[ɐʃku'ʎer]

calculadora (f)	calculadora (f)	[kalkulɐ'dorɐ]
contestador (m)	correio (m) de voz	[ku'rɐju də vɔʃ]
despertador (m)	despertador (m)	[dɐʃpɐrtɐ'dor]
contactos (m pl)	contatos (m pl)	[kõ'tatuʃ]

| mensaje (m) de texto | mensagem (f) de texto | [mẽ'saʒẽ̞ də 'tɛʃtu] |
| abonado (m) | assinante (m) | [ɐsi'nãtɐ] |

115. Los artículos de escritorio. La papelería

| bolígrafo (m) | caneta (f) | [kɐ'netɐ] |
| pluma (f) estilográfica | caneta (f) tinteiro | [kɐ'netɐ tĩ'tɐjru] |

lápiz (m)	lápis (m)	['lapiʃ]
marcador (m)	marcador (m)	[mɐrkɐ'dor]
rotulador (m)	caneta (f) de feltro	[kɐ'netɐ də 'feltru]

| bloc (m) de notas | bloco (m) de notas | ['blɔku də 'nɔteʃ] |
| agenda (f) | agenda (f) | [ɐ'ʒẽdɐ] |

regla (f)	régua (f)	['rɛguɐ]
calculadora (f)	calculadora (f)	[kalkulɐ'dorɐ]
goma (f) de borrar	borracha (f)	[bu'raʃɐ]
chincheta (f)	pionés (m)	[piu'nɛʃ]
clip (m)	clipe (m)	['klipɐ]

cola (f), pegamento (m)	cola (f)	['kɔlɐ]
grapadora (f)	agrafador (m)	[ɐgrɐfɐ'dor]
perforador (m)	furador (m)	[furɐ'dor]
sacapuntas (m)	afia-lápis (m)	[ɐ'fiɐ 'lapiʃ]

116. Diversos tipos de documentación

informe (m)	relatório (m)	[ʀəle'tɔriu]
acuerdo (m)	acordo (m)	[e'kordu]
formulario (m) de solicitud	ficha (f) de inscrição	['fiʃe də ĩʃkri'sãu]
auténtico (adj)	autêntico	[au'tẽtiku]
tarjeta (f) de identificación	crachá (m)	[kre'ʃa]
tarjeta (f) de visita	cartão (m) de visita	[keɾ'tãu də vi'zite]
certificado (m)	certificado (m)	[sərtifi'kadu]
cheque (m) bancario	cheque (m)	['ʃɛkə]
cuenta (f) (restaurante)	conta (f)	['kõte]
constitución (f)	constituição (f)	[kõʃtitui'sãu]
contrato (m)	contrato (m)	[kõ'tratu]
copia (f)	cópia (f)	['kɔpie]
ejemplar (m)	exemplar (m)	[ezẽ'plaɾ]
declaración (f) de aduana	declaração (f) alfandegária	[dəkleɾe'sãu alfãdə'gariə]
documento (m)	documento (m)	[duku'mẽtu]
permiso (m) de conducir	carta (f) de condução	['karte də kõdu'sãu]
anexo (m)	adenda (f), anexo (m)	[e'dẽdə], [e'nɛksu]
cuestionario (m)	questionário (m)	[kəʃtiu'nariu]
carnet (m) de identidad	bilhete (m) de identidade	[bi'ʎete də idẽti'dadə]
solicitud (f) de información	inquérito (m)	[ĩ'kɛritu]
tarjeta (f) de invitación	convite (m)	[kõ'vite]
factura (f)	fatura (f)	[fa'ture]
ley (f)	lei (f)	[lej]
carta (f)	carta (f)	['karte]
hoja (f) membretada	papel (m) timbrado	[pe'pɛl tĩ'bradu]
lista (f) (de nombres, etc.)	lista (f)	['liʃte]
manuscrito (m)	manuscrito (m)	[menu'ʃkritu]
boletín (m)	boletim (m)	[bulə'tĩ]
nota (f) (mensaje)	bilhete (m)	[bi'ʎete]
pase (m) (permiso)	passe (m)	['pasə]
pasaporte (m)	passaporte (m)	[pase'pɔrte]
permiso (m)	permissão (f)	[pərmi'sãu]
curriculum vitae (m)	CV, currículo (m)	[sɛ've], [ku'ʀikulu]
pagaré (m)	vale (f), nota (f) promissória	['valə], ['note prumi'sɔrie]
recibo (m)	recibo (m)	[ʀə'sibu]
ticket (m) de compra	talão (f)	[te'lãu]
informe (m)	relatório (m)	[ʀəle'tɔriu]
presentar (identificación)	mostrar (vt)	[mu'ʃtraɾ]
firmar (vt)	assinar (vt)	[esi'naɾ]
firma (f) (nombre)	assinatura (f)	[esine'ture]
sello (m)	carimbo (m)	[ke'ʀĩbu]
texto (m)	texto (m)	['tɛʃtu]
billete (m)	bilhete (m)	[bi'ʎete]
tachar (vt)	riscar (vt)	[ʀi'ʃkaɾ]
rellenar (vt)	preencher (vt)	[priẽ'ʃeɾ]

guía (f) de embarque	guia (f) de remessa	['giɐ də ʀə'mɛsɐ]
testamento (m)	testamento (m)	[təʃte'mẽtu]

117. Tipos de negocios

agencia (f) de empleo	agência (f) de emprego	[e'ʒẽsiɐ də ẽ'pregu]
agencia (f) de información	agência (f) de notícias	[e'ʒẽsiɐ də nu'tisieʃ]
agencia (f) de publicidad	agência (f) de publicidade	[e'ʒẽsiɐ də publisi'dadə]
agencia (f) de seguridad	empresa (f) de segurança	[ẽ'prezɐ də səgu'rãsɐ]
almacén (m)	armazém (m)	[erme'zẽʲ]
antigüedad (f)	comércio (m) de antiguidades	[ku'mɛrsiu də ãtigui'dadəʃ]
asesoría (f) jurídica	serviços (m pl) jurídicos	[sər'visuʃ ʒu'ridikuʃ]
servicios (m pl) de auditoría	serviços (m pl) de auditoria	[sər'visuʃ də auditu'riɐ]
bar (m)	bar (m)	[bar]
bebidas (f pl) alcohólicas	bebidas (f pl) alcoólicas	[bə'bideʃ alku'ɔlikəʃ]
bolsa (f) de comercio	bolsa (f)	['bolsɐ]
casino (m)	casino (m)	[ke'zinu]
centro (m) de negocios	centro (m) de escritórios	['sẽtru də əʃkri'tɔriuʃ]
fábrica (f) de cerveza	cervejaria (f)	[sərvəʒe'riɐ]
cine (m) (iremos al ~)	cinema (m)	[si'neme]
climatizadores (m pl)	ar (m) condicionado	[ar kõdisiu'nadu]
club (m) nocturno	clube (m) noturno	['klubə nɔ'turnu]
comercio (m)	comércio (m)	[ku'mɛrsiu]
productos alimenticios	alimentos (m pl)	[eli'mẽtuʃ]
compañía (f) aérea	companhia (f) aérea	[kõpe'ɲiɐ e'ɛriɐ]
construcción (f)	construção (f)	[kõʃtru'sãu]
contabilidad (f)	serviços (m pl) de contabilidade	[sər'visuʃ də kõtɐbili'dadə]
deporte (m)	desporto (m)	[də'ʃportu]
diseño (m)	design (m)	[di'zajn]
editorial (f)	editora (f)	[edi'torɐ]
escuela (f) de negocios	escola (f) de negócios	[ə'ʃkɔlɐ də nə'gɔsiuʃ]
estomatología (f)	estomatologia (f)	[əʃtumɐtulu'ʒiɐ]
farmacia (f)	farmácia (f)	[fer'masiɐ]
industria (f) farmacéutica	indústria (f) farmacêutica	[ĩ'duʃtriɐ ferme'seutikɐ]
funeraria (f)	agência (f) funerária	[e'ʒẽsiɐ funə'rariɐ]
galería (f) de arte	galeria (f) de arte	[gelə'riɐ də 'artə]
helado (m)	gelado (m)	[ʒə'ladu]
hotel (m)	hotel (m)	[ɔ'tɛl]
industria (f)	indústria (f)	[ĩ'duʃtriɐ]
industria (f) ligera	indústria (f) ligeira	[ĩ'duʃtriɐ li'ʒejrɐ]
inmueble (m)	imobiliário (m)	[imubi'ljariu]
internet (m), red (f)	internet (f)	[ĩtər'nɛtə]
inversiones (f pl)	investimento (m)	[ĩvəʃti'mẽtu]
joyería (f)	joias (f pl)	['ʒɔjeʃ]

joyero (m)	joalheiro (m)	[ʒue'ʎejru]
lavandería (f)	lavandaria (f)	[levãde'rie]
librería (f)	livraria (f)	[livre'rie]
medicina (f)	medicina (f)	[medi'sine]
muebles (m pl)	mobiliário (m)	[mubi'ljariu]
museo (m)	museu (m)	[mu'zeu]
negocio (m) bancario	negócios (m pl) bancários	[ne'gɔsiuʃ bã'kariuʃ]

periódico (m)	jornal (m)	[ʒur'nal]
petróleo (m)	petróleo (m)	[pe'trɔliu]
piscina (f)	piscina (f)	[pi'ʃine]
poligrafía (f)	poligrafia (f)	[pɔligre'fie]
publicidad (f)	publicidade (f)	[publisi'dade]

radio (f)	rádio (m)	['ʀadiu]
recojo (m) de basura	recolha (f) do lixo	[ʀe'koʎe du 'liʃu]
restaurante (m)	restaurante (m)	[ʀeʃtau'rãte]
revista (f)	revista (f)	[ʀe'viʃte]
ropa (f)	roupa (f)	['ʀope]

salón (m) de belleza	salão (m) de beleza	[se'lãu de be'leze]
seguro (m)	seguro (m)	[se'guru]
servicio (m) de entrega	serviço (m) de encomendas	[ser'visu de ẽku'mẽdeʃ]
servicios (m pl) financieros	serviços (m pl) financeiros	[ser'visuʃ finã'sejruʃ]
supermercado (m)	supermercado (m)	[supɛrmer'kadu]

taller (m)	alfaiataria (f)	[alfejete'rie]
teatro (m)	teatro (m)	[te'atru]
televisión (f)	televisão (f)	[televi'zãu]
tienda (f)	loja (f)	['lɔʒe]
tintorería (f)	lavandaria (f)	[levãde'rie]
servicios de transporte	serviços (m pl) de transporte	[ser'visuʃ de trã'ʃporte]
turismo (m)	viagens (f pl)	[vi'aʒãɪʃ]

venta (f) por catálogo	vendas (f pl) por catálogo	['vẽdeʃ pur ke'talugu]
veterinario (m)	veterinário (m)	[veteri'nariu]
consultoría (f)	serviços (m pl) de consultoria	[ser'visuʃ de kõsultu'rie]

El trabajo. Los negocios. Unidad 2

118. La exhibición. La feria comercial

exposición, feria (f)	feira (f)	['fejre]
feria (f) comercial	feira (f) comercial	['fejre kumər'sjal]
participación (f)	participação (f)	[pɐrtisipe'sãu]
participar (vi)	participar (vi)	[pɐrtisi'par]
participante (m)	participante (m)	[pɐrtisi'pãtə]
director (m)	diretor (m)	[dirɛ'tor]
dirección (f)	direção (f)	[dirɛ'sãu]
organizador (m)	organizador (m)	[ɔrgenize'dor]
organizar (vt)	organizar (vt)	[ɔrgeni'zar]
solicitud (f) de participación	ficha (f) de inscrição	['fiʃe də ĩʃkri'sãu]
rellenar (vt)	preencher (vt)	[priẽ'ʃer]
detalles (m pl)	detalhes (m pl)	[də'taʎəʃ]
información (f)	informação (f)	[ĩfurme'sãu]
precio (m)	preço (m)	['presu]
incluso	incluindo	[ĩklu'ĩdu]
incluir (vt)	incluir (vt)	[ĩklu'ir]
pagar (vi, vt)	pagar (vt)	[pe'gar]
cuota (f) de registro	taxa (f) de inscrição	['taʃe də ĩʃkri'sãu]
entrada (f)	entrada (f)	[ẽ'trade]
pabellón (m)	pavilhão (m)	[pevi'ʎãu]
registrar (vt)	inscrever (vt)	[ĩʃkrə'ver]
tarjeta (f) de identificación	crachá (m)	[kre'ʃa]
stand (m) de feria	stand (m)	[stɛnd]
reservar (vt)	reservar (vt)	[ʀəzər'var]
vitrina (f)	vitrina (f)	[vi'trine]
lámpara (f)	foco, spot (m)	['fɔku], ['spɔtə]
diseño (m)	design (m)	[di'zajn]
poner (colocar)	pôr, colocar (vt)	[por], [kulu'kar]
distribuidor (m)	distribuidor (m)	[diʃtribui'dor]
proveedor (m)	fornecedor (m)	[furnəsə'dor]
suministrar (vt)	fornecer (vt)	[furnə'ser]
país (m)	país (m)	[pe'iʃ]
extranjero (adj)	estrangeiro	[əʃtrã'ʒejru]
producto (m)	produto (m)	[pru'dutu]
asociación (f)	associação (f)	[esusie'sãu]
sala (f) de conferencias	sala (f) de conferências	['sale də kõfə'rẽsieʃ]

| congreso (m) | congresso (m) | [kõ'grɛsu] |
| concurso (m) | concurso (m) | [kõ'kuɾsu] |

visitante (m)	visitante (m)	[vizi'tãtə]
visitar (vt)	visitar (vt)	[vizi'taɾ]
cliente (m)	cliente (m)	[kli'ẽtə]

119. Medios de comunicación de masas

periódico (m)	jornal (m)	[ʒuɾ'nal]
revista (f)	revista (f)	[ʀə'viʃtə]
prensa (f)	imprensa (f)	[ĩ'prẽsə]
radio (f)	rádio (m)	['ʀadiu]
estación (f) de radio	estação (f) de rádio	[əʃtɐ'sãu də 'ʀadiu]
televisión (f)	televisão (f)	[tələvi'zãu]

presentador (m)	apresentador (m)	[ɐprəzẽtɐ'dor]
presentador (m) de noticias	locutor (m)	[luku'tor]
comentarista (m)	comentador (m)	[kumẽtɐ'dor]

periodista (m)	jornalista (m)	[ʒuɾnɐ'liʃtə]
corresponsal (m)	correspondente (m)	[kuʀəʃpõ'dẽtə]
corresponsal (m) fotográfico	repórter (m) fotográfico	[ʀə'pɔɾtɛɾ futu'grafiku]
reportero (m)	repórter (m)	[ʀə'pɔɾtɛɾ]

| redactor (m) | redator (m) | [ʀəda'tor] |
| redactor jefe (m) | redator-chefe (m) | [ʀəda'tor 'ʃɛfə] |

suscribirse (vr)	assinar a ...	[ɐsi'nar ɐ]
suscripción (f)	assinatura (f)	[ɐsinɐ'tuɾɐ]
suscriptor (m)	assinante (m)	[ɐsi'nãtə]
leer (vi, vt)	ler (vt)	[ler]
lector (m)	leitor (m)	[ləj'tor]

tirada (f)	tiragem (f)	[ti'raʒẽ']
mensual (adj)	mensal	[mẽ'sal]
semanal (adj)	semanal	[səmɐ'nal]
número (m)	número (m)	['numəru]
nuevo (~ número)	recente	[ʀə'sẽtə]

titular (m)	manchete (f)	[mã'ʃetə]
noticia (f)	pequeno artigo (m)	[pə'kenu ɐɾ'tigu]
columna (f)	coluna (f)	[ku'lunɐ]
artículo (m)	artigo (m)	[ɐɾ'tigu]
página (f)	página (f)	['paʒinɐ]

reportaje (m)	reportagem (f)	[ʀəpuɾ'taʒẽ']
evento (m)	evento (m)	[e'vẽtu]
sensación (f)	sensação (f)	[sẽsɐ'sãu]
escándalo (m)	escândalo (m)	[ə'ʃkãdɐlu]
escandaloso (adj)	escandaloso	[əʃkãdɐ'lozu]
gran (~ escándalo)	grande	['grãdə]
emisión (f)	programa (m) de TV	[pru'grɐmɐ də tɛ've]
entrevista (f)	entrevista (f)	[ẽtrə'viʃtə]

| transmisión (f) en vivo | transmissão (f) em direto | [trãʒmi'sãu ẽ di'rɛtu] |
| canal (m) | canal (m) | [ke'nal] |

120. La agricultura

agricultura (f)	agricultura (f)	[ɐgrikul'turɐ]
campesino (m)	camponês (m)	[kãpu'neʃ]
campesina (f)	camponesa (f)	[kãpu'nezɐ]
granjero (m)	agricultor (m)	[ɐgrikul'tor]

| tractor (m) | trator (m) | [tra'tor] |
| cosechadora (f) | ceifeira-debulhadora (f) | [sejfejrɐ dɐbuʎɐ'dorɐ] |

arado (m)	arado (m)	[ɐ'radu]
arar (vi, vt)	arar (vt)	[ɐ'rar]
labrado (m)	campo (m) lavrado	['kãpu lɐ'vradu]
surco (m)	rego (m)	['ʀegu]

sembrar (vi, vt)	semear (vt)	[sə'mjar]
sembradora (f)	semeadora (f)	[səmjɐ'dorɐ]
siembra (f)	semeadura (f)	[səmjɐ'durɐ]

| guadaña (f) | gadanha (f) | [gɐ'deɲɐ] |
| segar (vi, vt) | gadanhar (vt) | [gɐdɐ'ɲar] |

| pala (f) | pá (f) | [pa] |
| layar (vt) | cavar (vt) | [ke'var] |

azada (f)	enxada (f)	[ẽ'ʃadɐ]
sachar, escardar	carpir (vt)	[ker'pir]
mala hierba (f)	erva (f) daninha	['ɛrvɐ dɐ'niɲɐ]

regadera (f)	regador (m)	[ʀɐgɐ'dor]
regar (plantas)	regar (vt)	[ʀɐ'gar]
riego (m)	rega (f)	['ʀɛgɐ]

| horquilla (f) | forquilha (f) | [for'kiʎɐ] |
| rastrillo (m) | ancinho (m) | [ã'siɲu] |

fertilizante (m)	fertilizante (m)	[fɐrtili'zãtə]
abonar (vt)	fertilizar (vt)	[fɐrtili'zar]
estiércol (m)	estrume (m)	[ə'ʃtrumə]

campo (m)	campo (m)	['kãpu]
prado (m)	prado (m)	['pradu]
huerta (f)	horta (f)	['ɔrtɐ]
jardín (m)	pomar (m)	[pu'mar]

pacer (vt)	pastar (vt)	[pɐ'ʃtar]
pastor (m)	pastor (m)	[pɐ'ʃtor]
pastadero (m)	pastagem (f)	[pɐ'ʃtaʒẽj]

| ganadería (f) | pecuária (f) | [pɐku'arjɐ] |
| cría (f) de ovejas | criação (f) de ovelhas | [krjɐ'sãu də ɔ'veʎɐʃ] |

plantación (f)	plantação (f)	[plắte'sãu]
hilera (f) (~ de cebollas)	canteiro (m)	[kã'tejru]
invernadero (m)	invernadouro (m)	[ĩvɐrne'doru]
sequía (f)	seca (f)	['sekɐ]
seco, árido (adj)	seco	['seku]
grano (m)	cereal (m)	[sə'rjal]
cereales (m pl)	cereais (m pl)	[sə'rjaɪʃ]
recolectar (vt)	colher (vt)	[ku'ʎɛr]
molinero (m)	moleiro (m)	[mu'lejru]
molino (m)	moinho (m)	[mu'iɲu]
moler (vt)	moer (vt)	[mu'ɛr]
harina (f)	farinha (f)	[fe'riɲɐ]
paja (f)	palha (f)	['paʎɐ]

121. La construcción. El proceso de construcción

obra (f)	canteiro (m) de obras	[kã'tejru də 'ɔbrɐʃ]
construir (vt)	construir (vt)	[kõʃtru'ir]
albañil (m)	construtor (m)	[kõʃtru'tor]
proyecto (m)	projeto (m)	[pru'ʒɛtu]
arquitecto (m)	arquiteto (m)	[ɐrki'tɛtu]
obrero (m)	operário (m)	[ɔpə'rariu]
cimientos (m pl)	fundação (f)	[fũde'sãu]
techo (m)	telhado (m)	[tə'ʎadu]
pila (f) de cimentación	estaca (f)	[ə'ʃtakɐ]
muro (m)	parede (f)	[pe'redə]
armadura (f)	varões (m pl) para betão	[ve'roɪʃ 'pɐrɐ bə'tãu]
andamio (m)	andaime (m)	[ã'dajmə]
hormigón (m)	betão (m)	[bə'tãu]
granito (m)	granito (m)	[grɐ'nitu]
piedra (f)	pedra (f)	['pɛdrɐ]
ladrillo (m)	tijolo (m)	[ti'ʒolu]
arena (f)	areia (f)	[ɐ'rɐjɐ]
cemento (m)	cimento (m)	[si'mẽtu]
estuco (m)	emboço (m)	[ẽ'bɔsu]
estucar (vt)	emboçar (vt)	[ẽbu'sar]
pintura (f)	tinta (f)	['tĩtɐ]
pintar (las paredes)	pintar (vt)	[pĩ'tar]
barril (m)	barril (m)	[bɐ'ʀil]
grúa (f)	grua (f), guindaste (m)	['gruɐ], [gĩ'daʃtə]
levantar (vt)	erguer (vt)	[er'ger]
bajar (vt)	baixar (vt)	[baɪ'ʃar]
bulldózer (m)	buldózer (m)	[bul'dɔzər]
excavadora (f)	escavadora (f)	[əʃkɐve'dorɐ]

cuchara (f)	caçamba (f)	[kɐˈsãbɐ]
cavar (vt)	escavar (vt)	[əʃkɐˈvar]
casco (m)	capacete (m) de proteção	[kɐpɐˈsetə də prutɛˈsãu]

122. La ciencia. La investigación. Los científicos

ciencia (f)	ciência (f)	[ˈsjẽsiɐ]
científico (adj)	científico	[siẽˈtifiku]
científico (m)	cientista (m)	[siẽˈtiʃtɐ]
teoría (f)	teoria (f)	[tiuˈriɐ]

axioma (m)	axioma (m)	[ɐkˈsjomɐ]
análisis (m)	análise (f)	[ɐˈnalizɐ]
analizar (vt)	analisar (vt)	[ɐnɐliˈzar]
argumento (m)	argumento (m)	[ɐrguˈmẽtu]
sustancia (f) (materia)	substância (f)	[subˈʃtãsiɐ]

hipótesis (f)	hipótese (f)	[iˈpɔtəzə]
dilema (m)	dilema (m)	[diˈlemɐ]
tesis (f) de grado	tese (f)	[ˈtɛzə]
dogma (m)	dogma (m)	[ˈdɔgmɐ]

doctrina (f)	doutrina (f)	[doˈtrinɐ]
investigación (f)	pesquisa (f)	[pəˈʃkizɐ]
investigar (vt)	pesquisar (vt)	[pəʃkiˈzar]
prueba (f)	teste (m)	[ˈtɛʃtə]
laboratorio (m)	laboratório (m)	[lɐburɐˈtɔriu]

método (m)	método (m)	[ˈmɛtudu]
molécula (f)	molécula (f)	[muˈlɛkulɐ]
seguimiento (m)	monitoramento (m)	[muniturɐˈmẽtu]
descubrimiento (m)	descoberta (f)	[dəʃkuˈbɛrtɐ]

postulado (m)	postulado (m)	[puʃtuˈladu]
principio (m)	princípio (m)	[prĩˈsipiu]
pronóstico (m)	prognóstico (m)	[prugˈnɔʃtiku]
pronosticar (vt)	prognosticar (vt)	[prugnuʃtiˈkar]

síntesis (f)	síntese (f)	[ˈsĩtəzə]
tendencia (f)	tendência (f)	[tẽˈdẽsiɐ]
teorema (m)	teorema (m)	[tiuˈremɐ]

| enseñanzas (f pl) | ensinamentos (m pl) | [ẽsinɐˈmẽtuʃ] |
| hecho (m) | facto (m) | [ˈfaktu] |

| expedición (f) | expedição (f) | [əʃpədiˈsãu] |
| experimento (m) | experiência (f) | [əʃpəˈrjẽsiɐ] |

académico (m)	académico (m)	[ɐkɐˈdɛmiku]
bachiller (m)	bacharel (m)	[bɐʃɐˈrɛl]
doctorado (m)	doutor (m)	[doˈtor]
docente (m)	docente (m)	[duˈsẽtə]
Master (m) (~ en Letras)	mestre (m)	[ˈmɛʃtrə]
profesor (m)	professor (m) catedrático	[prufɐˈsor kɐtɛˈdratiku]

Las profesiones y los oficios

123. La búsqueda de trabajo. El despido

trabajo (m)	**trabalho** (m)	[trɐ'baʎu]
empleados (pl)	**equipa** (f)	[e'kipɐ]
personal (m)	**pessoal** (m)	[pəsu'al]
carrera (f)	**carreira** (f)	[kɐ'ʀɐjrɐ]
perspectiva (f)	**perspetivas** (f pl)	[pərʃpɛ'tiveʃ]
maestría (f)	**mestria** (f)	[mɛ'ʃtriɐ]
selección (f)	**seleção** (f)	[sɐlɛ'sãu]
agencia (f) de empleo	**agência** (f) **de emprego**	[ɐ'ʒẽsiɐ də ẽ'pregu]
curriculum vitae (m)	**CV, currículo** (m)	[sɛ'vɛ], [ku'ʀikulu]
entrevista (f)	**entrevista** (f) **de emprego**	[ẽtrɐ'viʃtɐ də ẽ'pregu]
vacancia (f)	**vaga** (f)	['vagɐ]
salario (m)	**salário** (m)	[sɐ'lariu]
salario (m) fijo	**salário** (m) **fixo**	[sɐ'lariu 'fiksu]
remuneración (f)	**pagamento** (m)	[pɐgɐ'mẽtu]
puesto (m) (trabajo)	**posto** (m)	['poʃtu]
deber (m)	**dever** (m)	[də'ver]
gama (f) de deberes	**gama** (f) **de deveres**	['gemɐ də də'verəʃ]
ocupado (adj)	**ocupado**	[ɔku'padu]
despedir (vt)	**despedir, demitir** (vt)	[dəʃpə'dir], [dəmi'tir]
despido (m)	**demissão** (f)	[dəmi'sãu]
desempleo (m)	**desemprego** (m)	[dəzẽ'pregu]
desempleado (m)	**desempregado** (m)	[dəzẽprɐ'gadu]
jubilación (f)	**reforma** (f)	[ʀɐ'fɔrmɐ]
jubilarse	**reformar-se**	[ʀəfur'marsə]

124. Los negociantes

director (m)	**diretor** (m)	[dirɛ'tor]
gerente (m)	**gerente** (m)	[ʒə'rẽtə]
jefe (m)	**patrão, chefe** (m)	[pɐ'trãu], ['ʃɛfə]
superior (m)	**superior** (m)	[supə'rjor]
superiores (m pl)	**superiores** (m pl)	[supə'rjorəʃ]
presidente (m)	**presidente** (m)	[prɐzi'dẽtə]
presidente (m) (de compañía)	**presidente** (m) **de direção**	[prɐzi'dẽtə də dirɛ'sãu]
adjunto (m)	**substituto** (m)	[subʃti'tutu]
asistente (m)	**assistente** (m)	[ɐsi'ʃtẽtə]

| secretario, -a (m, f) | secretário (m) | [səkrə'tariu] |
| secretario (m) particular | secretário (m) pessoal | [səkrə'tariu pəsu'al] |

hombre (m) de negocios	homem (m) de negócios	['ɔmẽ^j də nə'gɔsiuʃ]
emprendedor (m)	empresário (m)	[ẽprə'zariu]
fundador (m)	fundador (m)	[fũdɐ'dor]
fundar (vt)	fundar (vt)	[fũ'dar]

institutor (m)	fundador, sócio (m)	[fũdɐ'dor], ['sɔsiu]
socio (m)	parceiro, sócio (m)	[per'sejru], ['sɔsiu]
accionista (m)	acionista (m)	[ɐsiu'niʃtɐ]

millonario (m)	milionário (m)	[miliu'nariu]
multimillonario (m)	bilionário (m)	[biliu'nariu]
propietario (m)	proprietário (m)	[propriɛ'tariu]
terrateniente (m)	proprietário (m) de terras	[propriɛ'tariu də 'tɛrɐʃ]

cliente (m)	cliente (m)	[kli'ẽtɐ]
cliente (m) habitual	cliente (m) habitual	[kli'ẽtɐ ɐbitu'al]
comprador (m)	comprador (m)	[kõprɐ'dor]
visitante (m)	visitante (m)	[vizi'tãtɐ]

profesional (m)	profissional (m)	[prufisiu'nal]
experto (m)	perito (m)	[pə'ritu]
especialista (m)	especialista (m)	[əʃpəsiɐ'liʃtɐ]

| banquero (m) | banqueiro (m) | [bã'kejru] |
| broker (m) | corretor (m) | [kuʀɛ'tor] |

cajero (m)	caixa (m, f)	['kaiʃɐ]
contable (m)	contabilista (m)	[kõtɐbi'liʃtɐ]
guardia (m) de seguridad	guarda (m)	[gu'ardɐ]

inversionista (m)	investidor (m)	[ĩvəʃti'dor]
deudor (m)	devedor (m)	[dəvə'dor]
acreedor (m)	credor (m)	[krɛ'dor]
prestatario (m)	mutuário (m)	[mutu'ariu]

| importador (m) | importador (m) | [ĩpurtɐ'dor] |
| exportador (m) | exportador (m) | [əʃpurtɐ'dor] |

productor (m)	produtor (m)	[prudu'tor]
distribuidor (m)	distribuidor (m)	[diʃtribui'dor]
intermediario (m)	intermediário (m)	[ĩtərmə'djariu]

asesor (m) (~ fiscal)	consultor (m)	[kõsul'tor]
representante (m)	representante (m)	[ʀəprəzẽ'tãtɐ]
agente (m)	agente (m)	[ɐ'ʒẽtɐ]
agente (m) de seguros	agente (m) de seguros	[ɐ'ʒẽtɐ də sə'guruʃ]

125. Los trabajos de servicio

| cocinero (m) | cozinheiro (m) | [kuzi'ɲejru] |
| jefe (m) de cocina | cozinheiro chefe (m) | [kuzi'ɲejru 'ʃɛfə] |

panadero (m)	padeiro (m)	[pa'dejru]
barman (m)	barman (m)	['barmɐn]
camarero (m)	empregado (m)	[ẽprə'gadu]
camarera (f)	empregada (f)	[ẽprə'gadɐ]

abogado (m)	advogado (m)	[edvu'gadu]
jurista (m)	jurista (m)	[ʒu'riʃtɐ]
notario (m)	notário (m)	[nu'tariu]

electricista (m)	eletricista (m)	[elɛtri'siʃtɐ]
fontanero (m)	canalizador (m)	[kɐnɐlize'dor]
carpintero (m)	carpinteiro (m)	[kɐrpĩ'tejru]

masajista (m)	massagista (m)	[mɐsɐ'ʒiʃtɐ]
masajista (f)	massagista (f)	[mɐsɐ'ʒiʃtɐ]
médico (m)	médico (m)	['mɛdiku]

taxista (m)	taxista (m)	[ta'ksiʃtɐ]
chofer (m)	condutor (m)	[kõdu'tor]
repartidor (m)	entregador (m)	[ẽtrəgɐ'dor]

camarera (f)	camareira (f)	[kɐmɐ'rejrɐ]
guardia (m) de seguridad	guarda (m)	[gu'ardɐ]
azafata (f)	hospedeira (f) de bordo	[ɔʃpə'dejrɐ də 'bɔrdu]

profesor (m) (~ de baile, etc.)	professor (m)	[prufə'sor]
bibliotecario (m)	bibliotecário (m)	[bibliutɐ'kariu]
traductor (m)	tradutor (m)	[trɐdu'tor]
intérprete (m)	intérprete (m)	[ĩ'tɛrprətə]
guía (m)	guia (m)	['giɐ]

peluquero (m)	cabeleireiro (m)	[kɐbələj'rejru]
cartero (m)	carteiro (m)	[kɐr'tejru]
vendedor (m)	vendedor (m)	[vẽdə'dor]

jardinero (m)	jardineiro (m)	[ʒɐrdi'nejru]
servidor (m)	criado (m)	[kri'adu]
criada (f)	criada (f)	[kri'adɐ]
mujer (f) de la limpieza	empregada (f) de limpeza	[ẽprə'gadɐ də lĩ'pezɐ]

126. La profesión militar y los rangos

soldado (m) raso	soldado (m) raso	[sol'dadu 'ʀazu]
sargento (m)	sargento (m)	[sɐr'ʒẽtu]
teniente (m)	tenente (m)	[tə'nẽtə]
capitán (m)	capitão (m)	[kɐpi'tãu]

mayor (m)	major (m)	[mɐ'ʒɔr]
coronel (m)	coronel (m)	[kuru'nɛl]
general (m)	general (m)	[ʒɐnə'ral]
mariscal (m)	marechal (m)	[mɐrə'ʃal]
almirante (m)	almirante (m)	[almi'rãtə]
militar (m)	militar (m)	[mili'tar]
soldado (m)	soldado (m)	[sol'dadu]

oficial (m)	oficial (m)	[ɔfi'sjal]
comandante (m)	comandante (m)	[kumä'dätə]

guardafronteras (m)	guarda (m) fronteiriço	[gu'aɾdɐ frõtej'risu]
radio-operador (m)	operador (m) de rádio	[ɔpɐɐ'dor də 'ʀadiu]
explorador (m)	explorador (m)	[əʃpluɾe'dor]
zapador (m)	sapador (m)	[sɐpɐ'dor]
tirador (m)	atirador (m)	[ɐtiɾɐ'dor]
navegador (m)	navegador (m)	[nɐvɐgɐ'dor]

127. Los oficiales. Los sacerdotes

rey (m)	rei (m)	[ʀej]
reina (f)	rainha (f)	[ʀɐ'iɲɐ]

príncipe (m)	príncipe (m)	['prĩsipə]
princesa (f)	princesa (f)	[prĩ'sezɐ]

zar (m)	czar (m)	['kzaɾ]
zarina (f)	czarina (f)	[kzɐ'rinɐ]

presidente (m)	presidente (m)	[prɐzi'dẽtə]
ministro (m)	ministro (m)	[mi'niʃtru]
primer ministro (m)	primeiro-ministro (m)	[pri'mejru mi'niʃtru]
senador (m)	senador (m)	[sɐnɐ'dor]

diplomático (m)	diplomata (m)	[diplu'matɐ]
cónsul (m)	cônsul (m)	['kõsul]
embajador (m)	embaixador (m)	[ẽbaɪʃɐ'dor]
consejero (m)	conselheiro (m)	[kõsə'ʎejru]

funcionario (m)	funcionário (m)	[fũsiu'nariu]
prefecto (m)	prefeito (m)	[prɐ'fejtu]
alcalde (m)	Presidente (m) da Câmara	[prɐzi'dẽtə də 'kɐmɐɾɐ]

juez (m)	juiz (m)	[ʒu'iʃ]
fiscal (m)	procurador (m)	[prɔkuɾɐ'dor]

misionero (m)	missionário (m)	[misiu'nariu]
monje (m)	monge (m)	['mõʒə]
abad (m)	abade (m)	[ɐ'badə]
rabino (m)	rabino (m)	[ʀɐ'binu]

visir (m)	vizir (m)	[vi'ziɾ]
sha (m)	xá (m)	[ʃa]
jeque (m)	xeque (m)	['ʃɛkə]

128. Las profesiones agrícolas

apicultor (m)	apicultor (m)	[ɐpikul'tor]
pastor (m)	pastor (m)	[pɐ'ʃtor]
agrónomo (m)	agrónomo (m)	[ɐ'grɔnumu]

| ganadero (m) | criador (m) de gado | [kriɐ'dor də 'gadu] |
| veterinario (m) | veterinário (m) | [vətəri'nariu] |

granjero (m)	agricultor (m)	[ɐgrikul'tor]
vinicultor (m)	vinicultor (m)	[vinikul'tor]
zoólogo (m)	zoólogo (m)	[zu'ɔlugu]
vaquero (m)	cowboy (m)	[kɔ'bɔj]

129. Las profesiones artísticas

| actor (m) | ator (m) | [a'tor] |
| actriz (f) | atriz (f) | [e'triʃ] |

| cantante (m) | cantor (m) | [kã'tor] |
| cantante (f) | cantora (f) | [kã'torɐ] |

| bailarín (m) | bailarino (m) | [bajlɐ'rinu] |
| bailarina (f) | bailarina (f) | [bajlɐ'rinɐ] |

| artista (m) | artista (m) | [ɐr'tiʃtɐ] |
| artista (f) | artista (f) | [ɐr'tiʃtɐ] |

músico (m)	músico (m)	['muziku]
pianista (m)	pianista (m)	[piɐ'niʃtɐ]
guitarrista (m)	guitarrista (m)	[gitɐ'ʀiʃtɐ]

director (m) de orquesta	maestro (m)	[mɐ'ɛʃtru]
compositor (m)	compositor (m)	[kõpuzi'tor]
empresario (m)	empresário (m)	[ẽprə'zariu]

director (m) de cine	realizador (m)	[ʀiɐlize'dor]
productor (m)	produtor (m)	[prudu'tor]
guionista (m)	argumentista (m)	[ɐrgumẽ'tiʃtɐ]
crítico (m)	crítico (m)	['kritiku]

escritor (m)	escritor (m)	[əʃkri'tor]
poeta (m)	poeta (m)	[pu'ɛtɐ]
escultor (m)	escultor (m)	[əʃkul'tor]
pintor (m)	pintor (m)	[pĩ'tor]

malabarista (m)	malabarista (m)	[mɐlɐbɐ'riʃtɐ]
payaso (m)	palhaço (m)	[pɐ'ʎasu]
acróbata (m)	acrobata (m)	[ɐkru'batɐ]
ilusionista (m)	mágico (m)	['maʒiku]

130. Profesiones diversas

médico (m)	médico (m)	['mɛdiku]
enfermera (f)	enfermeira (f)	[ẽfər'mejrɐ]
psiquiatra (m)	psiquiatra (m)	[psiki'atrɐ]
dentista (m)	estomatologista (m)	[əʃtumɐtulu'ʒiʃtɐ]
cirujano (m)	cirurgião (m)	[sirur'ʒjãu]

astronauta (m)	astronauta (m)	[eʃtrɔ'naute]
astrónomo (m)	astrónomo (m)	[e'ʃtrɔnumu]
piloto (m)	piloto (m)	[pi'lotu]

conductor (m) (chófer)	motorista (m)	[mutu'riʃte]
maquinista (m)	maquinista (m)	[mɐki'niʃte]
mecánico (m)	mecânico (m)	[mə'keniku]

minero (m)	mineiro (m)	[mi'nejru]
obrero (m)	operário (m)	[ɔpə'rariu]
cerrajero (m)	serralheiro (m)	[sɐʀɐ'ʎejru]
carpintero (m)	marceneiro (m)	[mɐrsə'nejru]
tornero (m)	torneiro (m)	[tur'nejru]
albañil (m)	construtor (m)	[kõʃtru'tor]
soldador (m)	soldador (m)	[soldɐ'dor]

profesor (m) (título)	professor (m) catedrático	[prufɐ'sor ketə'dratiku]
arquitecto (m)	arquiteto (m)	[ɐrki'tɛtu]
historiador (m)	historiador (m)	[iʃturiɐ'dor]
científico (m)	cientista (m)	[siɐ̃'tiʃte]
físico (m)	físico (m)	['fiziku]
químico (m)	químico (m)	['kimiku]

arqueólogo (m)	arqueólogo (m)	[ɐr'kjɔlugu]
geólogo (m)	geólogo (m)	[ʒj'ɔlugu]
investigador (m)	pesquisador (m)	[pəʃkizɐ'dor]

niñera (f)	babysitter (f)	[bɐbisi'ter]
pedagogo (m)	professor (m)	[prufə'sor]

redactor (m)	redator (m)	[ʀədɐ'tor]
redactor jefe (m)	redator-chefe (m)	[ʀədɐ'tor 'ʃɛfə]
corresponsal (m)	correspondente (m)	[kuʀəʃpõ'dẽtə]
mecanógrafa (f)	datilógrafa (f)	[dɐti'lɔgrɐfe]

diseñador (m)	designer (m)	[di'zajnɐr]
especialista (m) en ordenadores	especialista (m) em informática	[əʃpəsiɐ'liʃte ən ĩfur'matike]
programador (m)	programador (m)	[prugrɐmɐ'dor]
ingeniero (m)	engenheiro (m)	[ẽʒə'ɲejru]

marino (m)	marujo (m)	[mɐ'ruʒu]
marinero (m)	marinheiro (m)	[mɐri'ɲejru]
socorrista (m)	salvador (m)	[salvɐ'dor]

bombero (m)	bombeiro (m)	[bõ'bejru]
policía (m)	polícia (m)	[pu'lisiɐ]
vigilante (m) nocturno	guarda-noturno (m)	[gu'ɐrdɐ nɔ'turnu]
detective (m)	detetive (m)	[dɐtɛ'tivə]

aduanero (m)	funcionário (m) da alfândega	[fũsiu'nariu dɐ al'fãdɐgɐ]
guardaespaldas (m)	guarda-costas (m)	[gu'ɐrdɐ 'kɔʃteʃ]
guardia (m) de prisiones	guarda (m) prisional	[gu'ɐrdɐ priziu'nal]
inspector (m)	inspetor (m)	[ĩʃpɛ'tor]
deportista (m)	desportista (m)	[dəʃpur'tiʃte]
entrenador (m)	treinador (m)	[trejnɐ'dor]

carnicero (m)	talhante (m)	[te'ʎãtə]
zapatero (m)	sapateiro (m)	[sɐpɐ'tejru]
comerciante (m)	comerciante (m)	[kumər'sjãtə]
cargador (m)	carregador (m)	[kɐʀəgɐ'dor]
diseñador (m) de modas	estilista (m)	[əʃti'liʃtə]
modelo (f)	modelo (f)	[mu'delu]

131. Los trabajos. El estatus social

escolar (m)	escolar (m)	[əʃku'lar]
estudiante (m)	estudante (m)	[əʃtu'dãtə]
filósofo (m)	filósofo (m)	[fi'lɔzufu]
economista (m)	economista (m)	[ekɔnu'miʃtə]
inventor (m)	inventor (m)	[ĩvẽ'tor]
desempleado (m)	desempregado (m)	[dəzẽprə'gadu]
jubilado (m)	reformado (m)	[ʀəfur'madu]
espía (m)	espião (m)	[ə'ʃpjãu]
prisionero (m)	preso (m)	['prezu]
huelguista (m)	grevista (m)	[grɛ'viʃtə]
burócrata (m)	burocrata (m)	[buru'kratə]
viajero (m)	viajante (m)	[viɐ'ʒãtə]
homosexual (m)	homossexual (m)	[ɔmɔsɛksu'al]
hacker (m)	hacker (m)	['akɛr]
hippie (m)	hippie	['ipi]
bandido (m)	bandido (m)	[bã'didu]
sicario (m)	assassino (m) a soldo	[ɐsɐ'sinu ɐ 'soldu]
drogadicto (m)	toxicodependente (m)	[tɔksiku·dəpẽ'dẽtə]
narcotraficante (m)	traficante (m)	[trɐfi'kãtə]
prostituta (f)	prostituta (f)	[pruʃti'tutə]
chulo (m), proxeneta (m)	chulo (m)	['ʃulu]
brujo (m)	bruxo (m)	['bruʃu]
bruja (f)	bruxa (f)	['bruʃə]
pirata (m)	pirata (m)	[pi'ratə]
esclavo (m)	escravo (m)	[ə'ʃkravu]
samurai (m)	samurai (m)	[sɐmu'raj]
salvaje (m)	selvagem (m)	[sɛ'lvaʒẽj]

Los deportes

deportista (m)	**desportista** (m)	[dəʃpur'tiʃte]
tipo (m) de deporte	**tipo** (m) **de desporto**	['tipu də də'ʃportu]
baloncesto (m)	**basquetebol** (m)	[beʃkɛtə'bɔl]
baloncestista (m)	**jogador** (m) **de basquetebol**	[ʒuge'dor də beʃkɛtə'bɔl]
béisbol (m)	**beisebol** (m)	['bɛjzbɔl]
beisbolista (m)	**jogador** (m) **de beisebol**	[ʒuge'dor də 'bɛjzbɔl]
fútbol (m)	**futebol** (m)	[futə'bɔl]
futbolista (m)	**futebolista** (m)	[futəbu'liʃte]
portero (m)	**guarda-redes** (m)	[gu'ardɐ 'ʀedəʃ]
hockey (m)	**hóquei** (m)	['ɔkɐj]
jugador (m) de hockey	**jogador** (m) **de hóquei**	[ʒuge'dor də 'ɔkɐj]
voleibol (m)	**voleibol** (m)	[vɔlɐj'bɔl]
voleibolista (m)	**jogador** (m) **de voleibol**	[ʒuge'dor də vɔlɐj'bɔl]
boxeo (m)	**boxe** (m)	['bɔksə]
boxeador (m)	**boxeador, pugilista** (m)	[boʃie'dor], [puʒi'liʃte]
lucha (f)	**luta** (f)	['lute]
luchador (m)	**lutador** (m)	[lute'dor]
kárate (m)	**karaté** (m)	[kara'tɛ]
karateka (m)	**karateca** (m)	[kɐrɐ'tɛke]
judo (m)	**judo** (m)	['ʒudu]
judoka (m)	**judoca** (m)	[ʒu'dɔkɐ]
tenis (m)	**ténis** (m)	['tɛniʃ]
tenista (m)	**tenista** (m)	[tɛ'niʃte]
natación (f)	**natação** (f)	[nɐte'sãu]
nadador (m)	**nadador** (m)	[nɐde'dor]
esgrima (f)	**esgrima** (f)	[ə'ʒgrime]
esgrimidor (m)	**esgrimista** (m)	[əʒgri'miʃte]
ajedrez (m)	**xadrez** (m)	[ʃe'dreʃ]
ajedrecista (m)	**xadrezista** (m)	[ʃedrə'ziʃte]
alpinismo (m)	**alpinismo** (m)	[alpi'niʒmu]
alpinista (m)	**alpinista** (m)	[alpi'niʃte]
carrera (f)	**corrida** (f)	[ku'ʀide]

corredor (m)	corredor (m)	[kuʀə'doɾ]
atletismo (m)	atletismo (m)	[ɐtlɛ'tiʒmu]
atleta (m)	atleta (m)	[ɐt'lɛtɐ]

| deporte (m) hípico | hipismo (m) | [i'piʒmu] |
| jinete (m) | cavaleiro (m) | [kɐvɐ'lɐjɾu] |

patinaje (m) artístico	patinagem (f) artística	[pɐti'naʒẽʲ ɐɾ'tiʃtikɐ]
patinador (m)	patinador (m)	[pɐtinɐ'doɾ]
patinadora (f)	patinadora (f)	[pɐtinɐ'doɾɐ]

| levantamiento (m) de pesas | halterofilismo (m) | [altɛɾofi'liʒmu] |
| levantador (m) de pesas | halterofilista (m) | [altɛɾofi'liʃtɐ] |

| carreras (f pl) de coches | corrida (f) de carros | [ku'ʀidɐ də 'kaʀuʃ] |
| piloto (m) de carreras | piloto (m) | [pi'lotu] |

| ciclismo (m) | ciclismo (m) | [sik'liʒmu] |
| ciclista (m) | ciclista (m) | [sik'liʃtɐ] |

salto (m) de longitud	salto (m) em comprimento	['saltu ẽ kõpɾi'mẽtu]
salto (m) con pértiga	salto (m) à vara	['saltu a 'vaɾɐ]
saltador (m)	atleta (m) de saltos	[ɐt'lɛtɐ də 'saltuʃ]

133. Tipos de deportes. Miscelánea

fútbol (m) americano	futebol (m) americano	[futɐ'bɔl ɐmɐɾi'kɐnu]
bádminton (m)	badminton (m)	[bad'mĩtɔn]
biatlón (m)	biatlo (m)	['bjatlu]
billar (m)	bilhar (m)	[bi'ʎaɾ]

bobsleigh (m)	bobsled (m)	['bɔbsled]
culturismo (m)	musculação (f)	[muʃkulɐ'sãu]
waterpolo (m)	polo (m) aquático	['pɔlu ɐku'atiku]
balonmano (m)	andebol (m)	[ãdɐ'bɔl]
golf (m)	golfe (m)	['golfɐ]
remo (m)	remo (m)	['ʀɛmu]
buceo (m)	mergulho (m)	[mɐɾ'guʎu]
esquí (m) de fondo	corrida (f) de esqui	[ku'ʀidɐ də ə'ʃki]
tenis (m) de mesa	ténis (m) de mesa	['tɛniʃ də 'mezɐ]

vela (f)	vela (f)	['vɛlɐ]
rally (m)	rali (m)	[ʀɐ'li]
rugby (m)	râguebi (m)	['ʀɐgbi]
snowboarding (m)	snowboard (m)	[snou'bɔɾd]
tiro (m) con arco	tiro (m) com arco	['tiru kõ 'aɾku]

134. El gimnasio

| barra (f) de pesas | barra (f) | ['baʀɐ] |
| pesas (f pl) | halteres (m pl) | [al'tɛɾəʃ] |

aparato (m) de ejercicios	aparelho (m) de musculaçao	[epe'reʌu də muʃkule'seu]
bicicleta (f) estática	bicicleta (f) ergométrica	[bisik'lɛte ergu'mɛtrike]
cinta (f) de correr	passadeira (f) de corrida	[pese'dejre də ku'ʀide]
barra (f) fija	barra (f) fixa	['baʀe 'fikse]
barras (f pl) paralelas	barras (f pl) paralelas	['baʀeʃ pere'lɛleʃ]
potro (m)	cavalo (m)	[ke'valu]
colchoneta (f)	tapete (m) de ginástica	[te'pete də ʒi'naʃtike]
comba (f)	corda (f) de saltar	['kɔrde də sal'tar]
aeróbica (f)	aeróbica (f)	[eɛ'rɔbike]
yoga (m)	ioga (f)	['jɔge]

135. El hóckey

hockey (m)	hóquei (m)	['ɔkej]
jugador (m) de hockey	jogador (m) de hóquei	[ʒuge'dor də 'ɔkej]
jugar al hockey	jogar hóquei	[ʒu'gar 'ɔkej]
hielo (m)	gelo (m)	['ʒelu]
disco (m)	disco (m)	['diʃku]
palo (m) de hockey	taco (m) de hóquei	['taku də 'ɔkej]
patines (m pl)	patins (m pl) de gelo	[pe'tiʃ də 'ʒelu]
muro (m)	muro (m)	['muru]
tiro (m)	tiro (m)	['tiru]
portero (m)	guarda-redes (m)	[gu'arde 'ʀedeʃ]
gol (m)	golo (m)	['golu]
marcar un gol	marcar um golo	[mer'kar ũ 'golu]
periodo (m)	tempo (m)	['tẽpu]
segundo periodo (m)	segundo tempo (m)	[se'gũdu 'tẽpu]
banquillo (m) de reserva	banco (m) de reservas	['bãku də ʀə'zɛrveʃ]

136. El fútbol

fútbol (m)	futebol (m)	[fute'bɔl]
futbolista (m)	futebolista (m)	[futebu'liʃte]
jugar al fútbol	jogar futebol	[ʒu'gar fute'bɔl]
liga (f) superior	Liga Principal (f)	['lige pʀĩsi'pal]
club (m) de fútbol	clube (m) de futebol	['klube də fute'bɔl]
entrenador (m)	treinador (m)	[trejne'dor]
propietario (m)	proprietário (m)	[pruprie'tariu]
equipo (m)	equipa (f)	[e'kipe]
capitán (m) del equipo	capitão (m) da equipa	[kepi'tãu de e'kipe]
jugador (m)	jogador (m)	[ʒuge'dor]
reserva (m)	jogador (m) de reserva	[ʒuge'dor də ʀə'zɛrve]
delantero (m)	atacante (m)	[ete'kãte]
delantero (m) centro	avançado (m) centro	[evã'sadu 'sẽtru]

goleador (m)	marcador (m)	[mɐrkɐ'dor]
defensa (m)	defesa (m)	[də'fezɐ]
medio (m)	médio (m)	['mɛdiu]
match (m)	jogo (m)	['ʒogu]
encontrarse (vr)	encontrar-se (vr)	[ĕkõ'trarsə]
final (f)	final (m)	[fi'nal]
semifinal (f)	meia-final (f)	['mɐjɐ fi'nal]
campeonato (m)	campeonato (m)	[kãpiu'natu]
tiempo (m)	tempo (m)	['tĕpu]
primer tiempo (m)	primeiro tempo (m)	[pri'mɐjru 'tĕpu]
descanso (m)	intervalo (m)	[ĩtər'valu]
puerta (f)	baliza (f)	[bɐ'lizɐ]
portero (m)	guarda-redes (m)	[gu'ardɐ 'ʀedəʃ]
poste (m)	trave (f)	['travə]
larguero (m)	barra (f) transversal	['baʀɐ trãzver'saw]
red (f)	rede (f)	['ʀedə]
recibir un gol	sofrer um golo	[su'frer ũ 'golu]
balón (m)	bola (f)	['bolɐ]
pase (m)	passe (m)	['pasə]
tiro (m)	chute (m)	['ʃutə]
lanzar un tiro	chutar (vt)	[ʃu'tar]
tiro (m) de castigo	tiro (m) livre	['tiru 'livrə]
saque (m) de esquina	canto (m)	['kãtu]
ataque (m)	ataque (m)	[ɐ'takə]
contraataque (m)	contra-ataque (m)	['kõtrɐ ɐ'takə]
combinación (f)	combinação (f)	[kõbinɐ'sãu]
árbitro (m)	árbitro (m)	['arbitru]
silbar (vi)	apitar (vi)	[ɐpi'tar]
silbato (m)	apito (m)	[ɐ'pitu]
infracción (f)	falta (f)	['faltɐ]
cometer una infracción	cometer a falta	[kumɐ'ter ɐ 'faltɐ]
expulsar del campo	expulsar (vt)	[əʃpu'lsar]
tarjeta (f) amarilla	cartão (m) amarelo	[kɐr'tãu ɐmɐ'rɛlu]
tarjeta (f) roja	cartão (m) vermelho	[kɐr'tãu vər'mɐʎu]
descalificación (f)	desqualificação (f)	[dəʃkuɐlifikɐ'sãu]
descalificar (vt)	desqualificar (vt)	[dəʃkuɐlifi'kar]
penalti (m)	penálti (m)	[pə'nalti]
barrera (f)	barreira (f)	[bɐ'ʀɐjrɐ]
meter un gol	marcar (vt)	[mɐr'kar]
gol (m)	golo (m)	['golu]
marcar un gol	marcar um golo	[mɐr'kar ũ 'golu]
reemplazo (m)	substituição (f)	[subʃtitui'sãu]
reemplazar (vt)	substituir (vt)	[subʃtitu'ir]
reglas (f pl)	regras (f pl)	['ʀɛgrəʃ]
táctica (f)	tática (f)	['tatikɐ]

estadio (m)	estádio (m)	[ə'ʃtadiu]
gradería (f)	bancadas (f pl)	[bã'kadeʃ]
hincha (m)	fã, adepto (m)	[fã], [e'dɛptu]
gritar (vi)	gritar (vi)	[gri'tar]

| tablero (m) | marcador (m) | [mɐrkɐ'dor] |
| tanteo (m) | resultado (m) | [Rɐzul'tadu] |

derrota (f)	derrota (f)	[də'Rɔtɐ]
perder (vi)	perder (vt)	[pər'der]
empate (m)	empate (m)	[ẽ'patə]
empatar (vi)	empatar (vi)	[ẽpɐ'tar]

victoria (f)	vitória (f)	[vi'tɔriɐ]
ganar (vi)	ganhar, vencer (vi, vt)	[ga'ɲar], [vẽ'ser]
campeón (m)	campeão (m)	[kã'pjãu]
mejor (adj)	melhor	[mə'ʎɔr]
felicitar (vt)	felicitar (vt)	[fəlisi'tar]

comentarista (m)	comentador (m)	[kumẽtɐ'dor]
comentar (vt)	comentar (vt)	[kumẽ'tar]
transmisión (f)	transmissão (f)	[trãʒmi'sãu]

137. El esquí

esquís (m pl)	esqui (m)	[ə'ʃki]
esquiar (vi)	esquiar (vi)	[əʃki'ar]
estación (f) de esquí	estância (f) de esqui	[ə'ʃtãsiɐ də ə'ʃki]
telesquí (m)	teleférico (m)	[tələ'fɛriku]

bastones (m pl)	bastões (m pl) de esqui	[bɐ'ʃtoɪʃ də ə'ʃki]
cuesta (f)	declive (m)	[dək'livə]
eslalon (m)	slalom (m)	['slalom]

138. El tenis. El golf

golf (m)	golfe (m)	['golfə]
club (m) de golf	clube (m) de golfe	['klubə də 'golfə]
jugador (m) de golf	jogador (m) de golfe	[ʒugɐ'dor də 'golfə]

hoyo (m)	buraco (m)	[bu'raku]
palo (m)	taco (m)	['taku]
carro (m) de golf	trolley (m)	['troli]

| tenis (m) | ténis (m) | ['tɛniʃ] |
| cancha (f) de tenis | quadra (f) de ténis | [ku'adrɐ də 'tɛniʃ] |

saque (m)	saque (m)	['sakə]
sacar (servir)	sacar (vi)	[sɐ'kar]
raqueta (f)	raquete (f)	[Rɐ'kɛtə]
red (f)	rede (f)	['Redə]
pelota (f)	bola (f)	['bɔlɐ]

139. El ajedrez

ajedrez (m)	xadrez (m)	[ʃeˈdreʃ]
piezas (f pl)	peças (f pl)	[ˈpɛseʃ]
ajedrecista (m)	xadrezista (m)	[ʃedrəˈziʃte]
tablero (m) de ajedrez	tabuleiro (m) de xadrez	[tɐbuˈlejru də ʃeˈdreʃ]
pieza (f)	peça (f)	[ˈpɛse]

| blancas (f pl) | brancas (f pl) | [ˈbrãkeʃ] |
| negras (f pl) | pretas (f pl) | [ˈpreteʃ] |

peón (m)	peão (m)	[ˈpjãu]
alfil (m)	bispo (m)	[ˈbiʃpu]
caballo (m)	cavalo (m)	[kɐˈvalu]
torre (f)	torre (f)	[ˈtoʀə]
reina (f)	dama (f)	[ˈdɐmɐ]
rey (m)	rei (m)	[ʀɐj]

jugada (f)	vez (f)	[veʒ]
jugar (mover una pieza)	mover (vt)	[muˈver]
sacrificar (vt)	sacrificar (vt)	[sɐkrifiˈkar]
enroque (m)	roque (m)	[ˈʀɔkə]
jaque (m)	xeque (m)	[ˈʃɛkə]
mate (m)	xeque-mate (m)	[ˈʃɛkə ˈmatə]

torneo (m) de ajedrez	torneio (m) de xadrez	[turˈnɐju də ʃeˈdreʃ]
gran maestro (m)	grão-mestre (m)	[ˈgrãu ˈmɛʃtrə]
combinación (f)	combinação (f)	[kõbineˈsãu]
partida (f)	partida (f)	[pɐrˈtidɐ]
damas (f pl)	jogo (m) de damas	[ˈʒogu də ˈdɐmeʃ]

140. El boxeo

boxeo (m)	boxe (m)	[ˈbɔksə]
combate (m) (~ de boxeo)	combate (m)	[kõˈbatə]
pelea (f) de boxeo	duelo (m)	[duˈɛlu]
asalto (m)	round (m)	[ˈʀaũd]

| cuadrilátero (m) | ringue (m) | [ˈʀĩgə] |
| campana (f) | gongo (m) | [ˈgõgu] |

| golpe (m) | murro, soco (m) | [ˈmuʀu], [ˈsoku] |
| knockdown (m) | knockdown (m) | [ˈknɔkdoun] |

| nocaut (m) | nocaute (m) | [nɔˈkautə] |
| noquear (vt) | nocautear (vt) | [nɔkauˈtjar] |

| guante (m) de boxeo | luva (f) de boxe | [ˈluvə də ˈbɔksə] |
| árbitro (m) | árbitro (m) | [ˈarbitru] |

peso (m) ligero	peso-leve (m)	[ˈpezu ˈlɛvə]
peso (m) medio	peso-médio (m)	[ˈpezu ˈmɛdiu]
peso (m) pesado	peso-pesado (m)	[ˈpezu pəˈzadu]

141. Los deportes. Miscelánea

Juegos (m pl) Olímpicos	Jogos (m pl) Olímpicos	[ˈʒɔguʃ ɔˈlĩpikuʃ]
vencedor (m)	vencedor (m)	[vẽsəˈdor]
vencer (vi)	vencer (vi)	[vẽˈser]
ganar (vi)	vencer, ganhar (vi)	[vẽˈser], [gaˈɲar]
líder (m)	líder (m)	[ˈlidɛr]
liderar (vt)	liderar (vt)	[lidəˈrar]
primer puesto (m)	primeiro lugar (m)	[priˈmejru luˈgar]
segundo puesto (m)	segundo lugar (m)	[səˈgũdu luˈgar]
tercer puesto (m)	terceiro lugar (m)	[tərˈsejru luˈgar]
medalla (f)	medalha (f)	[məˈdaʎɐ]
trofeo (m)	troféu (m)	[truˈfɛu]
copa (f) (trofeo)	taça (f)	[ˈtasɐ]
premio (m)	prémio (m)	[ˈprɛmiu]
premio (m) principal	prémio (m) principal	[ˈprɛmiu prĩsiˈpal]
record (m)	recorde (m)	[Rəˈkɔrdə]
establecer un record	estabelecer um recorde	[əʃtebələˈser ũ Rəˈkɔrdə]
final (m)	final (m)	[fiˈnal]
de final (adj)	final	[fiˈnal]
campeón (m)	campeão (m)	[kãˈpjãu]
campeonato (m)	campeonato (m)	[kãpiuˈnatu]
estadio (m)	estádio (m)	[əˈʃtadiu]
gradería (f)	bancadas (f pl)	[bãˈkadəʃ]
hincha (m)	fã, adepto (m)	[fã], [eˈdɛptu]
adversario (m)	adversário (m)	[edvərˈsariu]
arrancadero (m)	partida (f)	[pərˈtidɐ]
línea (f) de meta	chegada, meta (f)	[ʃəˈgadɐ], [ˈmɛtɐ]
derrota (f)	derrota (f)	[dəˈRɔtɐ]
perder (vi)	perder (vt)	[pərˈder]
árbitro (m)	árbitro (m)	[ˈarbitru]
jurado (m)	júri (m)	[ˈʒuri]
cuenta (f)	resultado (m)	[Rəzulˈtadu]
empate (m)	empate (m)	[ẽˈpatə]
empatar (vi)	empatar (vi)	[ẽpeˈtar]
punto (m)	ponto (m)	[ˈpõtu]
resultado (m)	resultado (m) final	[Rəzulˈtadu fiˈnal]
tiempo (m)	tempo, período (m)	[ˈtẽpu pəˈriwdu]
descanso (m)	intervalo (m)	[ĩtərˈvalu]
droga (f), doping (m)	doping (m)	[ˈdopĩg]
penalizar (vt)	penalizar (vt)	[pəneliˈzar]
descalificar (vt)	desqualificar (vt)	[dəʃkuelifiˈkar]
aparato (m)	aparelho (m)	[epeˈreʎu]
jabalina (f)	dardo (m)	[ˈdardu]

| peso (m) (lanzamiento de ~) | **peso** (m) | ['pezu] |
| bola (f) (billar, etc.) | **bola** (f) | ['bɔlɐ] |

objetivo (m)	**alvo** (m)	['alvu]
blanco (m)	**alvo** (m)	['alvu]
tirar (vi)	**atirar, disparar** (vi)	[ɐti'rar], [diʃpɐ'rar]
preciso (~ disparo)	**preciso**	[prə'sizu]

entrenador (m)	**treinador** (m)	[trɐjnɐ'dor]
entrenar (vt)	**treinar** (vt)	[trɐj'nar]
entrenarse (vr)	**treinar-se** (vr)	[trɐj'narsə]
entrenamiento (m)	**treino** (m)	['trɐjnu]

gimnasio (m)	**ginásio** (m)	[ʒi'naziu]
ejercicio (m)	**exercício** (m)	[ezər'sisiu]
calentamiento (m)	**aquecimento** (m)	[ɐkɛsi'mẽtu]

La educación

escuela (f)	escola (f)	[ə'ʃkɔle]
director (m) de escuela	diretor (m) de escola	[dirɛ'tor də ə'ʃkɔle]
alumno (m)	aluno (m)	[e'lunu]
alumna (f)	aluna (f)	[e'lune]
escolar (m)	escolar (m)	[əʃku'lar]
escolar (f)	escolar (f)	[əʃku'lar]
enseñar (vt)	ensinar (vt)	[ēsi'nar]
aprender (ingles, etc.)	aprender (vt)	[eprē'der]
aprender de memoria	aprender de cor	[eprē'der də kor]
aprender (a leer, etc.)	estudar (vi)	[əʃtu'dar]
estar en la escuela	andar na escola	[ādar ne ə'ʃkɔle]
ir a la escuela	ir à escola	[ir a ə'ʃkɔle]
alfabeto (m)	alfabeto (m)	[alfe'bɛtu]
materia (f)	disciplina (f)	[diʃsi'pline]
aula (f)	sala (f) de aula	['sale də 'aule]
lección (f)	lição, aula (f)	[li'sãu], ['aule]
recreo (m)	recreio (m)	[Rə'kreju]
campana (f)	toque (m)	['tɔkə]
pupitre (m)	carteira (f)	[ker'tejre]
pizarra (f)	quadro (m) negro	[ku'adru 'negru]
nota (f)	nota (f)	['nɔte]
buena nota (f)	boa nota (f)	['boe 'nɔte]
mala nota (f)	nota (f) baixa	['nɔte 'baɪʃe]
poner una nota	dar uma nota	[dar 'ume 'nɔte]
falta (f)	erro (m)	['eRu]
hacer faltas	fazer erros	[fe'zer 'eRuʃ]
corregir (un error)	corrigir (vt)	[kuRi'ʒir]
chuleta (f)	cábula (f)	['kabule]
deberes (m pl) de casa	dever (m) de casa	[də'ver də 'kaze]
ejercicio (m)	exercício (m)	[ezər'sisiu]
estar presente	estar presente	[ə'ʃtar prə'zētə]
estar ausente	estar ausente	[ə'ʃtar au'zētə]
faltar a las clases	faltar às aulas	[fal'tar aʃ 'auleʃ]
castigar (vt)	punir (vt)	[pu'nir]
castigo (m)	punição (f)	[puni'sãu]
conducta (f)	comportamento (m)	[kõpurte'mētu]

libreta (f) de notas	**boletim** (m) **escolar**	[bulə'tĩ əʃku'lar]
lápiz (m)	**lápis** (m)	['lapiʃ]
goma (f) de borrar	**borracha** (f)	[bu'Raʃe]
tiza (f)	**giz** (m)	[ʒiʃ]
cartuchera (f)	**estojo** (m)	[ə'ʃtoʒu]

mochila (f)	**pasta** (f) **escolar**	['paʃtɐ əʃku'lar]
bolígrafo (m)	**caneta** (f)	[kɐ'netɐ]
cuaderno (m)	**caderno** (m)	[kɐ'dɛrnu]
manual (m)	**manual** (m)	[mɐnu'al]
compás (m)	**compasso** (m)	[kõ'pasu]

trazar (vi, vt)	**traçar** (vt)	[trɐ'sar]
dibujo (m) técnico	**desenho** (m) **técnico**	[də'zɐɲu 'tɛkniku]

poema (m), poesía (f)	**poesia** (f)	[pue'ziɐ]
de memoria (adv)	**de cor**	[də kor]
aprender de memoria	**aprender de cor**	[ɐprẽ'der də kor]

vacaciones (f pl)	**férias** (f pl)	['fɛrieʃ]
estar de vacaciones	**estar de férias**	[ə'ʃtar də 'fɛrieʃ]
pasar las vacaciones	**passar as férias**	[pe'sar eʃ 'fɛrieʃ]

prueba (f) escrita	**teste** (m)	['tɛʃtə]
composición (f)	**composição, redação** (f)	[kõpuzi'sãu], [Rədɐ'sãu]
dictado (m)	**ditado** (m)	[di'tadu]
examen (m)	**exame** (m)	[e'zɐmə]
hacer un examen	**fazer exame**	[fɐ'zer e'zɐmə]
experimento (m)	**experiência** (f)	[əʃpə'rjẽsie]

143. Los institutos. La Universidad

academia (f)	**academia** (f)	[ɐkɐdə'miɐ]
universidad (f)	**universidade** (f)	[univərsi'dadə]
facultad (f)	**faculdade** (f)	[fɐkul'dadə]

estudiante (m)	**estudante** (m)	[əʃtu'dãtə]
estudiante (f)	**estudante** (f)	[əʃtu'dãtə]
profesor (m)	**professor** (m)	[prufə'sor]

aula (f)	**sala** (f) **de palestras**	['salɐ də pe'lɛʃtreʃ]
graduado (m)	**graduado** (m)	[grɐdu'adu]

diploma (m)	**diploma** (m)	[dip'lomɐ]
tesis (f) de grado	**tese** (f)	['tɛzə]

estudio (m)	**estudo** (m)	[ə'ʃtudu]
laboratorio (m)	**laboratório** (m)	[lɐbure'tɔriu]

clase (f)	**palestra** (f)	[pe'lɛʃtrɐ]
compañero (m) de curso	**colega** (m) **de curso**	[ku'lɛgɐ də 'kursu]

beca (f)	**bolsa** (f) **de estudos**	['bolsɐ də ə'ʃtuduʃ]
grado (m) académico	**grau** (m) **académico**	['grau ɐkɐ'dɛmiku]

144. Las ciencias. Las disciplinas

matemáticas (f pl)	matemática (f)	[mɐtə'matikɐ]
álgebra (f)	álgebra (f)	['alʒɐbrɐ]
geometría (f)	geometria (f)	[ʒiumə'triɐ]
astronomía (f)	astronomia (f)	[eʃtrunu'miɐ]
biología (f)	biologia (f)	[biulu'ʒiɐ]
geografía (f)	geografia (f)	[ʒiugrɐ'fiɐ]
geología (f)	geologia (f)	[ʒiulu'ʒiɐ]
historia (f)	história (f)	[i'ʃtɔriɐ]
medicina (f)	medicina (f)	[mədi'sinɐ]
pedagogía (f)	pedagogia (f)	[pədɐgu'ʒiɐ]
derecho (m)	direito (m)	[di'rɐjtu]
física (f)	física (f)	['fizikɐ]
química (f)	química (f)	['kimikɐ]
filosofía (f)	filosofia (f)	[filuzu'fiɐ]
psicología (f)	psicologia (f)	[psikulu'ʒiɐ]

145. Los sistemas de escritura. La ortografía

gramática (f)	gramática (f)	[grɐ'matikɐ]
vocabulario (m)	vocabulário (m)	[vokabu'larju]
fonética (f)	fonética (f)	[fɔ'nɛtikɐ]
sustantivo (m)	substantivo (m)	[subʃtã'tivu]
adjetivo (m)	adjetivo (m)	[edʒɛ'tivu]
verbo (m)	verbo (m)	['vɛrbu]
adverbio (m)	advérbio (m)	[ed'vɛrbiu]
pronombre (m)	pronome (m)	[pru'nomə]
interjección (f)	interjeição (f)	[ĩtɛrʒej'sãu]
preposición (f)	preposição (f)	[prəpuzi'sãu]
raíz (f), radical (m)	raiz (f)	[rɐ'iʃ]
desinencia (f)	terminação (f)	[tərminɐ'sãu]
prefijo (m)	prefixo (m)	[prə'fiksu]
sílaba (f)	sílaba (f)	['silɐbɐ]
sufijo (m)	sufixo (m)	[su'fiksu]
acento (m)	acento (m)	[ɐ'sẽtu]
apóstrofo (m)	apóstrofo (m)	[ɐ'pɔʃtrofu]
punto (m)	ponto (m)	['põtu]
coma (m)	vírgula (f)	['virgulɐ]
punto y coma	ponto e vírgula (m)	['põtu ə 'virgulɐ]
dos puntos (m pl)	dois pontos (m pl)	['dojʃ 'põtuʃ]
puntos (m pl) suspensivos	reticências (f pl)	[rɐti'sẽsiɐʃ]
signo (m) de interrogación	ponto (m) de interrogação	['põtu də ĩtɐrugɐ'sãu]
signo (m) de admiración	ponto (m) de exclamação	['põtu də əʃklɐmɐ'sãu]

comillas (f pl)	aspas (f pl)	['aʃpeʃ]
entre comillas	entre aspas	[ẽtrə 'aʃpeʃ]
paréntesis (m)	parênteses (m pl)	[pe'rẽtəzəʃ]
entre paréntesis	entre parênteses	[ẽtrə pe'rẽtəzəʃ]
guión (m)	hífen (m)	['ifɛn]
raya (f)	travessão (m)	[trevə'sãu]
blanco (m)	espaço (m)	[ə'ʃpasu]
letra (f)	letra (f)	['letrɐ]
letra (f) mayúscula	letra (f) maiúscula	['letrɐ me'juʃkulɐ]
vocal (f)	vogal (f)	[vu'gal]
consonante (m)	consoante (f)	[kõsu'ãtə]
oración (f)	frase (f)	['frazə]
sujeto (m)	sujeito (m)	[su'ʒejtu]
predicado (m)	predicado (m)	[prədi'kadu]
línea (f)	linha (f)	['liɲə]
en una nueva línea	em uma nova linha	[ɛn 'umɐ 'nɔvɐ 'liɲɐ]
párrafo (m)	parágrafo (m)	[pe'ragrɐfu]
palabra (f)	palavra (f)	[pe'lavrɐ]
combinación (f) de palabras	grupo (m) de palavras	['grupu də pe'lavrɐʃ]
expresión (f)	expressão (f)	[əʃprə'sãu]
sinónimo (m)	sinónimo (m)	[si'nɔnimu]
antónimo (m)	antónimo (m)	[ã'tɔnimu]
regla (f)	regra (f)	['ʀɛgrɐ]
excepción (f)	exceção (f)	[əʃsɛ'sãu]
correcto (adj)	correto	[ku'ʀɛtu]
conjugación (f)	conjugação (f)	[kõʒugɐ'sãu]
declinación (f)	declinação (f)	[dəklinɐ'sãu]
caso (m)	caso (m)	['kazu]
pregunta (f)	pergunta (f)	[pər'gũtɐ]
subrayar (vt)	sublinhar (vt)	[subli'ɲar]
línea (f) de puntos	linha (f) pontilhada	['liɲɐ põti'ʎadɐ]

146. Los idiomas extranjeros

lengua (f)	língua (f)	['lĩguɐ]
extranjero (adj)	estrangeiro	[əʃtrã'ʒejru]
lengua (f) extranjera	língua (f) estrangeira	['lĩguɐ əʃtrã'ʒejrɐ]
estudiar (vt)	estudar (vt)	[əʃtu'dar]
aprender (ingles, etc.)	aprender (vt)	[eprẽ'der]
leer (vi, vt)	ler (vt)	[ler]
hablar (vi, vt)	falar (vi)	[fe'lar]
comprender (vt)	compreender (vt)	[kõpriẽ'der]
escribir (vt)	escrever (vt)	[əʃkrə'ver]
rápidamente (adv)	rapidamente	[ʀapide'mẽtə]
lentamente (adv)	devagar	[dəve'gar]

con fluidez (adv)	**fluentemente**	[fluẽtə'mẽtə]
reglas (f pl)	**regras** (f pl)	['ʀɛgrɐʃ]
gramática (f)	**gramática** (f)	[grɐ'matikɐ]
vocabulario (m)	**vocabulário** (m)	[vokabu'larju]
fonética (f)	**fonética** (f)	[fɔ'nɛtikɐ]
manual (m)	**manual** (m)	[mɐnu'al]
diccionario (m)	**dicionário** (m)	[disiu'nariu]
manual (m) autodidáctico	**manual** (m) **de autoaprendizagem**	[mɐnu'al də 'autɔɐprẽdi'zaʒẽ']
guía (f) de conversación	**guia** (m) **de conversação**	['giɐ də kõvɐrsɐ'sãu]
casete (m)	**cassete** (f)	[ka'sɛtə]
videocasete (f)	**vídeo cassete** (m)	['vidiu ka'sɛtə]
disco compacto, CD (m)	**CD, disco** (m) **compacto**	['sɛdɛ], ['diʃku kõ'paktu]
DVD (m)	**DVD** (m)	[dɛvɛ'dɛ]
alfabeto (m)	**alfabeto** (m)	[alfɐ'bɛtu]
deletrear (vt)	**soletrar** (vt)	[sulə'trar]
pronunciación (f)	**pronúncia** (f)	[pru'nũsiɐ]
acento (m)	**sotaque** (m)	[su'takə]
con acento	**com sotaque**	[kõ su'takə]
sin acento	**sem sotaque**	[sẽ su'takə]
palabra (f)	**palavra** (f)	[pɐ'lavrɐ]
significado (m)	**sentido** (m)	[sẽ'tidu]
cursos (m pl)	**cursos** (m pl)	['kursuʃ]
inscribirse (vr)	**inscrever-se** (vr)	[ĩʃkrə'versə]
profesor (m) (~ de inglés)	**professor** (m)	[prufə'sor]
traducción (f) (proceso)	**tradução** (f)	[trɐdu'sãu]
traducción (f) (texto)	**tradução** (f)	[trɐdu'sãu]
traductor (m)	**tradutor** (m)	[trɐdu'tor]
intérprete (m)	**intérprete** (m)	[ĩ'tɛrprətə]
políglota (m)	**poliglota** (m)	[pɔli'glɔtə]
memoria (f)	**memória** (f)	[mə'mɔriɐ]

147. Los personajes de los cuentos de hadas

Papá Noel (m)	**Pai Natal** (m)	[paj nɐ'tal]
Cenicienta (f)	**Cinderela** (f)	[sĩdə'rɛlɐ]
sirena (f)	**sereia** (f)	[sə'rejɐ]
Neptuno (m)	**Neptuno** (m)	[nɛp'tunu]
mago (m)	**mago** (m)	['magu]
maga (f)	**fada** (f)	['fadɐ]
mágico (adj)	**mágico**	['maʒiku]
varita (f) mágica	**varinha** (f) **mágica**	[vɐ'riɲɐ 'maʒikɐ]
cuento (m) de hadas	**conto** (m) **de fadas**	['kõtu də 'fadɐʃ]
milagro (m)	**milagre** (m)	[mi'lagrə]

| enano (m) | anão (m) | [e'nãu] |
| transformarse en … | transformar-se em … | [trãʃfur'marsə ɛn] |

espíritu (m) (fantasma)	espetro (m)	[ə'ʃpɛtru]
fantasma (m)	fantasma (m)	[fã'taʒme]
monstruo (m)	monstro (m)	['mõʃtru]
dragón (m)	dragão (m)	[dre'gãu]
gigante (m)	gigante (m)	[ʒi'gãtə]

148. Los signos de zodiaco

Aries (m)	Carneiro	[ker'nejru]
Tauro (m)	Touro	['toru]
Géminis (m pl)	Gémeos	['ʒɛmiuʃ]
Cáncer (m)	Caranguejo	[kerã'geʒu]
Leo (m)	Leão	[lj'ãu]
Virgo (m)	Virgem (f)	['virʒẽʲ]

Libra (f)	Balança	[be'lãsə]
Escorpio (m)	Escorpião	[əʃkur'pjãu]
Sagitario (m)	Sagitário	[seʒi'tariu]
Capricornio (m)	Capricórnio	[kepri'kɔrniu]
Acuario (m)	Aquário	[eku'ariu]
Piscis (m pl)	Peixes	['peɪʃeʃ]

carácter (m)	caráter (m)	[ke'ratɛr]
rasgos (m pl) de carácter	traços (m pl) do caráter	['trasuʃ du ke'ratɛr]
conducta (f)	comportamento (m)	[kõpurte'mẽtu]
decir la buenaventura	predizer (vt)	[prədi'zer]
adivinadora (f)	adivinha (f)	[edi'viɲe]
horóscopo (m)	horóscopo (m)	[ɔ'rɔʃkupu]

El arte

teatro (m)	teatro (m)	[təˈatru]
ópera (f)	ópera (f)	[ˈɔpəɾɐ]
opereta (f)	opereta (f)	[ɔpəˈretɐ]
ballet (m)	balé (m)	[bɐˈlɛ]
cartelera (f)	cartaz (m)	[keɾˈtaʃ]
compañía (f) de teatro	companhia (f) teatral	[kõpɐˈɲiɐ tiɐˈtɾal]
gira (f) artística	turné (f), digressão (m)	[tuɾˈnɛ], [digɾəˈsãu]
hacer una gira artística	estar em turné	[əˈʃtaɾ ẽ tuɾˈnɛ]
ensayar (vi, vt)	ensaiar (vt)	[ẽsaˈjaɾ]
ensayo (m)	ensaio (m)	[ẽˈsaju]
repertorio (m)	repertório (m)	[ʀəpəɾˈtɔriu]
representación (f)	apresentação (f)	[ɐpɾəzẽteˈsãu]
espectáculo (m)	espetáculo (m)	[əʃpɛˈtakulu]
pieza (f) de teatro	peça (f)	[ˈpɛsɐ]
billet (m)	bilhete (m)	[biˈʎetə]
taquilla (f)	bilheteira (f)	[biʎəˈtejɾɐ]
vestíbulo (m)	hall (m)	[ɔl]
guardarropa (f)	guarda-roupa (m)	[guaɾdɐ ˈʀopɐ]
ficha (f) de guardarropa	senha (f) numerada	[ˈseɲɐ numəˈradɐ]
gemelos (m pl)	binóculo (m)	[biˈnɔkulu]
acomodador (m)	lanterninha (m)	[lãtəɾˈniɲɐ]
patio (m) de butacas	plateia (f)	[plɐˈtejɐ]
balconcillo (m)	balcão (m)	[balˈkãu]
entresuelo (m)	primeiro balcão (m)	[priˈmejɾu baˈlkãu]
palco (m)	camarote (m)	[keməˈɾɔtə]
fila (f)	fila (f)	[ˈfilɐ]
asiento (m)	assento (m)	[eˈsẽtu]
público (m)	público (m)	[ˈpubliku]
espectador (m)	espetador (m)	[əʃpətɐˈdor]
aplaudir (vi, vt)	aplaudir (vt)	[eplauˈdir]
aplausos (m pl)	aplausos (m pl)	[ɐpˈlauzuʃ]
ovación (f)	ovação (f)	[ɔvɐˈsãu]
escenario (m)	palco (m)	[ˈpalku]
telón (m)	pano (m) de boca	[ˈpɐnu də ˈbokɐ]
decoración (f)	cenário (m)	[səˈnariu]
bastidores (m pl)	bastidores (m pl)	[bəʃtiˈdorəʃ]
escena (f)	cena (f)	[ˈsenɐ]
acto (m)	ato (m)	[ˈatu]
entreacto (m)	entreato (m)	[ẽˈtrjatu]

150. El cine

actor (m)	ator (m)	[a'tor]
actriz (f)	atriz (f)	[e'triʃ]
cine (m) (industria)	cinema (m)	[si'neme]
película (f)	filme (m)	['filme]
episodio (m)	episódio (m)	[epi'zɔdiu]
película (f) policíaca	filme (m) policial	['filme puli'sjal]
película (f) de acción	filme (m) de ação	['filme de a'sãu]
película (f) de aventura	filme (m) de aventuras	['filme de evẽ'tureʃ]
película (f) de ciencia ficción	filme (m) de ficção científica	['filme de fi'ksãu siẽ'tifike]
película (f) de horror	filme (m) de terror	['filme de te'ʀor]
película (f) cómica	comédia (f)	[ku'mɛdie]
melodrama (m)	melodrama (m)	[mɛlɔ'dʀeme]
drama (m)	drama (m)	['dʀeme]
película (f) de ficción	filme (m) ficcional	['filme fiksiu'nal]
documental (m)	documentário (m)	[dukumẽ'tariu]
dibujos (m pl) animados	desenho (m) animado	[de'zeɲu eni'madu]
cine (m) mudo	cinema (m) mudo	[si'neme 'mudu]
papel (m)	papel (m)	[pe'pɛl]
papel (m) principal	papel (m) principal	[pe'pɛl pʀĩsi'pal]
interpretar (vt)	representar (vt)	[ʀepʀezẽ'tar]
estrella (f) de cine	estrela (f) de cinema	[e'ʃtrele de si'neme]
conocido (adj)	conhecido	[kuɲe'sidu]
famoso (adj)	famoso	[fe'mozu]
popular (adj)	popular	[pupu'lar]
guión (m) de cine	argumento (m)	[eʀgu'mẽtu]
guionista (m)	argumentista (m)	[eʀgumẽ'tiʃte]
director (m) de cine	realizador (m)	[ʀielize'dor]
productor (m)	produtor (m)	[prudu'tor]
asistente (m)	assistente (m)	[esi'ʃtẽte]
operador (m) de cámara	diretor (m) de fotografia	[dirɛ'tor de futugʀe'fie]
doble (m) de riesgo	duplo (m)	['duplu]
doble (m)	duplo (m)	['duplu]
filmar una película	filmar (vt)	[fil'mar]
audición (f)	audição (f)	[audi'sãu]
rodaje (m)	filmagem (f)	[fil'maʒẽʲ]
equipo (m) de rodaje	equipe (f) de filmagem	[e'kipe de fil'maʒẽʲ]
plató (m) de rodaje	set (m) de filmagem	['sɛte de fil'maʒẽʲ]
cámara (f)	câmara (f)	['kemere]
cine (m) (iremos al ~)	cinema (m)	[si'neme]
pantalla (f)	ecrã (m), tela (f)	[ɛ'krã], ['tɛle]
mostrar la película	exibir um filme	[ezi'bir ũ 'filme]
pista (f) sonora	pista (f) sonora	['piʃte su'nɔre]
efectos (m pl) especiales	efeitos (m pl) especiais	[e'fejtuʃ eʃpe'sjaiʃ]

subtítulos (m pl)	legendas (f pl)	[lə'ʒẽdeʃ]
créditos (m pl)	crédito (m)	['krɛditu]
traducción (f)	tradução (f)	[tredu'sãu]

151. La pintura

arte (m)	arte (f)	['artə]
bellas-artes (f pl)	belas-artes (f pl)	[bɛlɐ'zartəʃ]
galería (f) de arte	galeria (f) de arte	[gelə'riɐ də 'artə]
exposición (f) de arte	exposição (f) de arte	[əʃpuzi'sãu də 'artə]

pintura (f) (tipo de arte)	pintura (f)	[pĩ'turɐ]
gráfica (f)	arte (f) gráfica	['artə 'grafike]
abstraccionismo (m)	arte (f) abstrata	['artə eb'ʃtratə]
impresionismo (m)	impressionismo (m)	[iprəsiu'niʒmu]

pintura (f) (cuadro)	pintura (f), quadro (m)	[pĩ'turɐ], [ku'adru]
dibujo (m)	desenho (m)	[də'zeɲu]
pancarta (f)	cartaz, póster (m)	[ker'taʃ], ['pɔʃtɛr]

ilustración (f)	ilustração (f)	[iluʃtre'sãu]
miniatura (f)	miniatura (f)	[miniɐ'turɐ]
copia (f)	cópia (f)	['kɔpiɐ]
reproducción (f)	reprodução (f)	[ʀəprudu'sãu]

mosaico (m)	mosaico (m)	[mu'zajku]
vitral (m)	vitral (m)	[vi'tral]
fresco (m)	fresco (m)	['freʃku]
grabado (m)	gravura (f)	[gre'vurɐ]

busto (m)	busto (m)	['buʃtu]
escultura (f)	escultura (f)	[əʃkul'turɐ]
estatua (f)	estátua (f)	[ə'ʃtatuɐ]
yeso (m)	gesso (m)	['ʒesu]
en yeso (adj)	em gesso	[ẽ 'ʒesu]

retrato (m)	retrato (m)	[ʀə'tratu]
autorretrato (m)	autorretrato (m)	[autɔʀə'tratu]
paisaje (m)	paisagem (f)	[paj'zaʒẽ']
naturaleza (f) muerta	natureza (f) morta	[netu'reze 'mɔrte]
caricatura (f)	caricatura (f)	[kerike'turɐ]
boceto (m)	esboço (m)	[ə'ʒbosu]

pintura (f) (material)	tinta (f)	['tĩtɐ]
acuarela (f)	aguarela (f)	[aguɐ'rɛlɐ]
óleo (m)	óleo (m)	['ɔliu]
lápiz (m)	lápis (m)	['lapiʃ]
tinta (f) china	tinta da China (f)	[tĩte də 'ʃine]
carboncillo (m)	carvão (m)	[ker'vãu]

dibujar (vi, vt)	desenhar (vt)	[dəzə'ɲar]
pintar (vi, vt)	pintar (vt)	[pĩ'tar]
posar (vi)	posar (vi)	[po'zar]
modelo (m)	modelo (m)	[mu'delu]

modelo (f)	modelo (f)	[mu'delu]
pintor (m)	pintor (m)	[pĩ'tor]
obra (f) de arte	obra (f)	['ɔbrɐ]
obra (f) maestra	obra-prima (f)	['ɔbrɐ 'primɐ]
estudio (m) (de un artista)	estúdio (m)	[ə'ʃtudiu]
lienzo (m)	tela (f)	['tɛlɐ]
caballete (m)	cavalete (m)	[kɐvɐ'letə]
paleta (f)	paleta (f)	[pɐ'letɐ]
marco (m)	moldura (f)	[mɔl'durɐ]
restauración (f)	restauração (f)	[Rəʃtaurɐ'sãu]
restaurar (vt)	restaurar (vt)	[Rəʃtau'rar]

152. La literatura y la poesía

literatura (f)	literatura (f)	[litɐrɐ'turɐ]
autor (m) (escritor)	autor (m)	[au'tor]
seudónimo (m)	pseudónimo (m)	[pseu'dɔnimu]
libro (m)	livro (m)	['livru]
tomo (m)	volume (m)	[vu'lumə]
tabla (f) de contenidos	índice (m)	['ĩdisə]
página (f)	página (f)	['paʒinɐ]
héroe (m) principal	protagonista (m)	[prutegu'niʃtɐ]
autógrafo (m)	autógrafo (m)	[au'tɔgrɐfu]
relato (m) corto	conto (m)	['kõtu]
cuento (m)	novela (f)	[nu'vɛlɐ]
novela (f)	romance (m)	[Ru'mãsə]
obra (f) literaria	obra (f)	['ɔbrɐ]
fábula (f)	fábula (m)	['fabulɐ]
novela (f) policíaca	romance (m) policial	[Ru'mãsə puli'sjal]
verso (m)	poesia (f)	[pue'ziɐ]
poesía (f)	poesia (f)	[pue'ziɐ]
poema (m)	poema (m)	[pu'emɐ]
poeta (m)	poeta (m)	[pu'ɛtɐ]
bellas letras (f pl)	ficção (f)	[fi'ksãu]
ciencia ficción (f)	ficção (f) científica	[fi'ksãu siẽ'tifikɐ]
aventuras (f pl)	aventuras (f pl)	[evẽ'turɐʃ]
literatura (f) didáctica	literatura (f) didática	[litɐrɐ'turɐ di'datikɐ]
literatura (f) infantil	literatura (f) infantil	[litɐrɐ'turɐ ĩfã'til]

153. El circo

circo (m)	circo (m)	['sirku]
circo (m) ambulante	circo (m) ambulante	['sirku ãbu'lãtə]
programa (m)	programa (m)	[pru'grɐmɐ]
representación (f)	apresentação (f)	[eprɐzẽtɐ'sãu]
número (m)	número (m)	['numɐru]

arena (f)	arena (f)	[ɐ'renɐ]
pantomima (f)	pantomima (f)	[pãtu'mimɛ]
payaso (m)	palhaço (m)	[pɐ'ʎasu]
acróbata (m)	acrobata (m)	[ɐkru'batɛ]
acrobacia (f)	acrobacia (f)	[ɐkrubɐ'siɛ]
gimnasta (m)	ginasta (m)	[ʒi'naʃtɛ]
gimnasia (f) acrobática	ginástica (f)	[ʒi'naʃtikɛ]
salto (m)	salto (m) mortal	['saltu mur'tal]
forzudo (m)	homem forte (m)	[ɔmɛj 'fɔrtɛ]
domador (m)	domador (m)	[dumɐ'dor]
caballista (m)	cavaleiro (m) equilibrista	[kɐvɐ'lɐjru ekili'briʃtɛ]
asistente (m)	assistente (m)	[ɐsi'ʃtẽtɛ]
truco (m)	truque (m)	['trukɛ]
truco (m) de magia	truque (m) de mágica	['trukɛ dɐ 'maʒikɛ]
ilusionista (m)	mágico (m)	['maʒiku]
malabarista (m)	malabarista (m)	[mɐlɐbɐ'riʃtɛ]
malabarear (vt)	fazer malabarismos	[fɐ'zer mɐlɐbɐ'riʒmuʃ]
amaestrador (m)	domador (m)	[dumɐ'dor]
amaestramiento (m)	adestramento (m)	[edɐʃtre'mẽtu]
amaestrar (vt)	adestrar (vt)	[edɐ'ʃtrar]

154. La música. La música popular

música (f)	música (f)	['muzikɛ]
músico (m)	músico (m)	['muziku]
instrumento (m) musical	instrumento (m) musical	[iʃtru'mẽtu muzi'kal]
tocar ...	tocar ...	[tu'kar]
guitarra (f)	guitarra (f)	[gi'taʀɛ]
violín (m)	violino (m)	[viu'linu]
violonchelo (m)	violoncelo (m)	[viulõ'sɛlu]
contrabajo (m)	contrabaixo (m)	[kõtrɐ'baɪʃu]
arpa (f)	harpa (f)	['arpɛ]
piano (m)	piano (m)	['pjɐnu]
piano (m) de cola	piano (m) de cauda	['pjɐnu dɐ 'kaudɛ]
órgano (m)	órgão (m)	['ɔrgãu]
instrumentos (m pl) de viento	instrumentos (m pl) de sopro	[iʃtru'mẽtuʃ dɐ 'sopru]
oboe (m)	oboé (m)	[ɔbu'ɛ]
saxofón (m)	saxofone (m)	[saksɔ'fɔnɛ]
clarinete (m)	clarinete (m)	[klɐri'netɛ]
flauta (f)	flauta (f)	['flautɛ]
trompeta (f)	trompete (m)	[trõ'pɛtɛ]
acordeón (m)	acordeão (m)	[ɐkɔr'djãu]
tambor (m)	tambor (m)	[tã'bor]
dúo (m)	duo, dueto (m)	['duu], [du'etu]
trío (m)	trio (m)	['triu]

cuarteto (m)	quarteto (m)	[kuɐr'tetu]
coro (m)	coro (m)	['koru]
orquesta (f)	orquestra (f)	[ɔr'kɛʃtrɐ]
música (f) pop	música (f) pop	['muzikɐ 'pɔpə]
música (f) rock	música (f) rock	['muzikɐ 'ʀɔk]
grupo (m) de rock	grupo (m) de rock	['grupu də 'ʀɔkə]
jazz (m)	jazz (m)	[ʒaz]
ídolo (m)	ídolo (m)	['idulu]
admirador (m)	fã, admirador (m)	[fã], [ɐdmirɐ'dor]
concierto (m)	concerto (m)	[kõ'sertu]
sinfonía (f)	sinfonia (f)	[sĩfu'niɐ]
composición (f)	composição (f)	[kõpuzi'sãu]
escribir (vt)	compor (vt)	[kõ'por]
canto (m)	canto (m)	['kãtu]
canción (f)	canção (f)	[kã'sãu]
melodía (f)	melodia (f)	[məlu'diɐ]
ritmo (m)	ritmo (m)	['ʀitmu]
blues (m)	blues (m)	['bluz]
notas (f pl)	notas (f pl)	['nɔteʃ]
batuta (f)	batuta (f)	[bɐ'tutɐ]
arco (m)	arco (m)	['arku]
cuerda (f)	corda (f)	['kɔrdɐ]
estuche (m)	estojo (m)	[ə'ʃtoʒu]

El descanso. El entretenimiento. El viaje

155. Las vacaciones. El viaje

turismo (m)	turismo (m)	[tu'riʒmu]
turista (m)	turista (m)	[tu'riʃtɐ]
viaje (m)	viagem (f)	['vjaʒẽʲ]
aventura (f)	aventura (f)	[ɐvẽ'turɐ]
viaje (m) (p.ej. ~ en coche)	viagem (f)	['vjaʒẽʲ]
vacaciones (f pl)	férias (f pl)	['fɛriɐʃ]
estar de vacaciones	estar de férias	[ə'ʃtar də 'fɛriɐʃ]
descanso (m)	descanso (m)	[də'ʃkãsu]
tren (m)	comboio (m)	[kõ'bɔju]
en tren	de comboio	[də kõ'bɔju]
avión (m)	avião (m)	[ɐ'vjãu]
en avión	de avião	[də ɐ'vjãu]
en coche	de carro	[də 'kaʀu]
en barco	de navio	[də nɐ'viu]
equipaje (m)	bagagem (f)	[bɐ'gaʒẽʲ]
maleta (f)	mala (f)	['malɐ]
carrito (m) de equipaje	carrinho (m)	[kɐ'ʀiɲu]
pasaporte (m)	passaporte (m)	[pasɐ'pɔrtə]
visado (m)	visto (m)	['viʃtu]
billete (m)	bilhete (m)	[bi'ʎetə]
billete (m) de avión	bilhete (m) de avião	[bi'ʎetə də ɐ'vjãu]
guía (f) (libro)	guia (m) de viagem	['giɐ də vi'aʒẽʲ]
mapa (m)	mapa (m)	['mapɐ]
área (f) (~ rural)	local (m), area (f)	[lu'kal], [ɐ'rɛɐ]
lugar (m)	lugar, sítio (m)	[lu'gar], ['sitiu]
exotismo (m)	exotismo (m)	[ezu'tiʒmu]
exótico (adj)	exótico	[e'zɔtiku]
asombroso (adj)	surpreendente	[surpriẽ'dẽtə]
grupo (m)	grupo (m)	['grupu]
excursión (f)	excursão (f)	[əʃkur'sãu]
guía (m) (persona)	guia (m)	['giɐ]

156. El hotel

hotel (m)	hotel (m)	[ɔ'tɛl]
motel (m)	motel (m)	[mu'tɛl]
de tres estrellas	três estrelas	['treʃ ə'ʃtrelɐʃ]

| de cinco estrellas | cinco estrelas | ['sĩku ə'ʃtreleʃ] |
| hospedarse (vr) | ficar (vi, vt) | [fi'kar] |

habitación (f)	quarto (m)	[ku'artu]
habitación (f) individual	quarto (m) individual	[ku'artu ĩdividu'al]
habitación (f) doble	quarto (m) duplo	[ku'artu 'duplu]
reservar una habitación	reservar um quarto	[ʀəzər'var ũ ku'artu]

| media pensión (f) | meia pensão (f) | ['mɐje pẽ'sãu] |
| pensión (f) completa | pensão (f) completa | [pẽ'sãu kõ'plɛtɐ] |

con baño	com banheira	[kõ bɐ'ɲejrɐ]
con ducha	com duche	[kõ 'duʃə]
televisión (f) satélite	televisão (m) satélite	[tələvi'zãu sɐ'tɛlitɐ]
climatizador (m)	ar (m) condicionado	[ar kõdisiu'nadu]
toalla (f)	toalha (f)	[tu'aʎɐ]
llave (f)	chave (f)	['ʃavə]

administrador (m)	administrador (m)	[ɐdminiʃtre'dor]
camarera (f)	camareira (f)	[kɐmɐ'rejrɐ]
maletero (m)	bagageiro (m)	[bɐgɐ'ʒejru]
portero (m)	porteiro (m)	[pur'tejru]

restaurante (m)	restaurante (m)	[ʀəʃtau'rãtə]
bar (m)	bar (m)	[bar]
desayuno (m)	pequeno-almoço (m)	[pə'kenu al'mosu]
cena (f)	jantar (m)	[ʒã'tar]
buffet (m) libre	buffet (m)	[bu'fe]

| vestíbulo (m) | hall (m) de entrada | [ɔl də ẽ'tradɐ] |
| ascensor (m) | elevador (m) | [elɐvɐ'dor] |

| NO MOLESTAR | NÃO PERTURBE | ['nãu pər'turbə] |
| PROHIBIDO FUMAR | PROIBIDO FUMAR! | [prui'bidu fu'mar] |

157. Los libros. La lectura

libro (m)	livro (m)	['livru]
autor (m)	autor (m)	[au'tor]
escritor (m)	escritor (m)	[əʃkri'tor]
escribir (~ un libro)	escrever (vt)	[əʃkrə'ver]

lector (m)	leitor (m)	[lɐj'tor]
leer (vi, vt)	ler (vt)	[ler]
lectura (f)	leitura (f)	[lɐj'turɐ]

| en silencio | para si | ['pɐrɐ si] |
| en voz alta | em voz alta | [ẽ vɔʒ 'altɐ] |

editar (vt)	publicar (vt)	[publi'kar]
edición (f) (~ de libros)	publicação (f)	[publikɐ'sãu]
editor (m)	editor (m)	[edi'tor]
editorial (f)	editora (f)	[edi'torɐ]
salir (libro)	sair (vi)	[sɐ'ir]

salida (f) (de un libro)	lançamento (m)	[lãse'mẽtu]
tirada (f)	tiragem (f)	[ti'raʒẽⁱ]
librería (f)	livraria (f)	[livre'rie]
biblioteca (f)	biblioteca (f)	[bibliu'tɛke]
cuento (m)	novela (f)	[nu'vɛle]
relato (m) corto	conto (m)	['kõtu]
novela (f)	romance (m)	[ʀu'mãse]
novela (f) policíaca	romance (m) policial	[ʀu'mãse puli'sjal]
memorias (f pl)	memórias (f pl)	[me'mɔrieʃ]
leyenda (f)	lenda (f)	['lẽde]
mito (m)	mito (m)	['mitu]
versos (m pl)	poesia (f)	[pue'zie]
autobiografía (f)	autobiografia (f)	[autɔbiugre'fie]
obras (f pl) escogidas	obras (f pl) escolhidas	['ɔbreʃ eʃku'ʎideʃ]
ciencia ficción (f)	ficção (f) científica	[fi'ksãu siẽ'tifike]
título (m)	título (m)	['titulu]
introducción (f)	introdução (f)	[ĩtrudu'sãu]
portada (f)	folha (f) de rosto	['foʎe de 'ʀoʃtu]
capítulo (m)	capítulo (m)	[ke'pitulu]
extracto (m)	excerto (m)	[e'ʃsertu]
episodio (m)	episódio (m)	[epi'zɔdiu]
sujeto (m)	tema (m)	['teme]
contenido (m)	conteúdo (m)	[kõ'tjudu]
tabla (f) de contenidos	índice (m)	['ĩdise]
héroe (m) principal	protagonista (m)	[prutegu'niʃte]
tomo (m)	tomo, volume (m)	['tomu], [vu'lume]
cubierta (f)	capa (f)	['kape]
encuadernado (m)	encadernação (f)	[ẽkederne'sãu]
marcador (m) de libro	marcador (m)	[merke'dor]
página (f)	página (f)	['paʒine]
hojear (vt)	folhear (vt)	[fuʎe'ar]
márgenes (m pl)	margem (f)	['marʒẽⁱ]
anotación (f)	anotação (f)	[enute'sãu]
nota (f) a pie de página	nota (f) de rodapé	['nɔte de ʀɔde'pɛ]
texto (m)	texto (m)	['tɛʃtu]
fuente (f)	fonte (f)	['fõte]
errata (f)	gralha (f)	['graʎe]
traducción (f)	tradução (f)	[tredu'sãu]
traducir (vt)	traduzir (vt)	[tredu'zir]
original (m)	original (m)	[ɔriʒi'nal]
famoso (adj)	famoso	[fe'mozu]
desconocido (adj)	desconhecido	[deʃkuɲe'sidu]
interesante (adj)	interessante	[ĩtere'sãte]
best-seller (m)	best-seller (m)	[bɛst'sɛler]

diccionario (m)	dicionário (m)	[disiu'nariu]
manual (m)	manual (m)	[menu'al]
enciclopedia (f)	enciclopédia (f)	[ẽsiklu'pɛdie]

158. La caza. La pesca

caza (f)	caça (f)	['kase]
cazar (vi, vt)	caçar (vi)	[ke'sar]
cazador (m)	caçador (m)	[kese'dor]

tirar (vi)	atirar (vi)	[eti'rar]
fusil (m)	caçadeira (f)	[kese'dejre]
cartucho (m)	cartucho (m)	[ker'tuʃu]
perdigón (m)	chumbo (m) de caça	['ʃũbu də 'kase]

cepo (m)	armadilha (f)	[erme'diʎe]
trampa (f)	armadilha (f)	[erme'diʎe]
caer en el cepo	cair na armadilha	[ke'ir ne erme'diʎe]
poner un cepo	pôr a armadilha	['por e erme'diʎe]

cazador (m) furtivo	caçador (m) furtivo	[kese'dor fur'tivu]
caza (f) menor	caça (f)	['kase]
perro (m) de caza	cão (m) de caça	['kãu də 'kase]
safari (m)	safári (m)	[sa'fari]
animal (m) disecado	animal (m) empalhado	[eni'mal ẽpe'ʎadu]

pescador (m)	pescador (m)	[pəʃke'dor]
pesca (f)	pesca (f)	['pɛʃke]
pescar (vi)	pescar (vt)	[pə'ʃkar]

caña (f) de pescar	cana (f) de pesca	['kene də 'pɛʃke]
sedal (m)	linha (f) de pesca	['liɲe də 'pɛʃke]
anzuelo (m)	anzol (m)	[ã'zɔl]

flotador (m)	boia (f), flutuador (m)	['bɔje], [flutue'dor]
cebo (m)	isca (f)	['iʃke]

lanzar el anzuelo	lançar a linha	[lã'sar e 'liɲe]
picar (vt)	morder (vt)	[mur'der]

pesca (f) (lo pescado)	pesca (f)	['pɛʃke]
agujero (m) en el hielo	buraco (m) no gelo	[bu'raku nu 'ʒelu]

red (f)	rede (f)	['ʀedə]
barca (f)	barco (m)	['barku]
pescar con la red	pescar com rede	[pə'ʃkar kõ 'ʀedə]
tirar la red	lançar a rede	[lã'sar e 'ʀedə]

sacar la red	puxar a rede	[pu'ʃar e 'ʀedə]
caer en la red	cair nas malhas	[ke'ir neʃ 'maʎeʃ]

ballenero (m) (persona)	baleeiro (m)	[bele'ejru]
ballenero (m) (barco)	baleeira (f)	[bele'ejre]
arpón (m)	arpão (m)	[er'pãu]

159. Los juegos. El billar

billar (m)	bilhar (m)	[bi'ʎar]
sala (f) de billar	sala (f) de bilhar	['salɐ də bi'ʎar]
bola (f) de billar	bola (f) de bilhar	['bɔlɐ də bi'ʎar]
entronerar la bola	embolsar uma bola	[ẽbɔ'lsar 'umɐ 'bɔlɐ]
taco (m)	taco (m)	['taku]
tronera (f)	caçapa (f)	[kɐ'sapɐ]

160. Los juegos. Las cartas

carta (f)	carta (f) de jogar	['kartɐ də ʒu'gar]
cartas (f pl)	cartas (f pl)	['kartɐʃ]
baraja (f)	baralho (m)	[bɐ'raʎu]
triunfo (m)	trunfo (m)	['trũfu]
cuadrados (m pl)	ouros (m pl)	['oruʃ]
picas (f pl)	espadas (f pl)	[ə'ʃpadɐʃ]
corazones (m pl)	copas (f pl)	['kɔpɐʃ]
tréboles (m pl)	paus (m pl)	['pauʃ]
as (m)	ás (m)	[aʃ]
rey (m)	rei (m)	[ʀɐj]
dama (f)	dama (f)	['demɐ]
sota (f)	valete (m)	[vɐ'letɐ]
dar, distribuir (repartidor)	dar, distribuir (vt)	[dar], [diʃtribu'ir]
barajar (vt) (mezclar las cartas)	embaralhar (vt)	[ẽbɐrɐ'ʎar]
jugada (f) (turno)	vez, jogada (f)	[veʒ], [ʒu'gadɐ]
punto (m)	ponto (m)	['põtu]
fullero (m)	batoteiro (m)	[bɐtu'tɐjru]

161. El casino. La ruleta

casino (m)	casino (m)	[kɐ'zinu]
ruleta (f)	roleta (f)	[ʀu'letɐ]
puesta (f)	aposta (f)	[ɐ'pɔʃtɐ]
apostar (vt)	apostar (vt)	[ɐpu'ʃtar]
rojo (m)	vermelho (m)	[vər'meʎu]
negro (m)	preto (m)	['pretu]
apostar al rojo	apostar no vermelho	[ɐpu'ʃtar nu vər'meʎu]
apostar al negro	apostar no preto	[ɐpu'ʃtar nu 'pretu]
crupier (m, f)	crupiê (m, f)	[kru'pje]
reglas (f pl) de juego	regras (f pl) do jogo	['ʀɛgrɐʃ du 'ʒogu]
ficha (f)	ficha (f)	['fiʃɐ]
ganar (vi, vt)	ganhar (vi, vt)	[gɐ'ɲar]
ganancia (f)	ganho (m)	['gɐɲu]

| perder (vi) | perder (vt) | [pər'der] |
| pérdida (f) | perda (f) | ['perdɐ] |

jugador (m)	jogador (m)	[ʒugɐ'dor]
black jack (m)	blackjack (m)	[blɛk'ʒɛk]
juego (m) de dados	jogo (m) de dados	['ʒogu də 'daduʃ]
dados (m pl)	dados (m pl)	['daduʃ]
tragaperras (f)	máquina (f) de jogo	['makinɐ də 'ʒogu]

162. El descanso. Los juegos. Miscelánea

pasear (vi)	passear (vi)	[pɐ'sjar]
paseo (m) (caminata)	passeio (m)	[pɐ'sɐju]
paseo (m) (en coche)	viagem (f) de carro	['vjaʒẽj də 'kaʀu]
aventura (f)	aventura (f)	[ɐvẽ'turɐ]
picnic (m)	piquenique (m)	[pikə'nikə]

juego (m)	jogo (m)	['ʒogu]
jugador (m)	jogador (m)	[ʒugɐ'dor]
partido (m)	partida (f)	[pɐr'tidɐ]

coleccionista (m)	colecionador (m)	[kulɛsiunɐ'dor]
coleccionar (vt)	colecionar (vt)	[kulɛsiu'nar]
colección (f)	coleção (f)	[kulɛ'sãu]

crucigrama (m)	palavras (f pl) cruzadas	[pɐ'lavrɐʃ kru'zadɐʃ]
hipódromo (m)	hipódromo (m)	[i'pɔdrumu]
discoteca (f)	discoteca (f)	[diʃku'tɛkɐ]

| sauna (f) | sauna (f) | ['sɐunɐ] |
| lotería (f) | lotaria (f) | [lutɐ'riɐ] |

marcha (f)	campismo (m)	[kã'piʒmu]
campo (m)	acampamento (m)	[ɐkãpɐ'mẽtu]
campista (m)	campista (m)	[kã'piʃtɐ]
tienda (f) de campaña	tenda (f)	['tẽdɐ]
brújula (f)	bússola (f)	['busulɐ]

ver (la televisión)	ver (vt), assistir à ...	[ver], [ɐsi'ʃtir a]
telespectador (m)	telespectador (m)	[tɛlɛʃpɛktɐ'dor]
programa (m) de televisión	programa (m) de TV	[pru'grɐmɐ də tɛ'vɛ]

163. La fotografía

| cámara (f) fotográfica | máquina (f) fotográfica | ['makinɐ futu'grafikɐ] |
| fotografía (f) (una foto) | foto, fotografia (f) | ['fɔtu], [futugrɐ'fiɐ] |

fotógrafo (m)	fotógrafo (m)	[fu'tɔgrɐfu]
estudio (m) fotográfico	estúdio (m) fotográfico	[ə'ʃtudiu futu'grafiku]
álbum (m) de fotos	álbum (m) de fotografias	['albũ də futugrɐ'fiɐʃ]
objetivo (m)	objetiva (f)	[ɔbʒɛ'tivɐ]
teleobjetivo (m)	teleobjetiva (f)	[tɛlɛɔbʒɛ'tivɐ]

| filtro (m) | filtro (m) | ['filtru] |
| lente (m) | lente (f) | ['lẽtə] |

óptica (f)	ótica (f)	['ɔtikɐ]
diafragma (m)	abertura (f)	[ɐbɐr'turɐ]
tiempo (m) de exposición	exposição (f)	[ɐʃpuzi'sãu]
visor (m)	visor (m)	[vi'zoɾ]

cámara (f) digital	câmara (f) digital	['kɐmɐrɐ diʒi'tal]
trípode (m)	tripé (m)	[tri'pɛ]
flash (m)	flash (m)	[flaʃ]

fotografiar (vt)	fotografar (vt)	[futugrɐ'far]
hacer fotos	tirar fotos	[ti'rar 'fotuʃ]
fotografiarse (vr)	fotografar-se	[futugrɐ'farsə]

foco (m)	foco (m)	['fɔku]
enfocar (vt)	focar (vt)	[fu'kar]
nítido (adj)	nítido	['nitidu]
nitidez (f)	nitidez (f)	[niti'deʃ]

| contraste (m) | contraste (m) | [kõ'traʃtə] |
| de alto contraste (adj) | contrastante | [kõtrɐ'ʃtãtə] |

foto (f)	retrato (m)	[ʀɐ'tratu]
negativo (m)	negativo (m)	[nɐgɐ'tivu]
película (f) fotográfica	filme (m)	['filmə]
fotograma (m)	fotograma (m)	[futu'grɐmɐ]
imprimir (vt)	imprimir (vt)	[ĩpri'mir]

164. La playa. La natación

playa (f)	praia (f)	['prajɐ]
arena (f)	areia (f)	[ɐ'rɐjɐ]
desierto (playa ~a)	deserto	[dɐ'zɛrtu]

bronceado (m)	bronzeado (m)	[brõ'zjadu]
broncearse (vr)	bronzear-se (vr)	[brõ'zjarsə]
bronceado (adj)	bronzeado	[brõ'zjadu]
protector (m) solar	protetor (m) solar	[prutɛ'tor su'lar]

bikini (m)	biquíni (m)	[bi'kini]
traje (m) de baño	fato (m) de banho	['fatu də 'bɐɲu]
bañador (m)	calção (m) de banho	[kal'sãu də 'bɐɲu]

piscina (f)	piscina (f)	[pi'ʃinɐ]
nadar (vi)	nadar (vi)	[nɐ'dar]
ducha (f)	duche (m)	['duʃə]
cambiarse (vr)	mudar de roupa	[mudar də 'ʀopɐ]
toalla (f)	toalha (f)	[tu'aʎɐ]

barca (f)	barco (m)	['barku]
lancha (f) motora	lancha (f)	['lãʃɐ]
esquís (m pl) acuáticos	esqui (m) aquático	[ɐ'ʃki ɐku'atiku]

bicicleta (f) acuática	barco (m) de pedais	['barku də pə'daɪʃ]
surf (m)	surf, surfe (m)	['surfə]
surfista (m)	surfista (m)	[sur'fiʃte]
equipo (m) de buceo	equipamento (m) de mergulho	[ekipɐ'mẽtu də mər'guʎu]
aletas (f pl)	barbatanas (f pl)	[bɐrbɐ'tɐneʃ]
máscara (f) de buceo	máscara (f)	['maʃkɐre]
buceador (m)	mergulhador (m)	[mərguʎɐ'dor]
bucear (vi)	mergulhar (vi)	[mərgu'ʎar]
bajo el agua (adv)	debaixo d'água	[də'baɪʃu 'dague]
sombrilla (f)	guarda-sol (m)	[gu'arde 'sɔl]
tumbona (f)	espreguiçadeira (f)	[əʃprəgisɐ'dejre]
gafas (f pl) de sol	óculos (m pl) de sol	['ɔkuluʃ də 'sɔl]
colchoneta (f) inflable	colchão (m) de ar	[kɔ'lʃãu də 'ar]
jugar (divertirse)	brincar (vi)	[brĩ'kar]
bañarse (vr)	ir nadar	[ir nɐ'dar]
pelota (f) de playa	bola (f) de praia	['bɔle də 'praje]
inflar (vt)	encher (vt)	[ẽ'ʃer]
inflable (colchoneta ~)	inflável, de ar	[ĩ'flavɛl], [də 'ar]
ola (f)	onda (f)	['õde]
boya (f)	boia (f)	['bɔje]
ahogarse (vr)	afogar-se (vr)	[efu'garsə]
salvar (vt)	salvar (vt)	[sa'lvar]
chaleco (m) salvavidas	colete (m) salva-vidas	[ku'lete 'salve 'videʃ]
observar (vt)	observar (vt)	[ɔbsər'var]
socorrista (m)	nadador-salvador (m)	[nɐdɐ'dor salvɐ'dor]

EL EQUIPO TÉCNICO. EL TRANSPORTE

El equipo técnico

165. El computador

ordenador (m)	computador (m)	[kõpute'dor]
ordenador (m) portátil	portátil (m)	[pur'tatil]
encender (vt)	ligar (vt)	[li'gar]
apagar (vt)	desligar (vt)	[dəʒli'gar]
teclado (m)	teclado (m)	[tɛk'ladu]
tecla (f)	tecla (f)	['tɛklɐ]
ratón (m)	rato (m)	['ʀatu]
alfombrilla (f) para ratón	tapete (m) de rato	[te'petə də 'ʀatu]
botón (m)	botão (m)	[bu'tãu]
cursor (m)	cursor (m)	[kur'sor]
monitor (m)	monitor (m)	[muni'tor]
pantalla (f)	ecrã (m)	[ɛ'krã]
disco (m) duro	disco (m) rígido	['diʃku 'ʀiʒidu]
volumen (m) de disco duro	capacidade (f) do disco rígido	[kɐpɐsi'dadə du 'diʃku 'ʀiʒidu]
memoria (f)	memória (f)	[mə'mɔriɐ]
memoria (f) operativa	memória RAM (f)	[mə'mɔriɐ ʀam]
archivo, fichero (m)	ficheiro (m)	[fi'ʃejru]
carpeta (f)	pasta (f)	['paʃtɐ]
abrir (vt)	abrir (vt)	[ɐ'brir]
cerrar (vt)	fechar (vt)	[fə'ʃar]
guardar (un archivo)	guardar (vt)	[guɐr'dar]
borrar (vt)	apagar, eliminar (vt)	[ɐpɐ'gar], [elimi'nar]
copiar (vt)	copiar (vt)	[ku'pjar]
ordenar (vt) (~ de A a Z, etc.)	ordenar (vt)	[ɔrdə'nar]
transferir (vt)	copiar (vt)	[ku'pjar]
programa (m)	programa (m)	[pru'grɐmɐ]
software (m)	software (m)	['sɔftuɛr]
programador (m)	programador (m)	[prugrɐmɐ'dor]
programar (vt)	programar (vt)	[prugrɐ'mar]
hacker (m)	hacker (m)	['akɛr]
contraseña (f)	senha (f)	['sɐɲɐ]
virus (m)	vírus (m)	['viruʃ]
detectar (vt)	detetar (vt)	[dətɛ'tar]

| octeto, byte (m) | byte (m) | ['bajtə] |
| megaocteto (m) | megabyte (m) | [mɛgɐ'bajtə] |

| datos (m pl) | dados (m pl) | ['daduʃ] |
| base (f) de datos | base (f) de dados | ['bazə də 'daduʃ] |

cable (m)	cabo (m)	['kabu]
desconectar (vt)	desconectar (vt)	[dəʃkunɛ'tar]
conectar (vt)	conetar (vt)	[kunɛ'tar]

166. El internet. El correo electrónico

internet (m), red (f)	internet (f)	[ĩtɛr'nɛtə]
navegador (m)	browser (m)	['brauzɐr]
buscador (m)	motor (m) de busca	[mu'tor də 'buʃkɐ]
proveedor (m)	provedor (m)	[pruvə'dor]

webmaster (m)	webmaster (m)	[wɛb'mastɛr]
sitio (m) web	website, sítio web (m)	[wɛb'sajt], ['sitiu wɛb]
página (f) web	página (f) web	['paʒinɐ wɛb]

| dirección (f) | endereço (m) | [ẽdə'resu] |
| libro (m) de direcciones | livro (m) de endereços | ['livru də ẽdə'resuʃ] |

buzón (m)	caixa (f) de correio	['kaɪʃɐ də ku'ʀɐju]
correo (m)	correio (m)	[ku'ʀɐju]
lleno (adj)	cheia	['ʃɐjɐ]

mensaje (m)	mensagem (f)	[mẽ'saʒẽⁱ]
correo (m) entrante	mensagens (f pl) recebidas	[mẽ'saʒẽʃ ʀəsə'bideʃ]
correo (m) saliente	mensagens (f pl) enviadas	[mẽ'saʒẽʃ ẽ'vjadeʃ]
expedidor (m)	remetente (m)	[ʀəmə'tẽtə]
enviar (vt)	enviar (vt)	[ẽ'vjar]
envío (m)	envio (m)	[ẽ'viu]

| destinatario (m) | destinatário (m) | [dəʃtinɛ'tariu] |
| recibir (vt) | receber (vt) | [ʀəsə'ber] |

| correspondencia (f) | correspondência (f) | [kuʀəʃpõ'dẽsiɐ] |
| escribirse con … | corresponder-se (vr) | [kuʀəʃpõ'dersə] |

archivo, fichero (m)	ficheiro (m)	[fi'ʃɐjru]
descargar (vt)	fazer download, baixar (vt)	[fɐ'zer daun'loɐd], [baɪ'ʃar]
crear (vt)	criar (vt)	[kɾi'ar]
borrar (vt)	apagar, eliminar (vt)	[ɐpɐ'gar], [elimi'nar]
borrado (adj)	eliminado	[elimi'nadu]

conexión (f) (ADSL, etc.)	conexão (f)	[kunɛ'ksãu]
velocidad (f)	velocidade (f)	[vəlusi'dadə]
módem (m)	modem (m)	['mɔdɛm]
acceso (m)	acesso (m)	[ɐ'sɛsu]
puerto (m)	porta (f)	['pɔrtə]
conexión (f) (establecer la ~)	conexão (f)	[kunɛ'ksãu]
conectarse a …	conetar (vi)	[kunɛ'tar]

| seleccionar (vt) | escolher (vt) | [əʃku'ʎer] |
| buscar (vt) | buscar (vt) | [bu'ʃkar] |

167. La electricidad

electricidad (f)	eletricidade (f)	[elɛtrisi'dadə]
eléctrico (adj)	elétrico	[e'lɛtriku]
central (f) eléctrica	central (f) elétrica	[sẽ'tral e'lɛtrikɐ]
energía (f)	energia (f)	[enər'ʒiɐ]
energía (f) eléctrica	energia (f) elétrica	[enər'ʒiɐ e'lɛtrikɐ]

bombilla (f)	lâmpada (f)	['lãpədɐ]
linterna (f)	lanterna (f)	[lã'tɛrnɐ]
farola (f)	poste (m) de iluminação	['pɔʃtə də iluminɐ'sãu]

luz (f)	luz (f)	[luʃ]
encender (vt)	ligar (vt)	[li'gar]
apagar (vt)	desligar (vt)	[dəʒli'gar]
apagar la luz	apagar a luz	[ɐpɐ'gar ɐ luʃ]

quemarse (vr)	fundir (vi)	[fũ'dir]
circuito (m) corto	curto-circuito (m)	['kurtu sir'kuitu]
ruptura (f)	rutura (f)	[ʀu'turɐ]
contacto (m)	contacto (m)	[kõ'taktu]

interruptor (m)	interruptor (m)	[ĩtəʀup'tor]
enchufe (m)	tomada (f)	[tu'madɐ]
clavija (f)	ficha (f)	['fiʃɐ]
alargador (m)	extensão (f)	[əʃtẽ'sãu]

fusible (m)	fusível (m)	[fu'zivɛl]
cable, hilo (m)	fio, cabo (m)	['fiu], ['kabu]
instalación (f) eléctrica	instalação (f) elétrica	[ĩʃtele'sãu e'lɛtrikɐ]

amperio (m)	ampere (m)	[ã'pɛrə]
amperaje (m)	amperagem (f)	[ãpə'raʒẽ^j]
voltio (m)	volt (m)	['vɔltə]
voltaje (m)	voltagem (f)	[vɔl'taʒẽ^j]

| aparato (m) eléctrico | aparelho (m) elétrico | [ɐpɐ'reʎu e'lɛtriku] |
| indicador (m) | indicador (m) | [ĩdikɐ'dor] |

electricista (m)	eletricista (m)	[elɛtri'siʃtɐ]
soldar (vt)	soldar (vt)	[sol'dar]
soldador (m)	ferro (m) de soldar	['fɛʀu də sol'dar]
corriente (f)	corrente (f) elétrica	[ku'ʀẽtɐ e'lɛtrikɐ]

168. Las herramientas

instrumento (m)	ferramenta (f)	[fəʀe'mẽtɐ]
instrumentos (m pl)	ferramentas (f pl)	[fəʀe'mẽtɐʃ]
maquinaria (f)	equipamento (m)	[ekipɐ'mẽtu]

martillo (m)	martelo (m)	[mɐr'tɛlu]
destornillador (m)	chave (f) de fendas	['ʃavə də 'fẽdeʃ]
hacha (f)	machado (m)	[mɐ'ʃadu]

sierra (f)	serra (f)	['sɛʀɐ]
serrar (vt)	serrar (vt)	[sə'ʀar]
cepillo (m)	plaina (f)	['plajnɐ]
cepillar (vt)	aplainar (vt)	[ɐplaj'nar]
soldador (m)	ferro (m) de soldar	['fɛʀu də sol'dar]
soldar (vt)	soldar (vt)	[sol'dar]

lima (f)	lima (f)	['limɐ]
tenazas (f pl)	tenaz (f)	[tə'naʃ]
alicates (m pl)	alicate (m)	[ɐli'katə]
escoplo (m)	formão (m)	[fur'mãu]

broca (f)	broca (f)	['brɔkɐ]
taladro (m)	berbequim (f)	[bərbə'kĩ]
taladrar (vi, vt)	furar (vt)	[fu'rar]

| cuchillo (m) | faca (f) | ['fakɐ] |
| filo (m) | lâmina (f) | ['leminɐ] |

agudo (adj)	afiado	[ɐ'fjadu]
embotado (adj)	cego	['sɛgu]
embotarse (vr)	embotar-se (vr)	[ẽbu'tarsə]
afilar (vt)	afiar, amolar (vt)	[ɐ'fjar], [ɐmu'lar]

perno (m)	parafuso (m)	[pɐrɐ'fuzu]
tuerca (f)	porca (f)	['pɔrkɐ]
filete (m)	rosca (f)	['ʀoʃkɐ]
tornillo (m)	parafuso (m) para madeira	[pɐrɐ'fuzu 'pɐrɐ mɐ'dɐjrɐ]

| clavo (m) | prego (m) | ['pregu] |
| cabeza (f) del clavo | cabeça (f) do prego | [kɐ'besɐ du 'pregu] |

regla (f)	régua (f)	['ʀɛguɐ]
cinta (f) métrica	fita (f) métrica	['fitɐ 'mɛtrikɐ]
nivel (m) de burbuja	nível (m)	['nivɛl]
lupa (f)	lupa (f)	['lupɐ]

aparato (m) de medida	medidor (m)	[mədi'dor]
medir (vt)	medir (vt)	[mə'dir]
escala (f) (~ métrica)	escala (f)	[ə'ʃkalɐ]
lectura (f)	indicação (f), registo (m)	[ĩdikɐ'sãu], [ʀə'ʒiʃtu]

| compresor (m) | compressor (m) | [kõprə'sor] |
| microscopio (m) | microscópio (m) | [mikrɔ'ʃkɔpiu] |

bomba (f) (~ de agua)	bomba (f)	['bõbɐ]
robot (m)	robô (m)	[ʀo'bo]
láser (m)	laser (m)	['lejzɐr]

llave (f) de tuerca	chave (f) de boca	['ʃavə də 'bokɐ]
cinta (f) adhesiva	fita (f) adesiva	['fitɐ ɐdɐ'zivɐ]
cola (f), pegamento (m)	cola (f)	['kɔlɐ]

papel (m) de lija	lixa (f)	['liʃɐ]
resorte (m)	mola (f)	['mɔlɐ]
imán (m)	íman (m)	['imɐn]
guantes (m pl)	luvas (f pl)	['luveʃ]

cuerda (f)	corda (f)	['kɔrdɐ]
cordón (m)	cordel (m)	[kur'dɛl]
hilo (m) (~ eléctrico)	fio (m)	['fiu]
cable (m)	cabo (m)	['kabu]

almádana (f)	marreta (f)	[mɐ'ʀɛtɐ]
barra (f)	pé de cabra (m)	[pɛ də 'kabrɐ]
escalera (f) portátil	escada (f) de mão	[ə'ʃkadɐ də 'mãu]
escalera (f) de tijera	escadote (m)	[əʃkɐ'dɔtə]

atornillar (vt)	enroscar (vt)	[ẽʀu'ʃkar]
destornillar (vt)	desenroscar (vt)	[dəzẽʀu'ʃkar]
apretar (vt)	apertar (vt)	[epər'tar]
pegar (vt)	colar (vt)	[ku'lar]
cortar (vt)	cortar (vt)	[kur'tar]

fallo (m)	falha (f)	['faʎɐ]
reparación (f)	conserto (m)	[kõ'sɛrtu]
reparar (vt)	consertar, reparar (vt)	[kõsər'tar], [ʀəpe'rar]
regular, ajustar (vt)	regular, ajustar (vt)	[ʀɐgu'lar], [eʒu'ʃtar]

verificar (vt)	verificar (vt)	[vərifi'kar]
control (m)	verificação (f)	[vərifike'sãu]
lectura (f) (~ del contador)	indicação (f), registo (m)	[ĩdike'sãu], [ʀə'ʒiʃtu]

fiable (máquina)	seguro	[sə'guru]
complicado (adj)	complicado	[kõpli'kadu]

oxidarse (vr)	enferrujar (vi)	[ẽfəʀu'ʒar]
oxidado (adj)	enferrujado	[ẽfəʀu'ʒadu]
óxido (m)	ferrugem (f)	[fə'ʀuʒẽ']

El transporte

Español	Português	IPA
avión (m)	avião (m)	[e'vjãu]
billete (m) de avión	bilhete (m) de avião	[bi'ʎetə də e'vjãu]
compañía (f) aérea	companhia (f) aérea	[kõpe'ɲiɐ e'ɛriɐ]
aeropuerto (m)	aeroporto (m)	[ɛɾɔ'portu]
supersónico (adj)	supersónico	[supər'sɔniku]
comandante (m)	comandante (m) do avião	[kumã'dãtə du e'vjãu]
tripulación (f)	tripulação (f)	[tripule'sãu]
piloto (m)	piloto (m)	[pi'lotu]
azafata (f)	hospedeira (f) de bordo	[ɔʃpə'dejɾɐ də 'bɔrdu]
navegador (m)	copiloto (m)	[kopi'lotu]
alas (f pl)	asas (f pl)	['azeʃ]
cola (f)	cauda (f)	['kaudɐ]
cabina (f)	cabine (f)	[ke'binə]
motor (m)	motor (m)	[mu'tor]
tren (m) de aterrizaje	trem (m) de aterragem	[trẽʲ də etə'Raʒẽʲ]
turbina (f)	turbina (f)	[tur'binɐ]
hélice (f)	hélice (f)	['ɛlisə]
caja (f) negra	caixa-preta (f)	['kaiʃe 'pretɐ]
timón (m)	coluna (f) de controlo	[ku'lunɐ də kõ'trolu]
combustible (m)	combustível (m)	[kõbu'ʃtivɛl]
instructivo (m) de seguridad	instruções (f pl) de segurança	[ĩʃtru'soʃ də səgu'rãsɐ]
respirador (m) de oxígeno	máscara (f) de oxigénio	['maʃkɐɾɐ də ɔksi'ʒɛniu]
uniforme (m)	uniforme (m)	[uni'fɔrmə]
chaleco (m) salvavidas	colete (m) salva-vidas	[ku'letɐ 'salvɐ 'videʃ]
paracaídas (m)	paraquedas (m)	[pɐɾe'kɛdeʃ]
despegue (m)	descolagem (f)	[dəʃku'laʒẽʲ]
despegar (vi)	descolar (vi)	[dəʃku'lar]
pista (f) de despegue	pista (f) de descolagem	['piʃtɐ də dəʃku'laʒẽʲ]
visibilidad (f)	visibilidade (f)	[vizibili'dadə]
vuelo (m)	voo (m)	['vou]
altura (f)	altura (f)	[al'tuɾɐ]
pozo (m) de aire	poço (m) de ar	['posu də 'ar]
asiento (m)	assento (m)	[e'sẽtu]
auriculares (m pl)	auscultadores (m pl)	[auʃkultɐ'doɾeʃ]
mesita (f) plegable	mesa (f) rebatível	['mezɐ Rəbe'tivɛl]
ventana (f)	vigia (f)	[vi'ʒiɐ]
pasillo (m)	passagem (f)	[pe'saʒẽʲ]

170. El tren

tren (m)	comboio (m)	[kõ'bɔju]
tren (m) de cercanías	comboio (m) suburbano	[kõ'bɔju subuɾ'bɐnu]
tren (m) rápido	comboio (m) rápido	[kõ'bɔju 'ʀapidu]
locomotora (f) diésel	locomotiva (f) diesel	[lukumu'tivɐ 'dizɛl]
tren (m) de vapor	locomotiva (f) a vapor	[lukumu'tivɐ ɐ vɐ'poɾ]
coche (m)	carruagem (f)	[kɐʀu'aʒẽj]
coche (m) restaurante	carruagem restaurante (f)	[kɐʀu'aʒẽj ʀɐʃtau'ʀãtə]
rieles (m pl)	carris (m pl)	[kɐ'ʀiʃ]
ferrocarril (m)	caminho de ferro (m)	[kɐ'miɲu də 'fɛʀu]
traviesa (f)	travessa (f)	[tɾɐ'vɛsɐ]
plataforma (f)	plataforma (f)	[plɐtɐ'fɔɾmɐ]
vía (f)	linha (f)	['liɲɐ]
semáforo (m)	semáforo (m)	[sə'mafuɾu]
estación (f)	estação (f)	[əʃtɐ'sãu]
maquinista (m)	maquinista (m)	[mɐki'niʃtɐ]
maletero (m)	bagageiro (m)	[bɐgɐ'ʒejɾu]
mozo (m) del vagón	hospedeiro, -a (m, f)	[ɔʃpə'dejɾu, -ɐ]
pasajero (m)	passageiro (m)	[pɐsɐ'ʒejɾu]
revisor (m)	revisor (m)	[ʀɐvi'zoɾ]
corredor (m)	corredor (m)	[kuʀə'doɾ]
freno (m) de urgencia	freio (m) de emergência	['fɾeju də emɐɾ'ʒẽsiɐ]
compartimiento (m)	compartimento (m)	[kõpɐɾti'mẽtu]
litera (f)	cama (f)	['kɐmɐ]
litera (f) de arriba	cama (f) de cima	['kɐmɐ də 'simɐ]
litera (f) de abajo	cama (f) de baixo	['kɐmɐ də 'baiʃu]
ropa (f) de cama	roupa (f) de cama	['ʀopɐ də 'kɐmɐ]
billete (m)	bilhete (m)	[bi'ʎetə]
horario (m)	horário (m)	[ɔ'ʀariu]
pantalla (f) de información	painel (m) de informação	[paj'nɛl də ĩfuɾmɐ'sãu]
partir (vi)	partir (vt)	[pɐɾ'tiɾ]
partida (f) (del tren)	partida (f)	[pɐɾ'tidɐ]
llegar (tren)	chegar (vi)	[ʃə'gaɾ]
llegada (f)	chegada (f)	[ʃə'gadɐ]
llegar en tren	chegar de comboio	[ʃə'gaɾ də kõ'bɔju]
tomar el tren	apanhar o comboio	[ɐpɐ'ɲaɾ u kõ'bɔju]
bajar del tren	sair do comboio	[sɐ'iɾ du kõ'bɔju]
descarrilamiento (m)	acidente (m) ferroviário	[ɐsi'dẽtə fɛʀɔ'vjariu]
descarrilarse (vr)	descarrilar (vi)	[dəʃkɐʀi'laɾ]
tren (m) de vapor	locomotiva (f) a vapor	[lukumu'tivɐ ɐ vɐ'poɾ]
fogonero (m)	fogueiro (m)	[fu'gejɾu]
hogar (m)	fornalha (f)	[fuɾ'naʎɐ]
carbón (m)	carvão (m)	[kɐɾ'vãu]

171. El barco

barco, buque (m)	navio (m)	[ne'viu]
navío (m)	embarcação (f)	[ёberke'sãu]

buque (m) de vapor	vapor (m)	[ve'por]
motonave (f)	navio (m)	[ne'viu]
trasatlántico (m)	transatlântico (m)	[trãzet'lãtiku]
crucero (m)	cruzador (m)	[kruze'dor]

yate (m)	iate (m)	['jatə]
remolcador (m)	rebocador (m)	[Rəbuke'dor]
barcaza (f)	barcaça (f)	[ber'kase]
ferry (m)	ferry (m)	['fɛʀi]

velero (m)	veleiro (m)	[və'lejru]
bergantín (m)	bergantim (m)	[bərgã'tĩ]

rompehielos (m)	quebra-gelo (m)	['kɛbre 'ʒɛlu]
submarino (m)	submarino (m)	[subme'rinu]

bote (m) de remo	bote, barco (m)	['botə], ['barku]
bote (m)	bote, dingue (m)	['botə], ['dĩɡə]
bote (m) salvavidas	bote (m) salva-vidas	['botə 'salve 'videʃ]
lancha (f) motora	lancha (f)	['lãʃe]

capitán (m)	capitão (m)	[kepi'tãu]
marinero (m)	marinheiro (m)	[meri'ɲejru]
marino (m)	marujo (m)	[me'ruʒu]
tripulación (f)	tripulação (f)	[tripule'sãu]

contramaestre (m)	contramestre (m)	[kõtre'mɛʃtrə]
grumete (m)	grumete (m)	[gru'mɛtə]
cocinero (m) de abordo	cozinheiro (m) de bordo	[kuzi'ɲejru də 'bordu]
médico (m) del buque	médico (m) de bordo	['mɛdiku də 'bordu]

cubierta (f)	convés (m)	[kõ'vɛʃ]
mástil (m)	mastro (m)	['maʃtru]
vela (f)	vela (f)	['vɛle]

bodega (f)	porão (m)	[pu'rãu]
proa (f)	proa (f)	['proe]
popa (f)	popa (f)	['pope]
remo (m)	remo (m)	['ʀɛmu]
hélice (f)	hélice (f)	['ɛlisə]

camarote (m)	camarote (m)	[keme'rotə]
sala (f) de oficiales	sala (f) dos oficiais	['sale duʃ ɔfi'sjaɪʃ]
sala (f) de máquinas	sala (f) das máquinas	['sale deʃ 'makineʃ]
puente (f) de mando	ponte (m) de comando	['põtə də ku'mãdu]
sala (f) de radio	sala (f) de comunicações	['sale də kumunike'soɪʃ]
onda (f)	onda (f)	['õdə]
cuaderno (m) de bitácora	diário (m) de bordo	[di'ariu də 'bordu]
anteojo (m)	luneta (f)	[lu'nɛtə]
campana (f)	sino (m)	['sinu]

bandera (f)	bandeira (f)	[bã'dejɾɐ]
cabo (m) (maroma)	cabo (m)	['kabu]
nudo (m)	nó (m)	[nɔ]
pasamano (m)	corrimão (m)	[kuɾi'mãu]
pasarela (f)	prancha (f) de embarque	['pɾãʃɐ də ẽ'barkə]
ancla (f)	âncora (f)	['ãkuɾɐ]
levar ancla	recolher a âncora	[ʀəku'ʎeɾ ɐ 'ãkuɾɐ]
echar ancla	lançar a âncora	[lã'sar ɐ 'ãkuɾɐ]
cadena (f) del ancla	amarra (f)	[ɐ'maʀɐ]
puerto (m)	porto (m)	['portu]
embarcadero (m)	cais, amarradouro (m)	[kaiʃ], [emɐʀɐ'doru]
amarrar (vt)	atracar (vi)	[etre'kar]
desamarrar (vt)	desatracar (vi)	[dəzetre'kar]
viaje (m)	viagem (f)	['vjaʒẽʲ]
crucero (m) (viaje)	cruzeiro (m)	[kru'zejru]
derrota (f) (rumbo)	rumo (m), rota (f)	['ʀumu], ['ʀɔtɐ]
itinerario (m)	itinerário (m)	[itinə'rariu]
canal (m) navegable	canal (m) navegável	[ke'nal nevə'gavɛl]
bajío (m)	banco (m) de areia	['bãku də ɐ'ʀejɐ]
encallar (vi)	encalhar (vt)	[ẽkɐ'ʎar]
tempestad (f)	tempestade (f)	[tẽpə'ʃtadə]
señal (f)	sinal (m)	[si'nal]
hundirse (vr)	afundar-se (vr)	[ɐfũ'darsə]
¡Hombre al agua!	Homem ao mar!	['ɔmẽʲ 'au 'mar]
SOS	SOS	[ɛsəo 'ɛsə]
aro (m) salvavidas	boia (f) salva-vidas	['bɔjɐ 'salvɐ 'videʃ]

172. El aeropuerto

aeropuerto (m)	aeroporto (m)	[ɛɛɾɔ'portu]
avión (m)	avião (m)	[ɐ'vjãu]
compañía (f) aérea	companhia (f) aérea	[kõpɐ'ɲiɐ ɐ'ɛriɐ]
controlador (m) aéreo	controlador (m) de tráfego aéreo	[kõtrulɐ'dor də 'trafəgu ɐ'ɛriu]
despegue (m)	partida (f)	[pɐr'tidɐ]
llegada (f)	chegada (f)	[ʃə'gadɐ]
llegar (en avión)	chegar (vi)	[ʃə'gar]
hora (f) de salida	hora (f) de partida	['ɔrɐ də pɐr'tidɐ]
hora (f) de llegada	hora (f) de chegada	['ɔrɐ də ʃə'gadɐ]
retrasarse (vr)	estar atrasado	[ə'ʃtar etre'zadu]
retraso (m) de vuelo	atraso (m) de voo	[ɐ'trazu də 'vou]
pantalla (f) de información	painel (m) de informação	[paj'nɛl də ĩfurme'sãu]
información (f)	informação (f)	[ĩfurme'sãu]
anunciar (vt)	anunciar (vt)	[ɐnũ'sjar]

vuelo (m)	voo (m)	['vou]
aduana (f)	alfândega (f)	[al'fādǝge]
aduanero (m)	funcionário (m) da alfândega	[fūsiu'nariu de al'fādǝge]

declaración (f) de aduana	declaração (f) alfandegária	[dǝklɐre'sãu alfādǝ'garie]
rellenar (vt)	preencher (vt)	[priē'ʃer]
rellenar la declaración	preencher a declaração	[priē'ʃer e dǝklɐre'sãu]
control (m) de pasaportes	controlo (m) de passaportes	[kõ'trolu dǝ pase'portǝʃ]

equipaje (m)	bagagem (f)	[be'gaʒē̃ʲ]
equipaje (m) de mano	bagagem (f) de mão	[be'gaʒē̃ʲ dǝ 'mãu]
carrito (m) de equipaje	carrinho (m)	[ke'ʀiɲu]

aterrizaje (m)	aterragem (f)	[etǝ'ʀaʒē̃ʲ]
pista (f) de aterrizaje	pista (f) de aterragem	['piʃtɐ dǝ etǝ'ʀaʒē̃ʲ]
aterrizar (vi)	aterrar (vi)	[etǝ'ʀar]
escaleras (f pl) (de avión)	escada (f) de avião	[ǝ'ʃkadɐ dǝ e'vjãu]

facturación (f) (check-in)	check-in (m)	[ʃɛ'kin]
mostrador (m) de facturación	balcão (m) do check-in	[bal'kãu du ʃɛ'kin]
hacer el check-in	fazer o check-in	[fe'zer u ʃɛ'kin]
tarjeta (f) de embarque	cartão (m) de embarque	[ker'tãu dǝ ē̃'barke]
puerta (f) de embarque	porta (f) de embarque	['porte dǝ ē̃'barke]

tránsito (m)	trânsito (m)	['trãzitu]
esperar (aguardar)	esperar (vi, vt)	[ǝʃpǝ'rar]
zona (f) de preembarque	sala (f) de espera	['sale dǝ ǝ'ʃpɛrɐ]
despedir (vt)	despedir-se de ...	[dǝʃpǝ'dirsǝ dǝ]
despedirse (vr)	despedir-se (vr)	[dǝʃpǝ'dirsǝ]

173. La bicicleta. La motocicleta

bicicleta (f)	bicicleta (f)	[bisik'lɛte]
scooter (m)	scotter, lambreta (f)	[sku'ter], [lã'brete]
motocicleta (f)	mota (f)	['mɔte]

ir en bicicleta	ir de bicicleta	[ir dǝ bisi'klɛte]
manillar (m)	guiador (m)	[gie'dor]
pedal (m)	pedal (m)	[pǝ'dal]
frenos (m pl)	travões (m pl)	[tre'voɪʃ]
sillín (m)	selim (m)	[sǝ'lĩ]

bomba (f)	bomba (f)	['bõbe]
portaequipajes (m)	porta-bagagens (m)	['porte be'gaʒē̃ʲʃ]
faro (m)	lanterna (f)	[lã'tɛrne]
casco (m)	capacete (m)	[kepe'sete]

rueda (f)	roda (f)	['ʀɔde]
guardabarros (m)	guarda-lamas (m)	[guarde 'lemeʃ]
llanta (f)	aro (m)	['aru]
rayo (m)	raio (m)	['ʀaju]

Los coches

coche (m)	carro, automóvel (m)	['kaʀu], [autu'mɔvɛl]
coche (m) deportivo	carro (m) desportivo	['kaʀu dəʃpur'tivu]
limusina (f)	limusine (f)	[limu'zinə]
todoterreno (m)	todo o terreno (m)	['todu u tə'ʀenu]
cabriolé (m)	descapotável (m)	[dəʃkɐpu'tavɛl]
microbús (m)	minibus (m)	['minibuʃ]
ambulancia (f)	ambulância (f)	[ãbu'lãsiɐ]
quitanieves (m)	limpa-neve (m)	['lĩpɐ 'nɛvə]
camión (m)	camião (m)	[ka'mjãu]
camión (m) cisterna	camião-cisterna (m)	[ka'mjãu si'ʃtɛrnɐ]
camioneta (f)	carrinha (f)	[kɐ'ʀiɲɐ]
cabeza (f) tractora	camião-trator (m)	[ka'mjãu trɐ'tor]
remolque (m)	atrelado (m)	[etrə'ladu]
confortable (adj)	confortável	[kõfur'tavɛl]
de ocasión (adj)	usado	[u'zadu]

capó (m)	capô (m)	[kɐ'po]
guardabarros (m)	guarda-lamas (m)	[guardɐ 'lɐmɐʃ]
techo (m)	tejadilho (m)	[təʒɐ'diʎu]
parabrisas (m)	para-brisa (m)	[parɐ'brizɐ]
espejo (m) retrovisor	espelho (m) retrovisor	[ə'ʃpeʎu ʀɛtrɔvi'zor]
limpiador (m)	lavador (m)	[lɐvɐ'dor]
limpiaparabrisas (m)	limpa-para-brisas (m)	['lĩpɐ 'parɐ 'brizɐʃ]
ventana (f) lateral	vidro (m) lateral	['vidru lɐtə'ral]
elevalunas (m)	elevador (m) do vidro	[elɐvɐ'dor du 'vidru]
antena (f)	antena (f)	[ã'tenɐ]
techo (m) solar	teto solar (m)	['tɛtu su'lar]
parachoques (m)	para-choques (m pl)	['parɐ 'ʃɔkəʃ]
maletero (m)	bagageira (f)	[bɐgɐ'ʒejrɐ]
baca (f) (portaequipajes)	bagageira (f) de tejadilho	[bɐgɐ'ʒejrɐ də təʒɐ'diʎu]
puerta (f)	porta (f)	['pɔrtɐ]
tirador (m) de puerta	maçaneta (f)	[mɐsɐ'netɐ]
cerradura (f)	fechadura (f)	[fəʃɐ'durɐ]
matrícula (f)	matrícula (f)	[mɐ'trikulɐ]
silenciador (m)	silenciador (m)	[silẽsiɐ'dor]

tanque (m) de gasolina	tanque (m) de gasolina	['tãkə də gezu'linɐ]
tubo (m) de escape	tubo (m) de escape	['tubu də ə'ʃkapə]
acelerador (m)	acelerador (m)	[ɐsələrɐ'dor]
pedal (m)	pedal (m)	[pə'dal]
pedal (m) de acelerador	pedal (m) do acelerador	[pə'dal du ɐsələrɐ'dor]
freno (m)	travão (m)	[tre'vãu]
pedal (m) de freno	pedal (m) do travão	[pə'dal du tre'vãu]
frenar (vi)	travar (vt)	[tre'var]
freno (m) de mano	travão (m) de mão	[tre'vãu də 'mãu]
embrague (m)	embraiagem (f)	[ẽbra'jaʒẽi]
pedal (m) de embrague	pedal (m) da embraiagem	[pə'dal de ẽbra'jaʒẽi]
disco (m) de embrague	disco (m) de embraiagem	['diʃku də ẽbra'jaʒẽi]
amortiguador (m)	amortecedor (m)	[ɐmurtəsə'dor]
rueda (f)	roda (f)	['ʀɔdɐ]
rueda (f) de repuesto	pneu (m) sobresselente	['pneu sobrəsə'lẽtɐ]
neumático (m)	pneu (m)	['pneu]
tapacubo (m)	tampão (m) de roda	[tã'pãu də 'ʀɔdɐ]
ruedas (f pl) motrices	rodas (f pl) motrizes	['ʀɔdeʃ mu'trizəʃ]
de tracción delantera	de tração dianteira	[də tra'sãu diã'tejrɐ]
de tracción trasera	de tração traseira	[də tra'sãu tre'zejrɐ]
de tracción integral	de tração às 4 rodas	[də tra'sãu aʃ ku'atru 'ʀɔdeʃ]
caja (f) de cambios	caixa (f) de mudanças	['kaiʃe də mu'dãseʃ]
automático (adj)	automático	[autu'matiku]
mecánico (adj)	mecânico	[mə'keniku]
palanca (f) de cambios	alavanca (f) das mudanças	[ɐlɐ'vãke deʃ mu'dãseʃ]
faro (m) delantero	farol (m)	[fe'rɔl]
faros (m pl)	faróis (m pl), luzes (f pl)	[fe'rɔiʃ], ['luzəʃ]
luz (f) de cruce	médios (m pl)	['mɛdiuʃ]
luz (f) de carretera	máximos (m pl)	['masimuʃ]
luz (f) de freno	luzes (f pl) de stop	['luzəʃ də stɔp]
luz (f) de posición	mínimos (m pl)	['minimuʃ]
luces (f pl) de emergencia	luzes (f pl) de emergência	['luzəʃ də emər'ʒẽsiɐ]
luces (f pl) antiniebla	faróis (m pl) antinevoeiro	[fe'rɔiʃ ãtinəvu'ejru]
intermitente (m)	pisca-pisca (m)	['piʃke 'piʃke]
luz (f) de marcha atrás	luz (f) de marcha atrás	[luʃ də 'marʃe e'traʃ]

176. El coche. El compartimiento de pasajeros

habitáculo (m)	interior (m) do carro	[ĩtə'rjor du 'kaʀu]
de cuero (adj)	de couro, de pele	[də 'koru], [də 'pɛlə]
de felpa (adj)	de veludo	[də və'ludu]
tapizado (m)	estofos (m pl)	[ə'ʃtɔfuʃ]
instrumento (m)	indicador (m)	[ĩdike'dor]
salpicadero (m)	painel (m) de instrumentos	[paj'nɛl də ĩʃtru'mẽtuʃ]

velocímetro (m)	**velocímetro** (m)	[vəlu'simətru]
aguja (f)	**ponteiro** (m)	[põ'tejru]

cuentakilómetros (m)	**conta-quilómetros** (m)	['kõte ki'lɔmətruʃ]
indicador (m)	**indicador** (m)	[ĩdike'dor]
nivel (m)	**nível** (m)	['nivɛl]
testigo (m) (~ luminoso)	**luz** (f) **avisadora**	[luʃ evize'dorɐ]

volante (m)	**volante** (m)	[vu'lãtə]
bocina (f)	**buzina** (f)	[bu'zinɐ]
botón (m)	**botão** (m)	[bu'tãu]
interruptor (m)	**interruptor** (m)	[ĩtəʀup'tor]

asiento (m)	**assento** (m)	[e'sẽtu]
respaldo (m)	**costas** (f pl) **do assento**	['kɔʃteʃ du e'sẽtu]
reposacabezas (m)	**cabeceira** (f)	[kebe'sejrɐ]
cinturón (m) de seguridad	**cinto** (m) **de segurança**	['sĩtu də segu'rãsɐ]
abrocharse el cinturón	**apertar o cinto**	[epər'tar u 'sĩtu]
reglaje (m)	**regulação** (f)	[ʀegule'sãu]

bolsa (f) de aire (airbag)	**airbag** (m)	[ɛr'bɛg]
climatizador (m)	**ar** (m) **condicionado**	[ar kõdisiu'nadu]

radio (m)	**rádio** (m)	['ʀadiu]
reproductor (m) de CD	**leitor** (m) **de CD**	[lɛj'tor də 'sɛdɛ]
encender (vt)	**ligar** (vt)	[li'gar]
antena (f)	**antena** (f)	[ã'tenɐ]
guantera (f)	**porta-luvas** (m)	['pɔrte 'luveʃ]
cenicero (m)	**cinzeiro** (m)	[sĩ'zejru]

177. El coche. El motor

motor (m)	**motor** (m)	[mu'tor]
diésel (adj)	**diesel**	['dizɛl]
a gasolina (adj)	**a gasolina**	[e gezu'linɐ]

volumen (m) del motor	**cilindrada** (f)	[silĩ'dradɐ]
potencia (f)	**potência** (f)	[pu'tẽsiɐ]
caballo (m) de fuerza	**cavalo-vapor** (m)	[ke'valu ve'por]
pistón (m)	**pistão** (m)	[pi'ʃtãu]
cilindro (m)	**cilindro** (m)	[si'lĩdru]
válvula (f)	**válvula** (f)	['valvulɐ]

inyector (m)	**injetor** (m)	[ĩʒɛ'tor]
generador (m)	**gerador** (m)	[ʒɐre'dor]
carburador (m)	**carburador** (m)	[kerbure'dor]
aceite (m) de motor	**óleo** (m) **para motor**	['ɔliu 'pere mu'tor]

radiador (m)	**radiador** (m)	[ʀedie'dor]
liquido (m) refrigerante	**refrigerante** (m)	[ʀefriʒe'rãtə]
ventilador (m)	**ventilador** (m)	[vẽtile'dor]

estárter (m)	**dispositivo** (m) **de arranque**	[diʃpuzi'tivu də e'ʀãkə]
encendido (m)	**ignição** (f)	[igni'sãu]

bujía (f)	vela (f) de ignição	['vɛlɐ də igni'sãu]
fusible (m)	fusível (m)	[fu'zivɛl]

batería (f)	bateria (f)	[betɐ'riɐ]
terminal (m)	borne (m)	['bɔrnə]
terminal (m) positivo	borne (m) positivo	['bɔrnə puzi'tivu]
terminal (m) negativo	borne (m) negativo	['bɔrnə nɐgɐ'tivu]

filtro (m) de aire	filtro (m) de ar	['filtru də 'ar]
filtro (m) de aceite	filtro (m) de óleo	['filtru də 'ɔliu]
filtro (m) de combustible	filtro (m) de combustível	['filtru də kõbu'ʃtivɛl]

178. El coche. Accidente de tráfico. La reparación

accidente (m)	acidente (m) de carro	[ɐsi'dẽtə də 'kaʀu]
accidente (m) de tráfico	acidente (m) rodoviário	[ɐsi'dẽtə ʀɔdɔ'vjariu]
chocar contra …	ir contra …	[ir 'kõtʀɐ]
tener un accidente	sofrer um acidente	[su'frer ũ ɐsi'dẽtə]
daño (m)	danos (m pl)	['dɐnuʃ]
intacto (adj)	intato	[ĩ'tatu]

pana (f)	avaria (f)	[ɐvɐ'riɐ]
averiarse (vr)	avariar (vi)	[ɐvɐ'rjar]
remolque (m) (cuerda)	cabo (m) de reboque	['kabu də ʀə'bɔkə]

pinchazo (m)	furo (m)	['furu]
desinflarse (vr)	estar furado	[ə'ʃtar fu'radu]
inflar (vt)	encher (vt)	[ẽ'ʃer]
presión (f)	pressão (f)	[prə'sãu]
verificar (vt)	verificar (vt)	[vərifi'kar]

reparación (f)	reparação (f)	[ʀɐpɐrɐ'sãu]
taller (m)	oficina (f) de reparação de carros	[ɔfi'sinɐ də ʀɐpɐrɐ'sãu də 'kaʀuʃ]
parte (f) de repuesto	peça (f) sobresselente	['pɛsɐ sobrəsə'lẽtə]
parte (f)	peça (f)	['pɛsɐ]

perno (m)	parafuso (m)	[pɐrɐ'fuzu]
tornillo (m)	parafuso (m)	[pɐrɐ'fuzu]
tuerca (f)	porca (f)	['pɔrkɐ]
arandela (f)	anilha (f)	[ɐ'niʎɐ]
rodamiento (m)	rolamento (m)	[ʀulɐ'mẽtu]

tubo (m)	tubo (m)	['tubu]
junta (f)	junta (f)	['ʒũtə]
cable, hilo (m)	fio, cabo (m)	['fiu], ['kabu]

gato (m)	macaco (m)	[mɐ'kaku]
llave (f) de tuerca	chave (f) de boca	['ʃavə də 'bokɐ]
martillo (m)	martelo (m)	[mɐr'tɛlu]
bomba (f)	bomba (f)	['bõbɐ]
destornillador (m)	chave (f) de fendas	['ʃavə də 'fẽdɐʃ]
extintor (m)	extintor (m)	[əʃtĩ'tor]
triángulo (m) de avería	triângulo (m) de emergência	['trjãgulu də emɐr'ʒẽsiɐ]

pararse, calarse (vr)	parar (vi)	[pe'rar]
parada (f) (del motor)	paragem (f)	[pe'raʒẽ̬]
estar averiado	estar quebrado	[ə'ʃtar kə'bradu]

recalentarse (vr)	superaquecer-se (vr)	[supɛrekə'sersə]
estar atascado	entupir-se (vr)	[ẽtu'pirsə]
congelarse (vr)	congelar-se (vr)	[kõʒə'larsə]
reventar (vi)	rebentar (vi)	[ʀəbẽ'tar]

presión (f)	pressão (f)	[prə'sãu]
nivel (m)	nível (m)	['nivɛl]
flojo (correa ~a)	frouxo	['froʃu]

abolladura (f)	mossa (f)	['mɔsə]
ruido (m) (en el motor)	ruído (m)	[ʀu'idu]
grieta (f)	fissura (f)	[fi'surə]
rozadura (f)	arranhão (m)	[ɐʀɐ'ɲãu]

179. El coche. El camino

camino (m)	estrada (f)	[ə'ʃtradə]
autovía (f)	autoestrada (f)	[autɔə'ʃtradə]
carretera (f)	rodovia (f)	[ʀɔdɔ'viɐ]
dirección (f)	direção (f)	[dirɛ'sãu]
distancia (f)	distância (f)	[di'ʃtãsiɐ]

puente (m)	ponte (f)	['põtə]
aparcamiento (m)	parque (m) de estacionamento	['parkə də əʃtesiune'mẽtu]

plaza (f)	praça (f)	['prasə]
intercambiador (m)	nó (m) rodoviário	[nɔ ʀɔdɔ'vjariu]
túnel (m)	túnel (m)	['tunɛl]

gasolinera (f)	posto (m) de gasolina	['poʃtu də gezu'linɐ]
aparcamiento (m)	parque (m) de estacionamento	['parkə də əʃtesiune'mẽtu]

surtidor (m)	bomba (f) de gasolina	['bõbɐ də gezu'linɐ]
taller (m)	oficina (f) de reparação de carros	[ɔfi'sinɐ də ʀɐperɐ'sãu də 'kaʀuʃ]

cargar gasolina	abastecer (vt)	[ɐbeʃtɐ'ser]
combustible (m)	combustível (m)	[kõbu'ʃtivɛl]
bidón (m) de gasolina	bidão (m) de gasolina	[bi'dãu də gezu'linɐ]

asfalto (m)	asfalto (m)	[e'ʃfaltu]
señalización (f) vial	marcação (f) de estradas	[mɛrke'sãu də ə'ʃtradeʃ]
bordillo (m)	lancil (m)	[lã'sil]
barrera (f) de seguridad	proteção (f) guard-rail	[prutɛ'sãu guardʀɐ'il]
cuneta (f)	valeta (f)	[vɐ'letə]
borde (m) de la carretera	berma (f) da estrada	['bɛrmɐ dɐ ə'ʃtradə]
farola (f)	poste (m) de luz	['pɔʃtə də 'luʃ]

conducir (vi, vt)	conduzir, guiar (vt)	[kõdu'zir], [gi'ar]
girar (~ a la izquierda)	virar (vi)	[vi'rar]
girar en U	dar retorno	[dar ʀə'tornu]

marcha (f) atrás	marcha-atrás (f)	['marʃɐ ɐ'traʃ]
tocar la bocina	buzinar (vi)	[buzi'nar]
bocinazo (m)	buzina (f)	[bu'zinɐ]
atascarse (vr)	atolar-se (vr)	[etu'larsə]
patinar (vi)	patinar (vi)	[peti'nar]
parar (el motor)	desligar (vt)	[dəʒli'gar]

velocidad (f)	velocidade (f)	[vəlusi'dadə]
exceder la velocidad	exceder a velocidade	[əʃsə'der ɐ vəlusi'dadə]
multar (vt)	multar (vt)	[mul'tar]
semáforo (m)	semáforo (m)	[sə'mafuru]
permiso (m) de conducir	carta (f) de condução	['karte də kõdu'sãu]

paso (m) a nivel	passagem (f) de nível	[pe'saʒẽ də 'nivɛl]
cruce (m)	cruzamento (m)	[kruze'mẽtu]
paso (m) de peatones	passadeira (f)	[pese'dejre]
zona (f) de peatones	zona (f) pedonal	['zone pedu'nal]

180. Las señales de tráfico

reglas (f pl) de tránsito	código (m) da estrada	['kɔdigu de ə'ʃtrade]
señal (m) de tráfico	sinal (m) de trânsito	[si'nal de 'trãzitu]
adelantamiento (m)	ultrapassagem (f)	[ultrepe'saʒẽ]
curva (f)	curva (f)	['kurve]
vuelta (f) en U	inversão (f) de marcha	[ĩvər'sãu də 'marʃe]
rotonda (f)	rotunda (f)	[ʀu'tũde]

Prohibido el paso	sentido proibido	[sẽ'tidu prui'bidu]
Circulación prohibida	trânsito proibido	['trãzitu prui'bidu]
Prohibido adelantar	proibição de ultrapassar	[pruibi'sãu də ultrepe'sar]
Prohibido aparcar	estacionamento proibido	[əʃtesiune'mẽtu prui'bidu]
Prohibido parar	paragem proibida	[pe'raʒẽ prui'bide]

curva (f) peligrosa	curva (f) perigosa	['kurve pəri'gɔze]
bajada con fuerte pendiente	descida (f) perigosa	[da'ʃside pəri'gɔze]
sentido (m) único	trânsito de sentido único	['trãzitu də sẽ'tidu 'uniku]
paso (m) de peatones	passadeira (f)	[pese'dejre]
pavimento (m) deslizante	pavimento (m) escorregadio	[pevi'mẽtu əʃkuʀege'diu]
ceda el paso	cedência de passagem	[sə'dẽsie də pe'saʒẽ]

LA GENTE. ACONTECIMIENTOS DE LA VIDA

181. Los días festivos. Los eventos

fiesta (f)	festa (f)	['fɛʃtɐ]
fiesta (f) nacional	festa (f) nacional	['fɛʃtɐ nɐsiu'nal]
día (m) de fiesta	feriado (m)	[fə'rjadu]
celebrar (vt)	festejar (vt)	[fəʃtə'ʒar]
evento (m)	evento (m)	[e'vẽtu]
medida (f)	evento (m)	[e'vẽtu]
banquete (m)	banquete (m)	[bã'ketə]
recepción (f)	receção (f)	[ʀəsɛ'sãu]
festín (m)	festim (m)	[fə'ʃtĩ]
aniversario (m)	aniversário (m)	[ɐnivər'sariu]
jubileo (m)	jubileu (m)	[ʒubi'leu]
Año (m) Nuevo	Ano (m) Novo	['ɛnu 'novu]
¡Feliz Año Nuevo!	Feliz Ano Novo!	[fə'liʃ 'ɛnu 'novu]
Papá Noel (m)	Pai (m) Natal	[paj nɐ'tal]
Navidad (f)	Natal (m)	[nɐ'tal]
¡Feliz Navidad!	Feliz Natal!	[fə'liʃ nɐ'tal]
árbol (m) de Navidad	árvore (f) de Natal	['arvurə də nɐ'tal]
fuegos (m pl) artificiales	fogo (m) de artifício	['fogu də ɐrti'fisiu]
boda (f)	boda (f)	['bodɐ]
novio (m)	noivo (m)	['nojvu]
novia (f)	noiva (f)	['nojvɐ]
invitar (vt)	convidar (vt)	[kõvi'dar]
tarjeta (f) de invitación	convite (m)	[kõ'vitə]
invitado (m)	convidado (m)	[kõvi'dadu]
visitar (vt) (a los amigos)	visitar (vt)	[vizi'tar]
recibir a los invitados	receber os hóspedes	[ʀəsə'ber uʃ 'ɔʃpədəʃ]
regalo (m)	presente (m)	[prə'zẽtə]
regalar (vt)	oferecer (vt)	[ɔfərə'ser]
recibir regalos	receber presentes	[ʀəsə'ber prə'zẽtəʃ]
ramo (m) de flores	ramo (m) de flores	['ʀɛmu də 'florəʃ]
felicitación (f)	felicitações (f pl)	[fəlisite'sõɪʃ]
felicitar (vt)	felicitar (vt)	[fəlisi'tar]
tarjeta (f) de felicitación	cartão (m) de parabéns	[ker'tãu də pɐrɐ'bẽɪʃ]
enviar una tarjeta	enviar um postal	[ẽ'vjar ũ pu'ʃtal]
recibir una tarjeta	receber um postal	[ʀəsə'ber ũ pu'ʃtal]
brindis (m)	brinde (m)	['brĩdə]

| ofrecer (~ una copa) | oferecer (vt) | [ɔfərə'ser] |
| champaña (f) | champanhe (m) | [ʃã'peɲə] |

divertirse (vr)	divertir-se (vr)	[divər'tirsə]
diversión (f)	diversão (f)	[divər'sãu]
alegría (f) (emoción)	alegria (f)	[ɐlə'griɐ]

| baile (m) | dança (f) | ['dãsɐ] |
| bailar (vi, vt) | dançar (vi) | [dã'sar] |

| vals (m) | valsa (f) | ['valsɐ] |
| tango (m) | tango (m) | ['tãgu] |

182. Los funerales. El entierro

cementerio (m)	cemitério (m)	[səmi'tɛriu]
tumba (f)	sepultura (f), túmulo (m)	[səpul'turɐ], ['tumulu]
cruz (f)	cruz (f)	[kruʃ]
lápida (f)	lápide (f)	['lapidə]
verja (f)	cerca (f)	['serkɐ]
capilla (f)	capela (f)	[kɐ'pɛlɐ]

muerte (f)	morte (f)	['mɔrtə]
morir (vi)	morrer (vi)	[mu'ʀer]
difunto (m)	defunto (m)	[də'fũtu]
luto (m)	luto (m)	['lutu]

enterrar (vt)	enterrar, sepultar (vt)	[ẽtə'ʀar], [səpul'tar]
funeraria (f)	agência (f) funerária	[ɐ'ʒẽsiɐ funə'rariɐ]
entierro (m)	funeral (m)	[funə'ral]

corona (f) funeraria	coroa (f) de flores	[ku'roɐ də 'florəʃ]
ataúd (m)	caixão (m)	[kaɪ'ʃãu]
coche (m) fúnebre	carro (m) funerário	['kaʀu funə'rariu]
mortaja (f)	mortalha (f)	[mur'taʎɐ]

cortejo (m) fúnebre	procissão (f) funerária	[prusi'sãu funə'rariɐ]
urna (f) funeraria	urna (f) funerária	['urnɐ funə'rariɐ]
crematorio (m)	crematório (m)	[krəmɐ'tɔriu]

necrología (f)	obituário (m), necrologia (f)	[ɔbitu'ariu], [nəkrulu'ʒiɐ]
llorar (vi)	chorar (vi)	[ʃu'rar]
sollozar (vi)	soluçar (vi)	[sulu'sar]

183. La guerra. Los soldados

sección (f)	pelotão (m)	[pəlu'tãu]
compañía (f)	companhia (f)	[kõpɐ'ɲiɐ]
regimiento (m)	regimento (m)	[ʀəʒi'mẽtu]
ejército (m)	exército (m)	[e'zɛrsitu]
división (f)	divisão (f)	[divi'zãu]
destacamento (m)	destacamento (m)	[dəʃtɐke'mẽtu]

hueste (f)	hoste (f)	['ɔʃtə]
soldado (m)	soldado (m)	[sol'dadu]
oficial (m)	oficial (m)	[ɔfi'sjal]

soldado (m) raso	soldado (m) raso	[sol'dadu 'ʀazu]
sargento (m)	sargento (m)	[sɐr'ʒẽtu]
teniente (m)	tenente (m)	[tə'nẽtə]
capitán (m)	capitão (m)	[kɐpi'tãu]
mayor (m)	major (m)	[mɐ'ʒɔr]
coronel (m)	coronel (m)	[kuru'nɛl]
general (m)	general (m)	[ʒənə'ral]

marino (m)	marujo (m)	[mɐ'ruʒu]
capitán (m)	capitão (m)	[kɐpi'tãu]
contramaestre (m)	contramestre (m)	[kõtrɐ'mɛʃtrə]

artillero (m)	artilheiro (m)	[ɐrti'ʎejru]
paracaidista (m)	soldado (m) paraquedista	[sol'dadu pɐrɐkə'diʃtə]
piloto (m)	piloto (m)	[pi'lotu]
navegador (m)	navegador (m)	[nɐvɐgɐ'dor]
mecánico (m)	mecânico (m)	[mə'kɐniku]

zapador (m)	sapador (m)	[sɐpɐ'dor]
paracaidista (m)	paraquedista (m)	[pɐrɐkə'diʃtə]
explorador (m)	explorador (m)	[əʃplurɐ'dor]
francotirador (m)	franco-atirador (m)	['frãkɔ ɐtirɐ'dor]

patrulla (f)	patrulha (f)	[pɐ'truʎɐ]
patrullar (vi, vt)	patrulhar (vt)	[pɐtru'ʎar]
centinela (m)	sentinela (f)	[sẽti'nɛlɐ]

guerrero (m)	guerreiro (m)	[gə'ʀejru]
patriota (m)	patriota (m)	[pɐtri'ɔtɐ]
héroe (m)	herói (m)	[e'rɔj]
heroína (f)	heroína (f)	[eru'inɐ]

| traidor (m) | traidor (m) | [traj'dor] |
| traicionar (vt) | trair (vt) | [trɐ'ir] |

| desertor (m) | desertor (m) | [dəzɐr'tor] |
| desertar (vi) | desertar (vt) | [dəzɐr'tar] |

mercenario (m)	mercenário (m)	[mɐrsə'nariu]
recluta (m)	recruta (m)	[ʀə'krutɐ]
voluntario (m)	voluntário (m)	[vulũ'tariu]

muerto (m)	morto (m)	['mortu]
herido (m)	ferido (m)	[fə'ridu]
prisionero (m)	prisioneiro (m) de guerra	[priziu'nejru də 'gɛʀɐ]

184. La guerra. El ámbito militar. Unidad 1

| guerra (f) | guerra (f) | ['gɛʀɐ] |
| estar en guerra | guerrear (vt) | [gɛʀə'ar] |

guerra (f) civil	**guerra** (f) **civil**	['gɛʀɐ si'vil]
pérfidamente (adv)	**perfidamente**	[pɐrfidɐ'mẽtɐ]
declaración (f) de guerra	**declaração** (f) **de guerra**	[dɐklɐrɐ'sãu dɐ 'gɛʀɐ]
declarar (~ la guerra)	**declarar** (vt) **guerra**	[dɐklɐ'rar 'gɛʀɐ]
agresión (f)	**agressão** (f)	[egrɐ'sãu]
atacar (~ a un país)	**atacar** (vt)	[ɐtɐ'kar]
invadir (vt)	**invadir** (vt)	[ĩva'dir]
invasor (m)	**invasor** (m)	[ĩva'zor]
conquistador (m)	**conquistador** (m)	[kõkiʃtɐ'dor]
defensa (f)	**defesa** (f)	[dɐ'fezɐ]
defender (vt)	**defender** (vt)	[dɐfẽ'der]
defenderse (vr)	**defender-se** (vr)	[dɐfẽ'dersɐ]
enemigo (m)	**inimigo** (m)	[ini'migu]
adversario (m)	**adversário** (m)	[edvɐr'sariu]
enemigo (adj)	**inimigo**	[ini'migu]
estrategia (f)	**estratégia** (f)	[əʃtrɐ'tɛʒiɐ]
táctica (f)	**tática** (f)	['tatikɐ]
orden (f)	**ordem** (f)	['ɔrdẽ]
comando (m)	**comando** (m)	[ku'mãdu]
ordenar (vt)	**ordenar** (vt)	[ɔrdɐ'nar]
misión (f)	**missão** (f)	[mi'sãu]
secreto (adj)	**secreto**	[sɐ'krɛtu]
batalla (f)	**batalha** (f)	[bɐ'taʎɐ]
combate (m)	**combate** (m)	[kõ'batɐ]
ataque (m)	**ataque** (m)	[e'takɐ]
asalto (m)	**assalto** (m)	[e'saltu]
tomar por asalto	**assaltar** (vt)	[ɐsal'tar]
asedio (m), sitio (m)	**assédio, sítio** (m)	[e'sɛdiu], ['sitiu]
ofensiva (f)	**ofensiva** (f)	[ɔfẽ'sivɐ]
tomar la ofensiva	**passar à ofensiva**	[pe'sar a ɔfẽ'sivɐ]
retirada (f)	**retirada** (f)	[ʀɐti'radɐ]
retirarse (vr)	**retirar-se** (vr)	[ʀɐti'rarsɐ]
envolvimiento (m)	**cerco** (m)	['serku]
cercar (vt)	**cercar** (vt)	[sɐr'kar]
bombardeo (m)	**bombardeio** (m)	[bõbɐr'deju]
lanzar una bomba	**lançar uma bomba**	[lã'sar 'umɐ 'bõbɐ]
bombear (vt)	**bombardear** (vt)	[bõbɐr'djar]
explosión (f)	**explosão** (f)	[əʃplu'zãu]
tiro (m), disparo (m)	**tiro** (m)	['tiru]
disparar (vi)	**disparar um tiro**	[diʃpe'rar ũ 'tiru]
tiro (m) (de artillería)	**tiroteio** (m)	[tiru'teju]
apuntar a ...	**apontar para ...**	[ɐpõ'tar 'pɐrɐ]
encarar (apuntar)	**apontar** (vt)	[ɐpõ'tar]

alcanzar (el objetivo)	acertar (vt)	[ɛsər'tar]
hundir (vt)	afundar (vt)	[ɐfũ'dar]
brecha (f) (~ en el casco)	brecha (f)	['brɛʃɐ]
hundirse (vr)	afundar-se (vr)	[ɐfũ'darsə]

frente (m)	frente (m)	['frẽtə]
evacuación (f)	evacuação (f)	[evɐkuɐ'sãu]
evacuar (vt)	evacuar (vt)	[evɐku'ar]

trinchera (f)	trincheira (f)	[trĩ'ʃejrɐ]
alambre (m) de púas	arame (m) farpado	[ɐ'rɐmə fɐr'padu]
barrera (f) (~ antitanque)	obstáculo (m) anticarro	[ɔb'ʃtakulu ɐ̃ti'kaʀu]
torre (f) de vigilancia	torre (f) de vigia	['toʀə də vi'ʒiɐ]

hospital (m)	hospital (m)	[ɔʃpi'tal]
herir (vt)	ferir (vt)	[fə'rir]
herida (f)	ferida (f)	[fə'ridɐ]
herido (m)	ferido (m)	[fə'ridu]
recibir una herida	ficar ferido	[fi'kar fə'ridu]
grave (herida)	grave	['gravə]

185. La guerra. El ámbito militar. Unidad 2

cautiverio (m)	cativeiro (m)	[kɐti'vejru]
capturar (vt)	capturar (vt)	[kaptu'rar]
estar en cautiverio	estar em cativeiro	[ə'ʃtar ẽ kɐti'vejru]
caer prisionero	ser aprisionado	[ser ɐpriziu'nadu]

campo (m) de concentración	campo (m) de concentração	['kãpu də kõsẽtrɐ'sãu]
prisionero (m)	prisioneiro (m) de guerra	[priziu'nejru də 'gɛʀɐ]
escapar (de cautiverio)	escapar (vi)	[əʃkɐ'par]

traicionar (vt)	trair (vt)	[trɐ'ir]
traidor (m)	traidor (m)	[traj'dor]
traición (f)	traição (f)	[traj'sãu]

fusilar (vt)	fuzilar, executar (vt)	[fuzi'lar], [ezəku'tar]
fusilamiento (m)	fuzilamento (m)	[fuzilɐ'mẽtu]

equipo (m) (uniforme, etc.)	equipamento (m)	[ekipɐ'mẽtu]
hombrera (f)	platina (f)	[plɐ'tinɐ]
máscara (f) antigás	máscara (f) antigás	['maʃkɐɾɐ ɐ̃ti'gaʃ]

radio transmisor (m)	rádio (m)	['ʀadiu]
cifra (f) (código)	cifra (f), código (m)	['sifrɐ], ['kɔdigu]
conspiración (f)	conspiração (f)	[kõʃpirɐ'sãu]
contraseña (f)	senha (f)	['seɲɐ]

mina (f) terrestre	mina (f)	['minɐ]
minar (poner minas)	minar (vt)	[mi'nar]
campo (m) minado	campo (m) minado	['kãpu mi'nadu]

alarma (f) aérea	alarme (m) aéreo	[ɐ'larmə ɐ'ɛriu]
alarma (f)	alarme (m)	[ɐ'larmə]

| señal (f) | sinal (m) | [si'nal] |
| cohete (m) de señales | sinalizador (m) | [sinelize'dor] |

estado (m) mayor	estado-maior (m)	[ə'ʃtadu me'jɔr]
reconocimiento (m)	reconhecimento (m)	[ʀəkuɲəsi'mẽtu]
situación (f)	situação (f)	[situe'sãu]
informe (m)	relatório (m)	[ʀəle'tɔriu]
emboscada (f)	emboscada (f)	[ẽbu'ʃkadɐ]
refuerzo (m)	reforço (m)	[ʀə'forsu]

blanco (m)	alvo (m)	['alvu]
terreno (m) de prueba	campo (m) de tiro	['kãpu də 'tiru]
maniobras (f pl)	manobras (f pl)	[me'nɔbrɐʃ]

pánico (m)	pânico (m)	['peniku]
devastación (f)	devastação (f)	[dəveʃte'sãu]
destrucciones (f pl)	ruínas (f pl)	[ʀu'inɐʃ]
destruir (vt)	destruir (vt)	[dəʃtru'ir]

sobrevivir (vi, vt)	sobreviver (vi)	[sobrəvi'ver]
desarmar (vt)	desarmar (vt)	[dəzer'mar]
manejar (un arma)	manusear (vt)	[menu'zjar]

| ¡Firmes! | Firmes! | ['firmeʃ] |
| ¡Descanso! | Descansar! | [dəʃkã'sar] |

hazaña (f)	façanha (f)	[fe'seɲɐ]
juramento (m)	juramento (m)	[ʒure'mẽtu]
jurar (vt)	jurar (vi)	[ʒu'rar]

condecoración (f)	condecoração (f)	[kõdəkure'sãu]
condecorar (vt)	condecorar (vt)	[kõdəku'rar]
medalla (f)	medalha (f)	[mə'daʎɐ]
orden (m) (~ de Merito)	ordem (f)	['ɔrdẽi]

victoria (f)	vitória (f)	[vi'tɔriɐ]
derrota (f)	derrota (f)	[də'ʀɔtɐ]
armisticio (m)	armistício (m)	[ermi'ʃtisiu]

bandera (f)	bandeira (f)	[bã'dejrɐ]
gloria (f)	glória (f)	['glɔriɐ]
desfile (m) militar	desfile (m) militar	[də'ʃfilə mili'tar]
marchar (desfilar)	marchar (vi)	[me'rʃar]

186. Las armas

arma (f)	arma (f)	['armɐ]
arma (f) de fuego	arma (f) de fogo	['armɐ də 'fogu]
arma (f) blanca	arma (f) branca	['armɐ 'brãkɐ]

arma (f) química	arma (f) química	['armɐ 'kimikɐ]
nuclear (adj)	nuclear	[nuklə'ar]
arma (f) nuclear	arma (f) nuclear	['armɐ nuklə'ar]
bomba (f)	bomba (f)	['bõbɐ]

bomba (f) atómica	bomba (f) atómica	['bõbɐ ɐ'tɔmikɐ]
pistola (f)	pistola (f)	[pi'ʃtɔlɐ]
fusil (m)	caçadeira (f)	[kɐsɐ'dɐjɾɐ]
metralleta (f)	pistola-metralhadora (f)	[pi'ʃtɔlɐ mɐtɾɐʎɐ'doɾɐ]
ametralladora (f)	metralhadora (f)	[mɐtɾɐʎɐ'doɾɐ]

boca (f)	boca (f)	['bokɐ]
cañón (m) (del arma)	cano (m)	['kɐnu]
calibre (m)	calibre (m)	[kɐ'libɾɐ]

gatillo (m)	gatilho (m)	[gɐ'tiʎu]
alza (f)	mira (f)	['miɾɐ]
cargador (m)	carregador (m)	[kɐʀɐgɐ'dor]
culata (f)	coronha (f)	[ku'ɾoɲɐ]

granada (f) de mano	granada (f) de mão	[gɾɐ'nadɐ dɐ 'mãu]
explosivo (m)	explosivo (m)	[ɐʃplu'zivu]

bala (f)	bala (f)	['balɐ]
cartucho (m)	cartucho (m)	[kɐr'tuʃu]
carga (f)	carga (f)	['kargɐ]
pertrechos (m pl)	munições (f pl)	[muni'sõɪʃ]

bombardero (m)	bombardeiro (m)	[bõbɐr'dɐjɾu]
avión (m) de caza	avião (m) de caça	[ɐ'vjãu dɐ 'kasɐ]
helicóptero (m)	helicóptero (m)	[eli'kɔptɐru]

antiaéreo (m)	canhão (m) antiaéreo	[kɐ'ɲãu ãtiɐ'ɛriu]
tanque (m)	tanque (m)	['tãkɐ]
cañón (m) (de un tanque)	canhão (m), peça (f)	[kɐ'ɲãu], ['pɛsɐ]

artillería (f)	artilharia (f)	[ɐrtiʎɐ'ɾiɐ]
cañón (m) (arma)	canhão (m)	[kɐ'ɲãu]
dirigir (un misil, etc.)	fazer a pontaria	[fɐ'zer ɐ põtɐ'ɾiɐ]

mortero (m)	morteiro (m)	[mur'tɐjɾu]
bomba (f) de mortero	granada (f) de morteiro	[gɾɐ'nadɐ dɐ mur'tɐjɾu]
obús (m)	obus (m)	[ɔ'buʃ]
trozo (m) de obús	estilhaço (m)	[ɐʃti'ʎasu]

submarino (m)	submarino (m)	[submɐ'rinu]
torpedo (m)	torpedo (m)	[tur'pɛdu]
misil (m)	míssil (m)	['misil]

cargar (pistola)	carregar (vt)	[kɐʀɐ'gar]
tirar (vi)	atirar, disparar (vi)	[ɐti'rar], [diʃpɐ'rar]
apuntar a ...	apontar para ...	[ɐpõ'tar 'pɐɾɐ]
bayoneta (f)	baioneta (f)	[baju'netɐ]

espada (f) (duelo a ~)	espada (f)	[ɐ'ʃpadɐ]
sable (m)	sabre (m)	['sabɾɐ]
lanza (f)	lança (f)	['lãsɐ]
arco (m)	arco (m)	['arku]
flecha (f)	flecha (f)	['flɛʃɐ]
mosquete (m)	mosquete (m)	[mu'ʃkɛtɐ]
ballesta (f)	besta (f)	['bɐʃtɐ]

187. Los pueblos antiguos

primitivo (adj)	primitivo	[primi'tivu]
prehistórico (adj)	pré-histórico	[prɛɪ'ʃtɔriku]
antiguo (adj)	antigo	[ã'tigu]
Edad (f) de Piedra	Idade (f) da Pedra	[i'dadə dɐ 'pɛdrɐ]
Edad (f) de Bronce	Idade (f) do Bronze	[i'dadə du 'brõzə]
Edad (f) de Hielo	período (m) glacial	[pə'riudu glɐ'sjal]
tribu (f)	tribo (f)	['tribu]
caníbal (m)	canibal (m)	[kɐni'bal]
cazador (m)	caçador (m)	[kɐsɐ'dor]
cazar (vi, vt)	caçar (vi)	[kɐ'sar]
mamut (m)	mamute (m)	[mɐ'mutə]
caverna (f)	caverna (f)	[kɐ'vɛrnɐ]
fuego (m)	fogo (m)	['fogu]
hoguera (f)	fogueira (f)	[fu'gejrɐ]
pintura (f) rupestre	pintura (f) rupestre	[pĩ'turɐ ʀu'pɛʃtrɐ]
herramienta (f), útil (m)	ferramenta (f)	[fɐʀɐ'mẽtɐ]
lanza (f)	lança (f)	['lãsɐ]
hacha (f) de piedra	machado (m) de pedra	[mɐ'ʃadu dɐ 'pɛdrɐ]
estar en guerra	guerrear (vt)	[gɛʀɐ'ar]
domesticar (vt)	domesticar (vt)	[dumɐʃti'kar]
ídolo (m)	ídolo (m)	['idulu]
adorar (vt)	adorar, venerar (vt)	[ɐdu'rar], [vɐnɐ'rar]
superstición (f)	superstição (f)	[supərʃti'sãu]
rito (m)	ritual (m)	[ʀitu'al]
evolución (f)	evolução (f)	[evulu'sãu]
desarrollo (m)	desenvolvimento (m)	[dɐzẽvɔlvi'mẽtu]
desaparición (f)	desaparecimento (m)	[dɐzɐpɐrɐsi'mẽtu]
adaptarse (vr)	adaptar-se (vr)	[ɐdɐp'tarsə]
arqueología (f)	arqueologia (f)	[ɐrkiulu'ʒiɐ]
arqueólogo (m)	arqueólogo (m)	[ɐr'kjɔlugu]
arqueológico (adj)	arqueológico	[ɐrkiu'lɔʒiku]
sitio (m) de excavación	local (m) das escavações	[lu'kal dɐʃ ɐʃkɐvɐ'sɔɪʃ]
excavaciones (f pl)	escavações (f pl)	[ɐʃkɐvɐ'sɔɪʃ]
hallazgo (m)	achado (m)	[ɐ'ʃadu]
fragmento (m)	fragmento (m)	[fra'gmẽtu]

188. La Edad Media

pueblo (m)	povo (m)	['povu]
pueblos (m pl)	povos (m pl)	['pɔvuʃ]
tribu (f)	tribo (f)	['tribu]
tribus (f pl)	tribos (f pl)	['tribuʃ]
bárbaros (m pl)	bárbaros (m pl)	['barbɐruʃ]

galos (m pl)	gauleses (m pl)	[gau'lezəʃ]
godos (m pl)	godos (m pl)	['goduʃ]
eslavos (m pl)	eslavos (m pl)	[ə'ʒlavuʃ]
vikingos (m pl)	víquingues (m pl)	['vikĩgəs]

| romanos (m pl) | romanos (m pl) | [ʀu'mɐnuʃ] |
| romano (adj) | romano | [ʀu'mɐnu] |

bizantinos (m pl)	bizantinos (m pl)	[bizã'tinuʃ]
Bizancio (m)	Bizâncio	[bi'zãsiu]
bizantino (adj)	bizantino	[bizã'tinu]

emperador (m)	imperador (m)	[ĩpəɾe'dor]
jefe (m)	líder (m)	['lidɛɾ]
poderoso (adj)	poderoso	[pudə'rozu]
rey (m)	rei (m)	[ʀɐj]
gobernador (m)	governante (m)	[guvəɾ'nãtə]

caballero (m)	cavaleiro (m)	[kɐvɐ'lɐjɾu]
señor (m) feudal	senhor feudal (m)	[sə'nor feu'dal]
feudal (adj)	feudal	[feu'dal]
vasallo (m)	vassalo (m)	[vɐ'salu]

duque (m)	duque (m)	['dukə]
conde (m)	conde (m)	['kõdə]
barón (m)	barão (m)	[bɐ'rãu]
obispo (m)	bispo (m)	['biʃpu]

armadura (f)	armadura (f)	[ɐɾmɐ'duɾɐ]
escudo (m)	escudo (m)	[ə'ʃkudu]
espada (f) (danza de ~s)	espada (f)	[ə'ʃpadə]
visera (f)	viseira (f)	[vi'zɐjɾɐ]
cota (f) de malla	cota (f) de malha	['kɔtɐ də 'maʎɐ]

| cruzada (f) | cruzada (f) | [kru'zadɐ] |
| cruzado (m) | cruzado (m) | [kru'zadu] |

territorio (m)	território (m)	[təʀi'tɔriu]
atacar (~ a un país)	atacar (vt)	[ɐtɐ'kar]
conquistar (vt)	conquistar (vt)	[kõki'ʃtar]
ocupar (invadir)	ocupar, invadir (vt)	[ɔku'par], [ĩva'dir]

asedio (m), sitio (m)	assédio, sítio (m)	[ɐ'sɛdiu], ['sitiu]
sitiado (adj)	sitiado	[si'tjadu]
asediar, sitiar (vt)	assediar, sitiar (vt)	[ɐsə'djar], [si'tjar]

inquisición (f)	inquisição (f)	[ĩkizi'sãu]
inquisidor (m)	inquisidor (m)	[ĩkizi'dor]
tortura (f)	tortura (f)	[tur'tuɾɐ]
cruel (adj)	cruel	[kru'ɛl]
hereje (m)	herege (m)	[e'ʀɛʒə]
herejía (f)	heresia (f)	[eɾɐ'ziɐ]

navegación (f) marítima	navegação (f) marítima	[nɐvɐgɐ'sãu mɐ'ritimɐ]
pirata (m)	pirata (m)	[pi'ratɐ]
piratería (f)	pirataria (f)	[piɾɐtɐ'riɐ]

abordaje (m)	abordagem (f)	[ɐbur'daʒẽⁱ]
botín (m)	presa (f), butim (m)	['prezɐ], [bu'tĩ]
tesoros (m pl)	tesouros (m pl)	[tə'zoruʃ]

descubrimiento (m)	descobrimento (m)	[dəʃkubri'mẽtu]
descubrir (tierras nuevas)	descobrir (vt)	[dəʃku'brir]
expedición (f)	expedição (f)	[əʃpədi'sãu]

mosquetero (m)	mosqueteiro (m)	[muʃkə'tejru]
cardenal (m)	cardeal (m)	[kɐr'djal]
heráldica (f)	heráldica (f)	[e'raldikɐ]
heráldico (adj)	heráldico	[e'raldiku]

189. El líder. El jefe. Las autoridades

rey (m)	rei (m)	[ʀej]
reina (f)	rainha (f)	[ʀɐ'iɲɐ]
real (adj)	real	[ʀɐ'al]
reino (m)	reino (m)	['ʀejnu]

| príncipe (m) | príncipe (m) | ['prĩsipə] |
| princesa (f) | princesa (f) | [prĩ'sezɐ] |

presidente (m)	presidente (m)	[prəzi'dẽtə]
vicepresidente (m)	vice-presidente (m)	['visə prəzi'dẽtə]
senador (m)	senador (m)	[sɐnɐ'dor]

monarca (m)	monarca (m)	[mu'narkɐ]
gobernador (m)	governante (m)	[guvɐr'nãtə]
dictador (m)	ditador (m)	[ditɐ'dor]
tirano (m)	tirano (m)	[ti'rɐnu]
magnate (m)	magnata (m)	[mɐ'gnatɐ]

director (m)	diretor (m)	[dirɛ'tor]
jefe (m)	chefe (m)	['ʃɛfə]
gerente (m)	dirigente (m)	[diri'ʒẽtə]
amo (m)	patrão (m)	[pɐ'trãu]
dueño (m)	dono (m)	['donu]

jefe (m) (~ de delegación)	chefe (m)	['ʃɛfə]
autoridades (f pl)	autoridades (f pl)	[auturi'dadəʃ]
superiores (m pl)	superiores (m pl)	[supə'rjorəʃ]

gobernador (m)	governador (m)	[guvɐrnɐ'dor]
cónsul (m)	cônsul (m)	['kõsul]
diplomático (m)	diplomata (m)	[diplu'matɐ]

| alcalde (m) | Presidente (m) da Câmara | [prəzi'dẽtə dɐ 'kɐmɐrɐ] |
| sheriff (m) | xerife (m) | [ʃɛ'rifə] |

emperador (m)	imperador (m)	[ĩpɐrɐ'dor]
zar (m)	czar (m)	['kzar]
faraón (m)	faraó (m)	[fɐrɐ'ɔ]
jan (m), kan (m)	cã (m)	['kã]

190. La calle. El camino. Las direcciones

camino (m)	estrada (f)	[ə'ʃtradɐ]
vía (f)	caminho (m)	[kɐ'miɲu]
carretera (f)	rodovia (f)	[ʀɔdɔ'viɐ]
autovía (f)	autoestrada (f)	[autɔə'ʃtradɐ]
camino (m) nacional	estrada (f) nacional	[ə'ʃtradɐ nɐsiu'nal]
camino (m) principal	estrada (f) principal	[ə'ʃtradɐ prĩsi'pal]
camino (m) de tierra	caminho (m) de terra batida	[kɐ'miɲu də 'tɛʀɐ bɐ'tidɐ]
sendero (m)	trilha (f)	['triʎɐ]
senda (f)	vereda (f)	[vɐ'redɐ]
¿Dónde?	Onde?	['õdə]
¿A dónde?	Para onde?	['pɐrɐ 'õdə]
¿De dónde?	De onde?	[də 'õdə]
dirección (f)	direção (f)	[dirɛ'sãu]
mostrar (~ el camino)	indicar (vt)	[ĩdi'kar]
a la izquierda (girar ~)	para esquerda	['pɐrɐ ə'ʃkerdɐ]
a la derecha (girar)	para direita	['pɐrɐ di'rejtɐ]
todo recto (adv)	em frente	[ẽ 'frẽtə]
atrás (adv)	para trás	['pɐrɐ 'traʃ]
curva (f)	curva (f)	['kurvɐ]
girar (~ a la izquierda)	virar (vi)	[vi'rar]
girar en U	dar retorno	[dar ʀə'tornu]
divisarse (vr)	estar visível	[ə'ʃtar vi'zivɛl]
aparecer (vi)	aparecer (vi)	[ɐpɐrɐ'ser]
alto (m)	paragem (f)	[pɐ'raʒẽ']
descansar (vi)	descansar (vi)	[dəʃkã'sar]
reposo (m)	descanso (m)	[də'ʃkãsu]
perderse (vr)	perder-se (vr)	[pər'dersə]
llevar a … (el camino)	levar para …	[lə'var 'pɐrɐ]
llegar a …	chegar a …	[ʃə'gar ɐ]
tramo (m) (~ del camino)	trecho (m)	['treʃu]
asfalto (m)	asfalto (m)	[ɐ'ʃfaltu]
bordillo (m)	lancil (m)	[lã'sil]
cuneta (f)	valeta (f)	[vɐ'letɐ]
pozo (m) de alcantarillado	tampa (f) de esgoto	['tãpɐ də əʒ'gotu]
arcén (m)	berma (f) da estrada	['bɛrmɐ dɐ ə'ʃtradɐ]
bache (m)	buraco (m)	[bu'raku]
ir (a pie)	ir (vi)	[ir]
adelantar (vt)	ultrapassar (vt)	[ultrɐpɐ'sar]
paso (m)	passo (m)	['pasu]
a pie	a pé	[ɐ pɛ]

bloquear (vt)	bloquear (vt)	[blu'kjaɾ]
barrera (f) (~ automática)	cancela (f)	[kã'sɛle]
callejón (m) sin salida	beco (m) sem saída	['beku sẽ se'ide]

191. Violar la ley. Los criminales. Unidad 1

bandido (m)	bandido (m)	[bã'didu]
crimen (m)	crime (m)	['krime]
criminal (m)	criminoso (m)	[krimi'nozu]

ladrón (m)	ladrão (m)	[le'drãu]
robar (vt)	roubar (vt)	[ʀo'baɾ]
robo (m) (actividad)	furto (m)	['furtu]
robo (m) (hurto)	furto (m)	['furtu]

secuestrar (vt)	raptar (vt)	[ʀep'taɾ]
secuestro (m)	rapto (m)	['ʀaptu]
secuestrador (m)	raptor (m)	[ʀap'tor]

| rescate (m) | resgate (m) | [ʀeʒ'gate] |
| exigir un rescate | pedir resgate | [pe'dir ʀeʒ'gate] |

robar (vt)	roubar (vt)	[ʀo'baɾ]
robo (m)	assalto, roubo (m)	[e'saltu], ['ʀobu]
atracador (m)	assaltante (m)	[esal'tãte]

extorsionar (vt)	extorquir (vt)	[əʃtur'kir]
extorsionista (m)	extorsionário (m)	[əʃtursiu'nariu]
extorsión (f)	extorsão (f)	[əʃtur'sãu]

matar, asesinar (vt)	matar, assassinar (vt)	[me'tar], [esesi'nar]
asesinato (m)	homicídio (m)	[ɔmi'sidiu]
asesino (m)	homicida, assassino (m)	[ɔmi'side], [ese'sinu]

tiro (m), disparo (m)	tiro (m)	['tiru]
disparar (vi)	dar um tiro	[dar ũ 'tiru]
matar (a tiros)	matar a tiro	[me'tar e 'tiru]
tirar (vi)	atirar, disparar (vi)	[eti'rar], [diʃpe'rar]
tiroteo (m)	tiroteio (m)	[tiru'teju]

incidente (m)	incidente (m)	[ĩsid'ẽte]
pelea (f)	briga (f)	['brige]
¡Socorro!	Socorro!	[su'koʀu]
víctima (f)	vítima (f)	['vitime]

perjudicar (vt)	danificar (vt)	[denifi'kar]
daño (m)	dano (m)	['denu]
cadáver (m)	cadáver (m)	[ke'davɛr]
grave (un delito ~)	grave	['grave]

atacar (vt)	atacar (vt)	[ete'kar]
pegar (golpear)	bater (vt)	[be'ter]
apporear (vt)	espancar (vt)	[əʃpã'kar]
quitar (robar)	tirar (vt)	[ti'rar]

acuchillar (vt)	esfaquear (vt)	[əʃfe'kjaɾ]
mutilar (vt)	mutilar (vt)	[muti'lar]
herir (vt)	ferir (vt)	[fə'rir]

chantaje (m)	chantagem (f)	[ʃã'taʒẽ]
hacer chantaje	chantagear (vt)	[ʃãte'ʒjaɾ]
chantajista (m)	chantagista (m)	[ʃãte'ʒiʃte]

extorsión (f)	extorsão (f)	[əʃtur'sãu]
extorsionador (m)	extorsionário (m)	[əʃtursiu'nariu]
gángster (m)	gângster (m)	['gãgʃtɛr]
mafia (f)	máfia (f)	['mafie]

carterista (m)	carteirista (m)	[kɐrtej'riʃte]
ladrón (m) de viviendas	assaltante, ladrão (m)	[ɐsal'tãtə], [lɐ'drãu]
contrabandismo (m)	contrabando (m)	[kõtrɐ'bãdu]
contrabandista (m)	contrabandista (m)	[kõtrɐbã'diʃte]

falsificación (f)	falsificação (f)	[falsifike'sãu]
falsificar (vt)	falsificar (vt)	[falsifi'kar]
falso (falsificado)	falsificado	[falsifi'kadu]

192. Violar la ley. Los criminales. Unidad 2

violación (f)	violação (f)	[viule'sãu]
violar (vt)	violar (vt)	[viu'lar]
violador (m)	violador (m)	[viule'dor]
maniaco (m)	maníaco (m)	[mɐ'niɐku]

prostituta (f)	prostituta (f)	[pruʃti'tute]
prostitución (f)	prostituição (f)	[pruʃtitui'sãu]
chulo (m), proxeneta (m)	chulo (m)	['ʃulu]

| drogadicto (m) | toxicodependente (m) | [tɔksiku·dəpẽ'dẽtə] |
| narcotraficante (m) | traficante (m) | [trɐfi'kãtə] |

hacer explotar	explodir (vt)	[əʃplu'dir]
explosión (f)	explosão (f)	[əʃplu'zãu]
incendiar (vt)	incendiar (vt)	[ĩsẽ'djar]
incendiario (m)	incendiário (m)	[ĩsẽ'djariu]

terrorismo (m)	terrorismo (m)	[təʀu'riʒmu]
terrorista (m)	terrorista (m)	[təʀu'riʃte]
rehén (m)	refém (m)	[ʀə'fẽ]

estafar (vt)	enganar (vt)	[ẽgɐ'nar]
estafa (f)	engano (m)	[ẽ'gɐnu]
estafador (m)	vigarista (m)	[vigɐ'riʃte]

sobornar (vt)	subornar (vt)	[subur'nar]
soborno (m) (delito)	suborno (m)	[su'bornu]
soborno (m) (dinero, etc.)	suborno (m)	[su'bornu]
veneno (m)	veneno (m)	[və'nenu]
envenenar (vt)	envenenar (vt)	[ẽvənə'nar]

envenenarse (vr)	envenenar-se (vr)	[ēvənə'narsə]
suicidio (m)	suicídio (m)	[sui'sidiu]
suicida (m, f)	suicida (m)	[sui'sidɐ]

amenazar (vt)	ameaçar (vt)	[emiɐ'sar]
amenaza (f)	ameaça (f)	[ɐ'mjasɐ]
atentar (vi)	atentar contra a vida de …	[etē'tar 'kõtrɐ ɐ 'vidɐ də]
atentado (m)	atentado (m)	[etē'tadu]

robar (un coche)	roubar (vt)	[ʀo'bar]
secuestrar (un avión)	desviar (vt)	[də'ʒvjar]

venganza (f)	vingança (f)	[vĩ'gãsɐ]
vengar (vt)	vingar (vt)	[vĩ'gar]

torturar (vt)	torturar (vt)	[turtu'rar]
tortura (f)	tortura (f)	[tur'turɐ]
atormentar (vt)	atormentar (vt)	[eturmē'tar]

pirata (m)	pirata (m)	[pi'ratɐ]
gamberro (m)	desordeiro (m)	[dəzɔr'dejru]
armado (adj)	armado	[ɐr'madu]
violencia (f)	violência (f)	[viu'lẽsiɐ]
ilegal (adj)	ilegal	[ilə'gal]

espionaje (m)	espionagem (f)	[əʃpiu'naʒẽ']
espiar (vi, vt)	espionar (vi)	[əʃpiu'nar]

193. La policía. La ley. Unidad 1

justicia (f)	justiça (f)	[ʒu'ʃtisɐ]
tribunal (m)	tribunal (m)	[tribu'nal]

juez (m)	juiz (m)	[ʒu'iʃ]
jurados (m pl)	jurados (m pl)	[ʒu'raduʃ]
tribunal (m) de jurados	tribunal (m) do júri	[tribu'nal du 'ʒuri]
juzgar (vt)	julgar (vt)	[ʒu'lgar]

abogado (m)	advogado (m)	[edvu'gadu]
acusado (m)	réu (m)	['ʀɛu]
banquillo (m) de los acusados	banco (m) dos réus	['bãku duʃ 'ʀɛuʃ]

inculpación (f)	acusação (f)	[ekuzɐ'sãu]
inculpado (m)	acusado (m)	[eku'zadu]

sentencia (f)	sentença (f)	[sẽ'tẽsɐ]
sentenciar (vt)	sentenciar (vt)	[sētē'sjar]

culpable (m)	culpado (m)	[kul'padu]
castigar (vt)	punir (vt)	[pu'nir]
castigo (m)	punição (f)	[puni'sãu]

multa (f)	multa (f)	['multe]
cadena (f) perpetua	prisão (f) perpétua	[pri'zãu pər'pɛtuɐ]

pena (f) de muerte	pena (f) de morte	['penɐ də 'mɔrtə]
silla (f) eléctrica	cadeira (f) elétrica	[kɐ'dejɾɐ e'lɛtrikɐ]
horca (f)	forca (f)	['forkɐ]

| ejecutar (vt) | executar (vt) | [ezəku'tar] |
| ejecución (f) | execução (f) | [ezəku'sãu] |

| prisión (f) | prisão (f) | [pri'zãu] |
| celda (f) | cela (f) de prisão | ['sɛlɐ də pri'zãu] |

escolta (f)	escolta (f)	[ə'ʃkɔltɐ]
guardia (m) de prisiones	guarda (m) prisional	[gu'ardɐ priziu'nal]
prisionero (m)	preso (m)	['prezu]

| esposas (f pl) | algemas (f pl) | [al'ʒeməʃ] |
| esposar (vt) | algemar (vt) | [aʒə'mar] |

escape (m)	fuga, evasão (f)	['fugɐ], [evɐ'zãu]
escaparse (vr)	fugir (vi)	[fu'ʒir]
desaparecer (vi)	desaparecer (vi)	[dəzepeɾə'ser]
liberar (vt)	soltar, libertar (vt)	[sol'tar], [libər'tar]
amnistía (f)	amnistia (f)	[emni'ʃtiɐ]

policía (f) (~ nacional)	polícia (f)	[pu'lisiɐ]
policía (m)	polícia (m)	[pu'lisiɐ]
comisaría (f) de policía	esquadra (f) de polícia	[əʃku'adrɐ də pu'lisiɐ]
porra (f)	cassetete (m)	[kasə'tetə]
megáfono (m)	megafone (m)	[mɛgɐ'fɔnə]

coche (m) patrulla	carro (m) de patrulha	['kaʀu də pe'truʎɐ]
sirena (f)	sirene (f)	[si'ʀɛnə]
poner la sirena	ligar a sirene	[li'gar ɐ si'ʀɛnə]
sonido (m) de sirena	toque (m) da sirene	['tɔkə dɐ si'ʀɛnə]

escena (f) del delito	cena (f) do crime	['senɐ du 'krimə]
testigo (m)	testemunha (f)	[təʃtə'muɲɐ]
libertad (f)	liberdade (f)	[libər'dadə]
cómplice (m)	cúmplice (m)	['kũplisə]
escapar de …	escapar (vi)	[əʃkɐ'par]
rastro (m)	traço (m)	['trasu]

194. La policía. La ley. Unidad 2

búsqueda (f)	procura (f)	[prɔ'kuɾɐ]
buscar (~ el criminal)	procurar (vt)	[prɔku'rar]
sospecha (f)	suspeita (f)	[su'ʃpejtɐ]
sospechoso (adj)	suspeito	[su'ʃpejtu]
parar (~ en la calle)	parar (vt)	[pe'rar]
retener (vt)	deter (vt)	[də'ter]

causa (f) (~ penal)	caso (m)	['kazu]
investigación (f)	investigação (f)	[ĩvəʃtigɐ'sãu]
detective (m)	detetive (m)	[dətɛ'tivə]
investigador (m)	investigador (m)	[ĩvəʃtigɐ'dor]

versión (f)	versão (f)	[vər'sãu]
motivo (m)	motivo (m)	[mu'tivu]
interrogatorio (m)	interrogatório (m)	[ĩtəʀuɡe'tɔriu]
interrogar (vt)	interrogar (vt)	[ĩtəʀu'ɡaɾ]
interrogar (al testigo)	questionar (vt)	[kəʃtiu'naɾ]
control (m) (de vehículos, etc.)	verificação (f)	[vərifike'sãu]

redada (f)	batida (f) policial	[be'tide puli'sjal]
registro (m) (~ de la casa)	busca (f)	['buʃke]
persecución (f)	perseguição (f)	[pərsəgi'sãu]
perseguir (vt)	perseguir (vt)	[pərsə'giɾ]
rastrear (~ al criminal)	seguir (vt)	[sə'giɾ]

arresto (m)	prisão (f)	[pri'zãu]
arrestar (vt)	prender (vt)	[prẽ'deɾ]
capturar (vt)	pegar, capturar (vt)	[pə'gaɾ], [kaptu'raɾ]
captura (f)	captura (f)	[kap'turɐ]

documento (m)	documento (m)	[duku'mẽtu]
prueba (f)	prova (f)	['prɔve]
probar (vt)	provar (vt)	[pru'vaɾ]
huella (f) (pisada)	pegada (f)	[pə'gade]
huellas (f pl) digitales	impressões (f pl) digitais	[ĩprə'soɾʃ diʒi'taɪʃ]
elemento (m) de prueba	prova (f)	['prɔve]

coartada (f)	álibi (m)	['alibi]
inocente (no culpable)	inocente	[inu'sẽtə]
injusticia (f)	injustiça (f)	[ĩʒu'ʃtisə]
injusto (adj)	injusto	[ĩ'ʒuʃtu]

criminal (adj)	criminal	[krimi'nal]
confiscar (vt)	confiscar (vt)	[kõfi'ʃkaɾ]
narcótico (m)	droga (f)	['drɔge]
arma (f)	arma (f)	['armɐ]
desarmar (vt)	desarmar (vt)	[dəzer'maɾ]
ordenar (vt)	ordenar (vt)	[ɔrdə'naɾ]
desaparecer (vi)	desaparecer (vi)	[dəzɐpərə'seɾ]

ley (f)	lei (f)	[lɐj]
legal (adj)	legal	[lə'gal]
ilegal (adj)	ilegal	[ilə'gal]

| responsabilidad (f) | responsabilidade (f) | [ʀəʃpõsebili'dadə] |
| responsable (adj) | responsável | [ʀəʃpõ'savɛl] |

LA NATURALEZA

La tierra. Unidad 1

195. El espacio

cosmos (m)	cosmos (m)	['kɔʒmuʃ]
espacial, cósmico (adj)	cósmico	['kɔʒmiku]
espacio (m) cósmico	espaço (m) cósmico	[ə'ʃpasu 'kɔʒmiku]
mundo (m)	mundo (m)	['mũdu]
universo (m)	universo (m)	[uni'vɛrsu]
galaxia (f)	galáxia (f)	[gɐ'laksiɐ]
estrella (f)	estrela (f)	[ə'ʃtrelɐ]
constelación (f)	constelação (f)	[kõʃtɐlɐ'sãu]
planeta (m)	planeta (m)	[plɐ'netɐ]
satélite (m)	satélite (m)	[sɐ'tɛlitɐ]
meteorito (m)	meteorito (m)	[mɐtiu'ritu]
cometa (m)	cometa (m)	[ku'metɐ]
asteroide (m)	asteroide (m)	[ɐʃtɐ'rɔjdɐ]
órbita (f)	órbita (f)	['ɔrbitɐ]
girar (vi)	girar (vi)	[ʒi'rar]
atmósfera (f)	atmosfera (f)	[etmu'ʃfɛrɐ]
Sol (m)	Sol (m)	[sɔl]
sistema (m) solar	Sistema (m) Solar	[si'ʃtemɐ su'lar]
eclipse (m) de Sol	eclipse (m) solar	[ek'lipsə su'lar]
Tierra (f)	Terra (f)	['tɛʀɐ]
Luna (f)	Lua (f)	['luɐ]
Marte (m)	Marte (m)	['martə]
Venus (f)	Vénus (f)	['vɛnuʃ]
Júpiter (m)	Júpiter (m)	['ʒupitɛr]
Saturno (m)	Saturno (m)	[sɐ'turnu]
Mercurio (m)	Mercúrio (m)	[mɐr'kuriu]
Urano (m)	Urano (m)	[u'rɐnu]
Neptuno (m)	Neptuno (m)	[nɛp'tunu]
Plutón (m)	Plutão (m)	[plu'tãu]
la Vía Láctea	Via Láctea (f)	['viɐ 'latiɐ]
la Osa Mayor	Ursa Maior (f)	[ursɐ mɐ'jɔr]
la Estrella Polar	Estrela Polar (f)	[ə'ʃtrelɐ pu'lar]
marciano (m)	marciano (m)	[mɐr'sjɐnu]
extraterrestre (m)	extraterrestre (m)	[ɐʃtrɐtɐ'ʀɛʃtrɐ]

planetícola (m)	alienígena (m)	[elie'niȝene]
platillo (m) volante	disco (m) voador	['diʃku vue'doɾ]
nave (f) espacial	nave (f) espacial	['nave eʃpe'sjal]
estación (f) orbital	estação (f) orbital	[eʃte'sãu ɔrbi'tal]
despegue (m)	lançamento (m)	[lãse'mẽtu]
motor (m)	motor (m)	[mu'toɾ]
tobera (f)	bocal (m)	[bu'kal]
combustible (m)	combustível (m)	[kõbu'ʃtivɛl]
carlinga (f)	cabine (f)	[ke'bine]
antena (f)	antena (f)	[ã'tene]
ventana (f)	vigia (f)	[vi'ȝie]
batería (f) solar	bateria (f) solar	[bete'rie su'lar]
escafandra (f)	traje (m) espacial	['traȝe eʃpe'sjal]
ingravidez (f)	imponderabilidade (f)	[ĩpõderebili'dade]
oxígeno (m)	oxigénio (m)	[ɔksi'ȝɛniu]
atraque (m)	acoplagem (f)	[eku'plaȝẽj]
realizar el atraque	fazer uma acoplagem	[fe'zer 'ume eku'plaȝẽj]
observatorio (m)	observatório (m)	[ɔbserve'tɔriu]
telescopio (m)	telescópio (m)	[tele'ʃkɔpiu]
observar (vt)	observar (vt)	[ɔbser'var]
explorar (~ el universo)	explorar (vt)	[eʃplu'rar]

196. La tierra

Tierra (f)	Terra (f)	['tɛRe]
globo (m) terrestre	globo (m) terrestre	['globu te'Rɛʃtre]
planeta (m)	planeta (m)	[ple'nete]
atmósfera (f)	atmosfera (f)	[etmu'ffɛre]
geografía (f)	geografia (f)	[ȝiugre'fie]
naturaleza (f)	natureza (f)	[netu'reze]
globo (m) terráqueo	globo (m)	['globu]
mapa (m)	mapa (m)	['mape]
atlas (m)	atlas (m)	['atleʃ]
Europa (f)	Europa (f)	[eu'rɔpe]
Asia (f)	Ásia (f)	['azie]
África (f)	África (f)	['afrike]
Australia (f)	Austrália (f)	[au'ʃtralie]
América (f)	América (f)	[e'mɛrike]
América (f) del Norte	América (f) do Norte	[e'mɛrike du 'nɔrte]
América (f) del Sur	América (f) do Sul	[e'mɛrike du sul]
Antártida (f)	Antártida (f)	[ã'tartide]
Ártico (m)	Ártico (m)	['artiku]

197. Los puntos cardinales

norte (m)	norte (m)	['nɔrtə]
al norte	para norte	['pɐrɐ 'nɔrtə]
en el norte	no norte	[nu 'nɔrtə]
del norte (adj)	do norte	[du 'nɔrtə]
sur (m)	sul (m)	[sul]
al sur	para sul	['pɐrɐ sul]
en el sur	no sul	[nu sul]
del sur (adj)	do sul	[du sul]
oeste (m)	oeste, ocidente (m)	[ɔ'ɛʃtə], [ɔsi'dẽtə]
al oeste	para oeste	['pɐrɐ ɔ'ɛʃtə]
en el oeste	no oeste	[nu ɔ'ɛʃtə]
del oeste (adj)	ocidental	[ɔsidẽ'tal]
este (m)	leste, oriente (m)	['lɛʃtə], [ɔ'rjẽtə]
al este	para leste	['pɐrɐ 'lɛʃtə]
en el este	no leste	[nu 'lɛʃtə]
del este (adj)	oriental	[ɔriẽ'tal]

198. El mar. El océano

mar (m)	mar (m)	[mar]
océano (m)	oceano (m)	[ɔ'sjɐnu]
golfo (m)	golfo (m)	['golfu]
estrecho (m)	estreito (m)	[ə'ʃtrejtu]
tierra (f) firme	terra (f) firme	['tɛrɐ 'firmə]
continente (m)	continente (m)	[kõti'nẽtə]
isla (f)	ilha (f)	['iʎɐ]
península (f)	península (f)	[pə'nĩsulɐ]
archipiélago (m)	arquipélago (m)	[ɐrki'pɛlɐgu]
bahía (f)	baía (f)	[bɐ'iɐ]
ensenada, bahía (f)	porto (m)	['portu]
laguna (f)	lagoa (f)	[lɐ'goɐ]
cabo (m)	cabo (m)	['kabu]
atolón (m)	atol (m)	[ɐ'tɔl]
arrecife (m)	recife (m)	[ʀə'sifə]
coral (m)	coral (m)	[ku'ral]
arrecife (m) de coral	recife (m) de coral	[ʀə'sifə də ku'ral]
profundo (adj)	profundo	[pru'fũdu]
profundidad (f)	profundidade (f)	[prufũdi'dadə]
abismo (m)	abismo (m)	[ɐ'biʒmu]
fosa (f) oceánica	fossa (f) oceânica	['fɔsɐ ɔ'sjɐnikɐ]
corriente (f)	corrente (f)	[ku'ʀẽtə]
bañar (rodear)	banhar (vt)	[bɐ'ɲar]
orilla (f)	litoral (m)	[litu'ral]

costa (f)	costa (f)	['koʃtɐ]
flujo (m)	maré (f) alta	[mɐ'rɛ 'altɐ]
reflujo (m)	refluxo (m), maré (f) baixa	[ʀə'fluksu], [mɐ'rɛ 'baɪʃɐ]
banco (m) de arena	restinga (f)	[ʀə'ʃtĩgɐ]
fondo (m)	fundo (m)	['fũdu]

ola (f)	onda (f)	['õdɐ]
cresta (f) de la ola	crista (f) da onda	['kriʃtɐ dɐ 'õdɐ]
espuma (f)	espuma (f)	[ə'ʃpumɐ]

tempestad (f)	tempestade (f)	[tẽpə'ʃtadə]
huracán (m)	furacão (m)	[furɐ'kãu]
tsunami (m)	tsunami (m)	[tsu'nɐmi]
bonanza (f)	calmaria (f)	[kalmɐ'riɐ]
calmo, tranquilo	calmo	['kalmu]

polo (m)	polo (m)	['pɔlu]
polar (adj)	polar	[pu'lar]

latitud (f)	latitude (f)	[lɛti'tudə]
longitud (f)	longitude (f)	[lõʒi'tudə]
paralelo (m)	paralela (f)	[pɐrɐ'lɛlɐ]
ecuador (m)	equador (m)	[ekwɐ'dor]

cielo (m)	céu (m)	['sɛu]
horizonte (m)	horizonte (m)	[ɔri'zõtə]
aire (m)	ar (m)	[ar]

faro (m)	farol (m)	[fɐ'rɔl]
bucear (vi)	mergulhar (vi)	[mərgu'ʎar]
hundirse (vr)	afundar-se (vr)	[ɐfũ'darsə]
tesoros (m pl)	tesouros (m pl)	[tə'zoruʃ]

199. Los nombres de los mares y los océanos

océano (m) Atlántico	Oceano (m) Atlântico	[ɔ'sjɐnu ɐt'lãtiku]
océano (m) Índico	Oceano (m) Índico	[ɔ'sjɐnu 'ĩdiku]
océano (m) Pacífico	Oceano (m) Pacífico	[ɔ'sjɐnu pɐ'sifiku]
océano (m) Glacial Ártico	Oceano (m) Ártico	[ɔ'sjɐnu 'artiku]

mar (m) Negro	Mar (m) Negro	[mar 'negru]
mar (m) Rojo	Mar (m) Vermelho	[mar vər'meʎu]
mar (m) Amarillo	Mar (m) Amarelo	[mar ɐmɐ'rɛlu]
mar (m) Blanco	Mar (m) Branco	[mar 'brãku]

mar (m) Caspio	Mar (m) Cáspio	[mar 'kaʃpiu]
mar (m) Muerto	Mar (m) Morto	[mar 'mortu]
mar (m) Mediterráneo	Mar (m) Mediterrâneo	[mar məditə'ʀɐniu]

mar (m) Egeo	Mar (m) Egeu	[mar e'ʒeu]
mar (m) Adriático	Mar (m) Adriático	[mar ɐd'rjatiku]

mar (m) Arábigo	Mar (m) Arábico	[mar ɐ'rabiku]
mar (m) del Japón	Mar (m) do Japão	[mar du ʒɐ'pãu]

| mar (m) de Bering | Mar (m) de Bering | [mar də bərĩg] |
| mar (m) de la China Meridional | Mar (m) da China Meridional | [mar de 'ʃinɐ məridiu'nal] |

mar (m) del Coral	Mar (m) de Coral	[mar də ku'ral]
mar (m) de Tasmania	Mar (m) de Tasman	[mar də taʒmɐn]
mar (m) Caribe	Mar (m) do Caribe	[mar du ke'ribə]

| mar (m) de Barents | Mar (m) de Barents | [mar də berẽts] |
| mar (m) de Kara | Mar (m) de Kara | [mar də 'karɐ] |

mar (m) del Norte	Mar (m) do Norte	[mar du 'nɔrtə]
mar (m) Báltico	Mar (m) Báltico	[mar 'baltiku]
mar (m) de Noruega	Mar (m) da Noruega	[mar de nɔru'ɛgɐ]

200. Las montañas

montaña (f)	montanha (f)	[mõ'teɲɐ]
cadena (f) de montañas	cordilheira (f)	[kurdi'ʎejrɐ]
cresta (f) de montañas	serra (f)	['sɛʀɐ]

cima (f)	cume (m)	['kumə]
pico (m)	pico (m)	['piku]
pie (m)	sopé (m)	[su'pɛ]
cuesta (f)	declive (m)	[dək'livə]

volcán (m)	vulcão (m)	[vu'lkãu]
volcán (m) activo	vulcão (m) ativo	[vu'lkãu a'tivu]
volcán (m) apagado	vulcão (m) extinto	[vu'lkãu ə'ʃtĩtu]

erupción (f)	erupção (f)	[erup'sãu]
cráter (m)	cratera (f)	[krɐ'tɛrɐ]
magma (m)	magma (m)	['magmɐ]
lava (f)	lava (f)	['lavɐ]
fundido (lava ~a)	fundido	[fũ'didu]

cañón (m)	desfiladeiro (m)	[dəʃfilɐ'dejru]
desfiladero (m)	garganta (f)	[gɐr'gãtɐ]
grieta (f)	fenda (f)	['fẽdɐ]
precipicio (m)	precipício (m)	[prəsi'pisiu]

puerto (m) (paso)	passo, colo (m)	['pasu], ['kɔlu]
meseta (f)	planalto (m)	[plɐ'naltu]
roca (f)	falésia (f)	[fɐ'lɛziɐ]
colina (f)	colina (f)	[ku'linɐ]

glaciar (m)	glaciar (m)	[glɐ'sjar]
cascada (f)	queda (f) d'água	['kɛdɐ 'daguɐ]
geiser (m)	géiser (m)	['ʒɛjzɛr]
lago (m)	lago (m)	['lagu]

llanura (f)	planície (f)	[plɐ'nisiɐ]
paisaje (m)	paisagem (f)	[paj'zaʒẽj]
eco (m)	eco (m)	['ɛku]

alpinista (m)	alpinista (m)	[alpi'niʃtɐ]
escalador (m)	escalador (m)	[əʃkɐle'dor]
conquistar (vt)	conquistar (vt)	[kõki'ʃtar]
ascensión (f)	subida, escalada (f)	[su'bidɐ], [əʃke'ladɐ]

201. Los nombres de las montañas

Alpes (m pl)	Alpes (m pl)	['alpəʃ]
Montblanc (m)	monte Branco (m)	['mõtə 'brãku]
Pirineos (m pl)	Pirineus (m pl)	[piri'neuʃ]

Cárpatos (m pl)	Cárpatos (m pl)	['karpɐtuʃ]
Urales (m pl)	montes (m pl) Urais	['mõtəʃ u'raɪʃ]
Cáucaso (m)	Cáucaso (m)	['kaukɐzu]
Elbrus (m)	Elbrus (m)	[el'bruʃ]

Altai (m)	Altai (m)	[ɐl'taj]
Tian-Shan (m)	Tian Shan (m)	[tien ʃen]
Pamir (m)	Pamir (m)	[pɐ'mir]
Himalayos (m pl)	Himalaias (m pl)	[imɐ'lajəʃ]
Everest (m)	monte (m) Everest	['mõtə evɐ'reʃt]

| Andes (m pl) | Cordilheira (f) dos Andes | [kurdi'ʎejrɐ duʃ 'ãdəʃ] |
| Kilimanjaro (m) | Kilimanjaro (m) | [kilimã'ʒaru] |

202. Los ríos

río (m)	rio (m)	['ʀiu]
manantial (m)	fonte, nascente (f)	['fõtə], [nɐ'ʃsẽtə]
lecho (m) (curso de agua)	leito (m) do rio	['lejtu du 'ʀiu]
cuenca (f) fluvial	bacia (f)	[bɐ'siɐ]
desembocar en …	desaguar no …	[dəzagu'ar nu]

| afluente (m) | afluente (m) | [ɐflu'ẽtə] |
| ribera (f) | margem (f) | ['marʒẽj] |

corriente (f)	corrente (f)	[ku'ʀẽtə]
río abajo (adv)	rio abaixo	['ʀiu ɐ'baɪʃu]
río arriba (adv)	rio acima	['ʀiu ɐ'simə]

inundación (f)	inundação (f)	[inũdɐ'sãu]
riada (f)	cheia (f)	['ʃejɐ]
desbordarse (vr)	transbordar (vi)	[trãʒbur'dar]
inundar (vt)	inundar (vt)	[inũ'dar]

| bajo (m) arenoso | banco (m) de areia | ['bãku də ɐ'rejɐ] |
| rápido (m) | rápidos (m pl) | ['ʀapiduʃ] |

presa (f)	barragem (f)	[bɐ'ʀaʒẽj]
canal (m)	canal (m)	[kɐ'nal]
lago (m) artificiale	reservatório (m) de água	[ʀəzərve'tɔriu də 'aguɐ]
esclusa (f)	eclusa (f)	[ə'kluzɐ]

cuerpo (m) de agua	corpo (m) de água	['korpu də 'aguɐ]
pantano (m)	pântano (m)	['pãtɐnu]
ciénaga (f)	tremedal (m)	[trəmə'dal]
remolino (m)	remoinho (m)	[ʀəmu'iɲu]

arroyo (m)	arroio, regato (m)	[ɐ'ʀoju], [ʀɐ'gatu]
potable (adj)	potável	[pu'tavɛl]
dulce (agua ~)	doce	['dosə]

hielo (m)	gelo (m)	['ʒelu]
helarse (el lago, etc.)	congelar-se (vr)	[kõʒə'larsə]

203. Los nombres de los ríos

Sena (m)	rio Sena (m)	['ʀiu 'senɐ]
Loira (m)	rio Loire (m)	['ʀiu lu'ar]

Támesis (m)	rio Tamisa (m)	['ʀiu tɐ'mizɐ]
Rin (m)	rio Reno (m)	['ʀiu 'ʀenu]
Danubio (m)	rio Danúbio (m)	['ʀiu dɐ'nubiu]

Volga (m)	rio Volga (m)	['ʀiu 'vɔlgɐ]
Don (m)	rio Don (m)	['ʀiu dɔn]
Lena (m)	rio Lena (m)	['ʀiu 'lenɐ]

Río (m) Amarillo	rio Amarelo (m)	['ʀiu ɐmɐ'ʀɛlu]
Río (m) Azul	rio Yangtzé (m)	['ʀiu iã'gtzɛ]
Mekong (m)	rio Mekong (m)	['ʀiu mi'kõg]
Ganges (m)	rio Ganges (m)	['ʀiu 'gãʒəʃ]

Nilo (m)	rio Nilo (m)	['ʀiu 'nilu]
Congo (m)	rio Congo (m)	['ʀiu 'kõgu]
Okavango (m)	rio Cubango (m)	['ʀiu ku'bãgu]
Zambeze (m)	rio Zambeze (m)	['ʀiu zã'bɛzə]
Limpopo (m)	rio Limpopo (m)	['ʀiu lĩ'popu]
Misisipi (m)	rio Mississípi (m)	['ʀiu misi'sipi]

204. El bosque

bosque (m)	floresta (f), bosque (m)	[flu'ʀɛʃtɐ], ['bɔʃkə]
de bosque (adj)	florestal	[flurə'ʃtal]

espesura (f)	mata (f) cerrada	['matɐ sə'ʀadɐ]
bosquecillo (m)	arvoredo (m)	[ɐrvu'redu]
claro (m)	clareira (f)	[klɐ'rejrɐ]

maleza (f)	matagal (m)	[mɐtɐ'gal]
matorral (m)	mato (m)	['matu]

senda (f)	vereda (f)	[və'redɐ]
barranco (m)	ravina (f)	[ʀɐ'vinɐ]
árbol (m)	árvore (f)	['arvurə]

hoja (f)	folha (f)	['foʎɐ]
follaje (m)	folhagem (f)	[fu'ʎaʒëʲ]
caída (f) de hojas	queda (f) das folhas	['kɛdɐ deʃ 'foʎeʃ]
caer (las hojas)	cair (vi)	[kɐ'ir]
cima (f)	topo (m)	['topu]
rama (f)	ramo (m)	['ʀemu]
rama (f) (gruesa)	galho (m)	['gaʎu]
brote (m)	botão, rebento (m)	[bu'tãu], [ʀɐ'bëtu]
aguja (f)	agulha (f)	[ɐ'guʎɐ]
piña (f)	pinha (f)	['piɲɐ]
agujero (m)	buraco (m) de árvore	[bu'raku dɐ 'arvurɐ]
nido (m)	ninho (m)	['niɲu]
tronco (m)	tronco (m)	['trõku]
raíz (f)	raiz (f)	[ʀɐ'iʃ]
corteza (f)	casca (f) de árvore	['kaʃkɐ dɐ 'arvurɐ]
musgo (m)	musgo (m)	['muʒgu]
extirpar (vt)	arrancar pela raiz	[ɐʀã'kar 'pelɐ ʀɐ'iʃ]
talar (vt)	cortar (vt)	[kur'tar]
deforestar (vt)	desflorestar (vt)	[dɐʃflurɐ'ʃtar]
tocón (m)	toco, cepo (m)	['tɔku], ['sepu]
hoguera (f)	fogueira (f)	[fu'gejrɐ]
incendio (m) forestal	incêndio (m) florestal	[ĩ'sẽdiu flurɐ'ʃtal]
apagar (~ el incendio)	apagar (vt)	[ɐpɐ'gar]
guarda (m) forestal	guarda-florestal (m)	[gu'ardɐ flurɐ'ʃtal]
protección (f)	proteção (f)	[prutɛ'sãu]
proteger (vt)	proteger (vt)	[prutɐ'ʒer]
cazador (m) furtivo	caçador (m) furtivo	[kɐsɐ'dor fur'tivu]
cepo (m)	armadilha (f)	[ɐrmɐ'diʎɐ]
recoger (setas, bayas)	colher (vt)	[ku'ʎɛr]
perderse (vr)	perder-se (vr)	[pɐr'dersɐ]

205. Los recursos naturales

recursos (m pl) naturales	recursos (m pl) naturais	[ʀɐ'kursuʃ netu'raɪʃ]
recursos (m pl) subterráneos	minerais (m pl)	[minɐ'raɪʃ]
depósitos (m pl)	depósitos (m pl)	[dɐ'pɔzituʃ]
yacimiento (m)	jazida (f)	[ʒɐ'zidɐ]
extraer (vt)	extrair (vt)	[əʃtrɐ'ir]
extracción (f)	extração (f)	[əʃtra'sãu]
mena (f)	minério (m)	[mi'nɛriu]
mina (f)	mina (f)	['minɐ]
pozo (m) de mina	poço (m) de mina	['posu dɐ 'minɐ]
minero (m)	mineiro (m)	[mi'nejru]
gas (m)	gás (m)	[gaʃ]
gasoducto (m)	gasoduto (m)	[gazɔ'dutu]

petróleo (m)	petróleo (m)	[pə'trɔliu]
oleoducto (m)	oleoduto (m)	[ɔliu'dutu]
pozo (m) de petróleo	poço (m) de petróleo	['posu də pə'trɔliu]
torre (f) de sondeo	torre (f) petrolífera	['toʀə pətru'lifəɾə]
petrolero (m)	petroleiro (m)	[pətru'lejɾu]

arena (f)	areia (f)	[e'rejə]
caliza (f)	calcário (m)	[kal'kariu]
grava (f)	cascalho (m)	[kɐ'ʃkaʎu]
turba (f)	turfa (f)	['turfɐ]
arcilla (f)	argila (f)	[ɐr'ʒilɐ]
carbón (m)	carvão (m)	[kɐr'vãu]

hierro (m)	ferro (m)	['fɛʀu]
oro (m)	ouro (m)	['oru]
plata (f)	prata (f)	['pratɐ]
níquel (m)	níquel (m)	['nikɛl]
cobre (m)	cobre (m)	['kɔbrə]

zinc (m)	zinco (m)	['zĩku]
manganeso (m)	manganês (m)	[mãgɐ'neʃ]
mercurio (m)	mercúrio (m)	[mər'kuriu]
plomo (m)	chumbo (m)	['ʃũbu]

mineral (m)	mineral (m)	[minə'ral]
cristal (m)	cristal (m)	[kri'ʃtal]
mármol (m)	mármore (m)	['marmurə]
uranio (m)	urânio (m)	[u'rɐniu]

La tierra. Unidad 2

tiempo (m)	tempo (m)	['tẽpu]
previsión (f) del tiempo	previsão (f) do tempo	[prəvi'zãu du 'tẽpu]
temperatura (f)	temperatura (f)	[tẽpərɐ'turɐ]
termómetro (m)	termómetro (m)	[tər'mɔmətru]
barómetro (m)	barómetro (m)	[be'rɔmətru]
húmedo (adj)	húmido	['umidu]
humedad (f)	humidade (f)	[umi'dadə]
bochorno (m)	calor (m)	[kɐ'lor]
tórrido (adj)	cálido	['kalidu]
hace mucho calor	está muito calor	[ə'ʃta 'mũjtu kɐ'lor]
hace calor (templado)	está calor	[ə'ʃta kɐ'lor]
templado (adj)	quente	['kẽtə]
hace frío	está frio	[ə'ʃta 'friu]
frío (adj)	frio	['friu]
sol (m)	sol (m)	[sɔl]
brillar (vi)	brilhar (vi)	[bri'ʎar]
soleado (un día ~)	de sol, ensolarado	[də sɔl], [ẽsulɐ'radu]
elevarse (el sol)	nascer (vi)	[nɐ'ʃser]
ponerse (vr)	pôr-se (vr)	['porsə]
nube (f)	nuvem (f)	['nuvẽj]
nuboso (adj)	nublado	[nu'bladu]
nubarrón (m)	nuvem (f) preta	['nuvẽj 'pretɐ]
nublado (adj)	escuro, cinzento	[ə'ʃkuru], [sĩ'zẽtu]
lluvia (f)	chuva (f)	['ʃuvɐ]
está lloviendo	está a chover	[ə'ʃta ɐ ʃu'ver]
lluvioso (adj)	chuvoso	[ʃu'vozu]
lloviznar (vi)	chuviscar (vi)	[ʃuvi'ʃkar]
aguacero (m)	chuva (f) torrencial	['ʃuvɐ turẽ'sjal]
chaparrón (m)	chuvada (f)	[ʃu'vadɐ]
fuerte (la lluvia ~)	forte	['fɔrtə]
charco (m)	poça (f)	['pɔsɐ]
mojarse (vr)	molhar-se (vr)	[mu'ʎarsə]
niebla (f)	nevoeiro (m)	[nəvu'ejru]
nebuloso (adj)	de nevoeiro	[də nəvu'ejru]
nieve (f)	neve (f)	['nɛvɐ]
está nevando	está a nevar	[ə'ʃta ɐ nɛ'var]

207. Los eventos climáticos severos. Los desastres naturales

tormenta (f)	trovoada (f)	[truvu'adɐ]
relámpago (m)	relâmpago (m)	[ʀə'lãpɐgu]
relampaguear (vi)	relampejar (vi)	[ʀəlãpə'ʒar]
trueno (m)	trovão (m)	[tru'vãu]
tronar (vi)	trovejar (vi)	[truvə'ʒar]
está tronando	está a trovejar	[ə'ʃta ɐ truvə'ʒar]
granizo (m)	granizo (m)	[gʀɐ'nizu]
está granizando	está a cair granizo	[ə'ʃta ɐ kɐ'ir gʀɐ'nizu]
inundar (vt)	inundar (vt)	[inũ'dar]
inundación (f)	inundação (f)	[inũdɐ'sãu]
terremoto (m)	terremoto (m)	[tɐʀə'mɔtu]
sacudida (f)	abalo, tremor (m)	[ɐ'balu], [trɐ'mor]
epicentro (m)	epicentro (m)	[epi'sẽtru]
erupción (f)	erupção (f)	[erup'sãu]
lava (f)	lava (f)	['lavɐ]
torbellino (m)	turbilhão (m)	[turbi'ʎãu]
tornado (m)	tornado (m)	[tur'nadu]
tifón (m)	tufão (m)	[tu'fãu]
huracán (m)	furacão (m)	[furɐ'kãu]
tempestad (f)	tempestade (f)	[tẽpə'ʃtadɐ]
tsunami (m)	tsunami (m)	[tsu'nɐmi]
ciclón (m)	ciclone (m)	[sik'lɔnə]
mal tiempo (m)	mau tempo (m)	['mau 'tẽpu]
incendio (m)	incêndio (m)	[ĩ'sẽdiu]
catástrofe (f)	catástrofe (f)	[kɐ'taʃtrufə]
meteorito (m)	meteorito (m)	[mətiu'ritu]
avalancha (f)	avalanche (f)	[ɐvɐ'lãʃə]
alud (m) de nieve	deslizamento (m) de neve	[dəʒlizɐ'mẽtu də 'nɛvə]
ventisca (f)	nevasca (f)	[nə'vaʃkɐ]
nevasca (f)	tempestade (f) de neve	[tẽpə'ʃtadɐ də 'nɛvə]

208. Los ruidos. Los sonidos

silencio (m)	silêncio (m)	[si'lẽsiu]
sonido (m)	som (m)	[sõ]
ruido (m)	ruído, barulho (m)	[ʀu'idu], [bɐ'ruʎu]
hacer ruido	fazer barulho	[fɐ'zer bɐ'ruʎu]
ruidoso (adj)	ruidoso, barulhento	[ʀui'dozu], [bɐru'ʎẽtu]
alto (adv)	alto	['altu]
fuerte (~ voz)	alto	['altu]
constante (ruido, etc.)	constante	[kõ'ʃtãtə]

grito (m)	grito (m)	['gritu]
gritar (vi)	gritar (vi)	[gri'tar]
susurro (m)	sussurro (m)	[su'suʀu]
susurrar (vi, vt)	sussurrar (vt)	[susu'ʀar]
ladrido (m)	latido (m)	[lɐ'tidu]
ladrar (vi)	latir (vi)	[lɐ'tir]
gemido (m)	gemido (m)	[ʒə'midu]
gemir (vi)	gemer (vi)	[ʒə'mer]
tos (f)	tosse (f)	['tɔsə]
toser (vi)	tossir (vi)	[tɔ'sir]
silbido (m)	assobio (m)	[ɐsu'biu]
silbar (vi)	assobiar (vi)	[ɐsu'bjar]
toque (m) en la puerta	batida (f)	[bɐ'tidɐ]
golpear (la puerta)	bater (vi)	[bɐ'ter]
crepitar (vi)	estalar (vi)	[əʃtɐ'lar]
crepitación (f)	estalido (m)	[əʃtɐ'lidu]
sirena (f)	sirene (f)	[si'ʀɛnə]
pito (m) (de la fábrica)	apito (m)	[ɐ'pitu]
pitar (un tren, etc.)	apitar (vi)	[ɐpi'tar]
bocinazo (m)	buzina (f)	[bu'zinɐ]
tocar la bocina	buzinar (vi)	[buzi'nar]

209. El invierno

invierno (m)	inverno (m)	[ĩ'vɛrnu]
de invierno (adj)	de inverno	[də ĩ'vɛrnu]
en invierno	no inverno	[nu ĩ'vɛrnu]
nieve (f)	neve (f)	['nɛvə]
está nevando	está a nevar	[ə'ʃta ɐ nɛ'var]
nevada (f)	queda (f) de neve	['kɛdɐ də 'nɛvə]
montón (m) de nieve	amontoado (m) de neve	[ɐmõtu'adu də 'nɛvə]
copo (m) de nieve	floco (m) de neve	['flɔku də 'nɛvə]
bola (f) de nieve	bola (f) de neve	['bɔlɐ də 'nɛvə]
monigote (m) de nieve	boneco (m) de neve	[bu'nɛku də 'nɛvə]
carámbano (m)	sincelo (m)	[sĩ'sɛlu]
diciembre (m)	dezembro (m)	[də'zẽbru]
enero (m)	janeiro (m)	[ʒɐ'nɐjru]
febrero (m)	fevereiro (m)	[fəvə'rɐjru]
helada (f)	gelo (m)	['ʒelu]
helado (~a noche)	gelado, glacial	[ʒə'ladu], [glɐ'sjal]
bajo cero (adv)	abaixo de zero	[ɐ'baɪʃu də 'zɛru]
primeras heladas (f pl)	geada (f)	['ʒjadɐ]
escarcha (f)	geada (f) branca	['ʒjadɐ 'brãkɐ]
frío (m)	frio (m)	['friu]

hace frío	**está frio**	[ə'ʃta 'friu]
abrigo (m) de piel	**casaco** (m) **de peles**	[kɐ'zaku də 'pɛləʃ]
manoplas (f pl)	**mitenes** (f pl)	[mi'tɛnəʃ]
enfermarse (vr)	**adoecer** (vi)	[ɐduə'ser]
resfriado (m)	**constipação** (f)	[kõʃtipɐ'sãu]
resfriarse (vr)	**constipar-se** (vr)	[kõʃti'parsə]
hielo (m)	**gelo** (m)	['ʒelu]
hielo (m) negro	**gelo** (m) **na estrada**	['ʒelu nɐ ə'ʃtradɐ]
helarse (el lago, etc.)	**congelar-se** (vr)	[kõʒə'larsə]
bloque (m) de hielo	**bloco** (m) **de gelo**	['blɔku də 'ʒelu]
esquís (m pl)	**esqui** (m)	[ə'ʃki]
esquiador (m)	**esquiador** (m)	[əʃkiɐ'dor]
esquiar (vi)	**esquiar** (vi)	[əʃki'ar]
patinar (vi)	**patinar** (vi)	[pɐti'nar]

La fauna

carnívoro (m)	predador (m)	[prəde'dor]
tigre (m)	tigre (m)	['tigrə]
león (m)	leão (m)	['ljãu]
lobo (m)	lobo (m)	['lobu]
zorro (m)	raposa (f)	[ʀɐ'pozɐ]
jaguar (m)	jaguar (m)	[ʒegu'ar]
leopardo (m)	leopardo (m)	[liu'pardu]
guepardo (m)	chita (f)	['ʃitɐ]
pantera (f)	pantera (f)	[pã'terɐ]
puma (f)	puma (m)	['pumɐ]
leopardo (m) de las nieves	leopardo-das-neves (m)	[liu'pardu deʒ 'nɛvəʃ]
lince (m)	lince (m)	['lĩsə]
coyote (m)	coiote (m)	[ko'jɔtə]
chacal (m)	chacal (m)	[ʃɐ'kal]
hiena (f)	hiena (f)	['jenɐ]

animal (m)	animal (m)	[ɐni'mal]
bestia (f)	besta (f)	['beʃtɐ]
ardilla (f)	esquilo (m)	[ə'ʃkilu]
erizo (m)	ouriço (m)	[o'risu]
liebre (f)	lebre (f)	['lɛbrə]
conejo (m)	coelho (m)	[ku'eʎu]
tejón (m)	texugo (m)	[tɛ'ksugu]
mapache (m)	guaxinim (m)	[guaksi'nĩ]
hámster (m)	hamster (m)	['emster]
marmota (f)	marmota (f)	[mɐr'mɔtɐ]
topo (m)	toupeira (f)	[to'pejrɐ]
ratón (m)	rato (m)	['ʀatu]
rata (f)	ratazana (f)	[ʀɐtɐ'zɐnɐ]
murciélago (m)	morcego (m)	[mur'segu]
armiño (m)	arminho (m)	[ɐr'miɲu]
cebellina (f)	zibelina (f)	[zibɐ'linɐ]
marta (f)	marta (f)	['martɐ]
comadreja (f)	doninha (f)	[du'niɲɐ]
visón (m)	vison (m)	[vi'zõ]

| castor (m) | castor (m) | [ke'ʃtor] |
| nutria (f) | lontra (f) | ['lõtre] |

caballo (m)	cavalo (m)	[ke'valu]
alce (m)	alce (m)	['alse]
ciervo (m)	veado (m)	['vjadu]
camello (m)	camelo (m)	[ke'melu]

bisonte (m)	bisão (m)	[bi'zãu]
uro (m)	auroque (m)	[au'rɔke]
búfalo (m)	búfalo (m)	['bufelu]

cebra (f)	zebra (f)	['zɛbre]
antílope (m)	antílope (m)	[ã'tilupe]
corzo (m)	corça (f)	['kɔrse]
gamo (m)	gamo (m)	['gemu]
gamuza (f)	camurça (f)	[ke'murse]
jabalí (m)	javali (m)	[ʒeve'li]

ballena (f)	baleia (f)	[be'leje]
foca (f)	foca (f)	['fɔke]
morsa (f)	morsa (f)	['mɔrse]
oso (m) marino	urso-marinho (m)	['ursu me'riɲu]
delfín (m)	golfinho (m)	[gol'fiɲu]

oso (m)	urso (m)	['ursu]
oso (m) blanco	urso (m) branco	['ursu 'brãku]
panda (f)	panda (m)	['pãde]

mono (m)	macaco (m)	[me'kaku]
chimpancé (m)	chimpanzé (m)	[ʃĩpã'zɛ]
orangután (m)	orangotango (m)	[ɔrãgu'tãgu]
gorila (m)	gorila (m)	[gu'rile]
macaco (m)	macaco (m)	[me'kaku]
gibón (m)	gibão (m)	[ʒi'bãu]

elefante (m)	elefante (m)	[ele'fãte]
rinoceronte (m)	rinoceronte (m)	[ʀinɔse'rõte]
jirafa (f)	girafa (f)	[ʒi'rafe]
hipopótamo (m)	hipopótamo (m)	[ipɔ'potemu]

| canguro (m) | canguru (m) | [kãgu'ru] |
| koala (f) | coala (m) | [ku'ale] |

mangosta (f)	mangusto (m)	[mã'guʃtu]
chinchilla (f)	chinchila (m)	[ʃĩ'ʃile]
mofeta (f)	doninha-fedorenta (f)	[du'niɲe fedu'rête]
espín (m)	porco-espinho (m)	['pɔrku e'ʃpiɲu]

212. Los animales domésticos

gata (f)	gata (f)	['gate]
gato (m)	gato (m) macho	['gatu 'maʃu]
perro (m)	cão (m)	['kãu]

caballo (m)	cavalo (m)	[ke'valu]
garañón (m)	garanhão (m)	[gere'nãu]
yegua (f)	égua (f)	['ɛguɐ]

vaca (f)	vaca (f)	['vakɐ]
toro (m)	touro (m)	['toru]
buey (m)	boi (m)	[boj]

oveja (f)	ovelha (f)	[ɔ'veʎɐ]
carnero (m)	carneiro (m)	[ker'nejru]
cabra (f)	cabra (f)	['kabrɐ]
cabrón (m)	bode (m)	['bɔdə]

| asno (m) | burro (m) | ['buʀu] |
| mulo (m) | mula (f) | ['mulɐ] |

cerdo (m)	porco (m)	['porku]
cerdito (m)	leitão (m)	[lɐj'tãu]
conejo (m)	coelho (m)	[ku'eʎu]

| gallina (f) | galinha (f) | [gɐ'liɲɐ] |
| gallo (m) | galo (m) | ['galu] |

pato (m)	pata (f)	['patɐ]
ánade (m)	pato (m)	['patu]
ganso (m)	ganso (m)	['gãsu]

| pavo (m) | peru (m) | [pə'ru] |
| pava (f) | perua (f) | [pə'ruɐ] |

animales (m pl) domésticos	animais (m pl) domésticos	[ɐni'maiʃ du'mɛʃtikuʃ]
domesticado (adj)	domesticado	[dumɐʃti'kadu]
domesticar (vt)	domesticar (vt)	[dumɐʃti'kar]
criar (vt)	criar (vt)	[kri'ar]

granja (f)	quinta (f)	['kĩtɐ]
aves (f pl) de corral	aves (f pl) domésticas	['avɐʃ du'mɛʃtikɐʃ]
ganado (m)	gado (m)	['gadu]
rebaño (m)	rebanho (m), manada (f)	[ʀə'bɐɲu], [mɐ'nadɐ]

caballeriza (f)	estábulo (m)	[ə'ʃtabulu]
porqueriza (f)	pocilga (f)	[pu'silgɐ]
vaquería (f)	estábulo (m)	[ə'ʃtabulu]
conejal (m)	coelheira (f)	[kuɛ'ʎejrɐ]
gallinero (m)	galinheiro (m)	[gɐli'ɲejru]

213. Los perros. Las razas de perros

perro (m)	cão (m)	['kãu]
perro (m) pastor	cão pastor (m)	['kãu pɐ'ʃtor]
pastor (m) alemán	pastor-alemão (m)	[pɐ'ʃtor ɐlə'mãu]
caniche (m)	caniche (m)	[ka'niʃə]
teckel (m)	teckel (m)	[tɛk'kɛl]
bulldog (m)	buldogue (m)	[bul'dɔgə]

bóxer (m)	boxer (m)	['bɔksɐɾ]
mastín (m) inglés	mastim (m)	[mɐ'ʃtĩ]
rottweiler (m)	rottweiler (m)	[ʀɔt'vajlɐɾ]
doberman (m)	dobermann (m)	[dɔ'bɛɾmɐn]

basset hound (m)	basset (m)	[ba'sɛt]
bobtail (m)	pastor inglês (m)	[pɐ'ʃtor ĩ'gleʃ]
dálmata (m)	dálmata (m)	['dalmɐtɐ]
cocker spaniel (m)	cocker spaniel (m)	['kɔkɐr spɐ'njɛl]

terranova (m)	terra-nova (m)	[tɛʀɐ'nɔvɐ]
san bernardo (m)	são-bernardo (m)	[sãubɐr'nardu]

husky (m)	husky (m)	['ɐski]
chow chow (m)	Chow-chow (m)	[ʃou'ʃou]
pomerania (m)	spitz alemão (m)	['ʃpitz ɐlɐ'mãu]
pug (m), carlino (m)	carlindogue (m)	[kɐrlĩ'dɔgɐ]

214. Los sonidos de los animales

ladrido (m)	latido (m)	[lɐ'tidu]
ladrar (vi)	latir (vi)	[lɐ'tir]
maullar (vi)	miar (vi)	[mi'ar]
ronronear (vi)	ronronar (vi)	[ʀõʀu'nar]

mugir (vi)	mugir (vi)	[mu'ʒir]
bramar (toro)	bramir (vi)	[brɐ'mir]
rugir (vi)	rosnar (vi)	[ʀu'ʒnar]

aullido (m)	uivo (m)	['ujvu]
aullar (vi)	uivar (vi)	[uj'var]
gañir (vi)	ganir (vi)	[gɐ'nir]

balar (vi)	balir (vi)	[bɐ'lir]
gruñir (cerdo)	grunhir (vi)	[gru'ɲir]
chillar (vi)	guinchar (vi)	[gĩ'ʃar]

croar (vi)	coaxar (vi)	[kua'ʃar]
zumbar (vi)	zumbir (vi)	[zũ'bir]
chirriar (vi)	estridular, ziziar (vi)	[əʃtridu'lar], [zi'zjar]

215. Los animales jóvenes

cría (f)	cria (f), filhote (m)	['kriɐ], [fi'ʎɔtɐ]
gatito (m)	gatinho (m)	[gɐ'tiɲu]
ratoncillo (m)	ratinho (m)	[ʀɐ'tiɲu]
cachorro (m)	cãozinho (m)	['kãuziɲu]

lebrato (m)	filhote (m) de lebre	[fi'ʎɔtɐ də 'lɛbrə]
gazapo (m)	coelhinho (m)	[kuɛ'ʎiɲu]
lobato (m)	lobinho (m)	[lu'biɲu]
cachorro (m) de zorro	raposinho (m)	[ʀɐpu'ziɲu]

osito (m)	ursinho (m)	[ur'siɲu]
cachorro (m) de león	leãozinho (m)	['ljãuziɲu]
cachorro (m) de tigre	filhote (m) de tigre	[fi'ʎɔtə də 'tigrə]
elefante bebé (m)	filhote (m) de elefante	[fi'ʎɔtə də elə'fãtə]

cerdito (m)	leitão (m)	[lej'tãu]
ternero (m)	bezerro (m)	[bə'zeʀu]
cabrito (m)	cabrito (m)	[ke'britu]
cordero (m)	cordeiro (m)	[kur'dejru]
cervato (m)	cria (f) de veado	['kriɐ də 'vjadu]
cría (f) de camello	cria (f) de camelo	['kriɐ də ke'melu]

| serpiente (f) joven | filhote (m) de serpente | [fi'ʎɔtə də sər'pɛtə] |
| rana (f) juvenil | cria (f) de rã | ['kriɐ də ʀã] |

polluelo (m)	cria (f) de ave	['kriɐ də 'avə]
pollito (m)	pinto (m)	['pĩtu]
patito (m)	patinho (m)	[pe'tiɲu]

216. Los pájaros

pájaro (m)	pássaro (m), ave (f)	['paseru], ['avə]
paloma (f)	pombo (m)	['põbu]
gorrión (m)	pardal (m)	[per'dal]
carbonero (m)	chapim-real (m)	[ʃe'pĩ ʀi'al]
urraca (f)	pega-rabuda (f)	['pɛge ʀa'budə]

cuervo (m)	corvo (m)	['korvu]
corneja (f)	gralha (f) cinzenta	['graʎe sĩ'zẽtə]
chova (f)	gralha-de-nuca-cinzenta (f)	['graʎe də 'nuke sĩ'zẽtə]
grajo (m)	gralha-calva (f)	['graʎe 'kalvə]

pato (m)	pato (m)	['patu]
ganso (m)	ganso (m)	['gãsu]
faisán (m)	faisão (m)	[faj'zãu]

águila (f)	águia (f)	['agiɐ]
azor (m)	açor (m)	[e'sor]
halcón (m)	falcão (m)	[fa'lkãu]
buitre (m)	abutre (m)	[e'butrə]
cóndor (m)	condor (m)	[kõ'dor]

cisne (m)	cisne (m)	['siʒnə]
grulla (f)	grou (m)	[gro]
cigüeña (f)	cegonha (f)	[sə'goɲe]

loro (m), papagayo (m)	papagaio (m)	[pepe'gaju]
colibrí (m)	beija-flor (m)	['bejʒe 'flor]
pavo (m) real	pavão (m)	[pe'vãu]

avestruz (m)	avestruz (m)	[eve'ʃtruʃ]
garza (f)	garça (f)	['garse]
flamenco (m)	flamingo (m)	[fle'mĩgu]
pelícano (m)	pelicano (m)	[pəli'kenu]

ruiseñor (m)	rouxinol (m)	[Roʃi'nɔl]
golondrina (f)	andorinha (f)	[ãdu'riɲɐ]
tordo (m)	tordo-zornal (m)	['tɔrdu zur'nal]
zorzal (m)	tordo-músico (m)	['tɔrdu 'muziku]
mirlo (m)	melro-preto (m)	['mɛlʀu 'pretu]
vencejo (m)	andorinhão (m)	[ãduri'ɲãu]
alondra (f)	cotovia (f)	[kutu'viɐ]
codorniz (f)	codorna (f)	[kɔ'dɔrnɐ]
pájaro carpintero (m)	pica-pau (m)	['pikɐ 'pau]
cuco (m)	cuco (m)	['kuku]
lechuza (f)	coruja (f)	[ku'ruʒɐ]
búho (m)	corujão, bufo (m)	[kɔru'ʒãu], ['bufu]
urogallo (m)	tetraz-grande (m)	[tɛ'traʒ 'grãdə]
gallo lira (m)	tetraz-lira (m)	[tɛ'traʒ 'lirɐ]
perdiz (f)	perdiz-cinzenta (f)	[pɐrdiʃ sĩ'zẽtɐ]
estornino (m)	estorninho (m)	[əʃtur'niɲu]
canario (m)	canário (m)	[kɐ'nariu]
ortega (f)	galinha-do-mato (f)	[gɐ'liɲɐ du 'matu]
pinzón (m)	tentilhão (m)	[tẽti'ʎãu]
camachuelo (m)	dom-fafe (m)	[dõ'fafə]
gaviota (f)	gaivota (f)	[gaj'vɔtɐ]
albatros (m)	albatroz (m)	[albɐ'trɔʃ]
pingüino (m)	pinguim (m)	[pĩgu'ĩ]

217. Los pájaros. El canto y los sonidos

cantar (vi)	cantar (vi)	[kã'tar]
gritar, llamar (vi)	gritar (vi)	[gri'tar]
cantar (el gallo)	cantar (o galo)	[kã'tar u 'galu]
quiquiriquí (m)	cocorocó (m)	[kɔkuru'kɔ]
cloquear (vi)	cacarejar (vi)	[kɐkɐrə'ʒar]
graznar (vi)	crocitar (vi)	[krɔsi'tar]
graznar, parpar (vi)	grasnar (vi)	[grɐ'ʒnar]
piar (vi)	piar (vi)	[pi'ar]
gorjear (vi)	chilrear, gorjear (vi)	[ʃilʀe'ar], [gur'ʒjar]

218. Los peces. Los animales marinos

brema (f)	brema (f)	['bremɐ]
carpa (f)	carpa (f)	['karpɐ]
perca (f)	perca (f)	['pɛrkɐ]
siluro (m)	siluro (m)	[si'luru]
lucio (m)	lúcio (m)	['lusiu]
salmón (m)	salmão (m)	[sal'mãu]
esturión (m)	esturjão (m)	[əʃtur'ʒãu]

arenque (m)	arenque (m)	[e'rẽkə]
salmón (m) del Atlántico	salmão (m)	[sal'mãu]
caballa (f)	cavala, sarda (f)	[ke'valə], ['sardə]
lenguado (m)	solha (f)	['soʎə]

lucioperca (f)	lúcio perca (m)	['lusiu 'perka]
bacalao (m)	bacalhau (m)	[bɐkɐ'ʎau]
atún (m)	atum (m)	[e'tũ]
trucha (f)	truta (f)	['trutə]

anguila (f)	enguia (f)	[ẽ'giə]
raya (f) eléctrica	raia elétrica (f)	['ʀajə e'lɛtrikə]
morena (f)	moreia (f)	[mu'rejə]
piraña (f)	piranha (f)	[pi'reɲə]

tiburón (m)	tubarão (m)	[tube'rãu]
delfín (m)	golfinho (m)	[gol'fiɲu]
ballena (f)	baleia (f)	[bɐ'lejə]

centolla (f)	caranguejo (m)	[kerã'geʒu]
medusa (f)	medusa, alforreca (f)	[mə'duze], [alfu'ʀɛkə]
pulpo (m)	polvo (m)	['polvu]

estrella (f) de mar	estrela-do-mar (f)	[ə'ʃtrele du 'mar]
erizo (m) de mar	ouriço-do-mar (m)	[o'risu du 'mar]
caballito (m) de mar	cavalo-marinho (m)	[ke'valu me'riɲu]

ostra (f)	ostra (f)	['ɔʃtrə]
camarón (m)	camarão (m)	[keme'rãu]
bogavante (m)	lavagante (m)	[leve'gãtə]
langosta (f)	lagosta (f)	[le'goʃtə]

219. Los anfibios. Los reptiles

| serpiente (f) | serpente, cobra (f) | [sər'pẽtə], ['kɔbrə] |
| venenoso (adj) | venenoso | [vənə'nozu] |

víbora (f)	víbora (f)	['viburə]
cobra (f)	cobra-capelo, naja (f)	[kɔbrɐke'pɛlu], ['naʒe]
pitón (m)	pitão (m)	[pi'tãu]
boa (f)	jiboia (f)	[ʒi'bojə]

culebra (f)	cobra-de-água (f)	[kɔbredə'aguɐ]
serpiente (m) de cascabel	cascavel (f)	[keʃke'vɛl]
anaconda (f)	anaconda (f)	[ene'kõdə]

lagarto (m)	lagarto (m)	[le'gartu]
iguana (f)	iguana (f)	[igu'enɐ]
varano (m)	varano (m)	[ve'renu]
salamandra (f)	salamandra (f)	[sele'mãdrɐ]
camaleón (m)	camaleão (m)	[keme'ljãu]
escorpión (m)	escorpião (m)	[əʃkur'pjãu]
tortuga (f)	tartaruga (f)	[terte'rugə]
rana (f)	rã (f)	[ʀã]

| sapo (m) | sapo (m) | ['sapu] |
| cocodrilo (m) | crocodilo (m) | [kʀuku'dilu] |

220. Los insectos

insecto (m)	inseto (m)	[ĩ'sɛtu]
mariposa (f)	borboleta (f)	[burbu'letɐ]
hormiga (f)	formiga (f)	[fuʀ'migɐ]
mosca (f)	mosca (f)	['moʃkɐ]
mosquito (m) (picadura de ~)	mosquito (m)	[mu'ʃkitu]
escarabajo (m)	escaravelho (m)	[ɐʃkɐɾɐ'vɛʎu]

avispa (f)	vespa (f)	['vɛʃpɐ]
abeja (f)	abelha (f)	[ɐ'beʎɐ]
abejorro (m)	mamangava (f)	[memã'gavɐ]
moscardón (m)	moscardo (m)	[mu'ʃkardu]

| araña (f) | aranha (f) | [ɐ'ɾɐɲɐ] |
| telaraña (f) | teia (f) de aranha | ['tɐjɐ də ɐ'ɾɐɲɐ] |

libélula (f)	libélula (f)	[li'bɛlulɐ]
saltamontes (m)	gafanhoto-do-campo (m)	[gɐfɐ'ɲotu du 'kãpu]
mariposa (f) nocturna	traça (f)	['trasɐ]

cucaracha (f)	barata (f)	[bɐ'ɾatɐ]
garrapata (f)	carraça (f)	[kɐ'ʀasɐ]
pulga (f)	pulga (f)	['pulgɐ]
mosca (f) negra	borrachudo (m)	[buʀɐ'ʃudu]

langosta (f)	gafanhoto (m)	[gɐfɐ'ɲotu]
caracol (m)	caracol (m)	[kɐɾɐ'kɔl]
grillo (m)	grilo (m)	['grilu]
luciérnaga (f)	pirilampo (m)	[piri'lãpu]
mariquita (f)	joaninha (f)	[ʒuɐ'niɲɐ]
sanjuanero (m)	besouro (m)	[bə'zoru]

sanguijuela (f)	sanguessuga (f)	[sãgə'sugɐ]
oruga (f)	lagarta (f)	[lɐ'gartɐ]
lombriz (m) de tierra	minhoca (f)	[mi'ɲɔkɐ]
larva (f)	larva (f)	['larvɐ]

221. Los animales. Las partes del cuerpo

pico (m)	bico (m)	['biku]
alas (f pl)	asas (f pl)	['azɐʃ]
pata (f)	pata (f)	['patɐ]
plumaje (m)	plumagem (f)	[plu'maʒẽĭ]
pluma (f)	pena, pluma (f)	['penɐ], ['plumɐ]
penacho (m)	crista (f)	['kriʃtɐ]

| branquias (f pl) | brânquias, guelras (f pl) | ['brãkiɐʃ], ['gɛlʀɐʃ] |
| huevas (f pl) | ovas (f pl) | ['ɔvɐʃ] |

larva (f)	**larva** (f)	['larvɐ]
aleta (f)	**barbatana** (f)	[bɐrbɐ'tɐnɐ]
escamas (f pl)	**escama** (f)	[ə'ʃkɐmɐ]
colmillo (m)	**canino** (m)	[kɐ'ninu]
garra (f), pata (f)	**pata** (f)	['patɐ]
hocico (m)	**focinho** (m)	[fu'siɲu]
boca (f)	**boca** (f)	['bokɐ]
cola (f)	**cauda** (f), **rabo** (m)	['kaudɐ], ['ʀabu]
bigotes (m pl)	**bigodes** (m pl)	[bi'gɔdəʃ]
casco (m) (pezuña)	**casco** (m)	['kaʃku]
cuerno (m)	**corno** (m)	['kornu]
caparazón (m)	**carapaça** (f)	[kɐrɐ'pasɐ]
concha (f) (de moluscos)	**concha** (f)	['kõʃɐ]
cáscara (f) (de huevo)	**casca** (f) **de ovo**	['kaʃkɐ də 'ovu]
pelo (m) (de perro)	**pelo** (m)	['pelu]
piel (f) (de vaca, etc.)	**pele** (f), **couro** (m)	['pɛlə], ['koru]

222. Los animales. Acciones. Conducta.

volar (vi)	**voar** (vi)	[vu'ar]
dar vueltas	**dar voltas**	[dar 'vɔltɐʃ]
echar a volar	**voar** (vi)	[vu'ar]
batir las alas	**bater as asas**	[bɐ'ter ɐʃ 'azɐʃ]
picotear (vt)	**bicar** (vi)	[bi'kar]
empollar (vt)	**incubar** (vt)	[ĩku'bar]
salir del cascarón	**sair do ovo**	[sɐ'ir du 'ovu]
hacer el nido	**fazer o ninho**	[fɐ'zer u 'niɲu]
reptar (serpiente)	**rastejar** (vi)	[ʀɐʃtɐ'ʒar]
picar (vt)	**picar** (vt)	[pi'kar]
morder (animal)	**morder** (vt)	[mur'der]
olfatear (vt)	**cheirar** (vt)	[ʃej'rar]
ladrar (vi)	**latir** (vi)	[lɐ'tir]
sisear (culebra)	**silvar** (vi)	[si'lvar]
asustar (vt)	**assustar** (vt)	[ɐsu'ʃtar]
atacar (vt)	**atacar** (vt)	[ɐtɐ'kar]
roer (vt)	**roer** (vt)	[ʀu'er]
arañar (vt)	**arranhar** (vt)	[ɐʀɐ'ɲar]
esconderse (vr)	**esconder-se** (vr)	[əʃkõ'dersə]
jugar (gatitos, etc.)	**brincar** (vi)	[brĩ'kar]
cazar (vi, vt)	**caçar** (vi)	[kɐ'sar]
hibernar (vi)	**hibernar** (vi)	[ibər'nar]
extinguirse (vr)	**extinguir-se** (vr)	[əʃtĩ'girsə]

223. Los animales. El hábitat

hábitat (m)	hábitat	['abitɛt]
migración (f)	migração (f)	[migrɐ'sãu]
montaña (f)	montanha (f)	[mõ'teɲɐ]
arrecife (m)	recife (m)	[ʀɐ'sifɐ]
roca (f)	falésia (f)	[fɐ'lɛziɐ]
bosque (m)	floresta (f)	[flu'ʀɛʃtɐ]
jungla (f)	selva (f)	['sɛlvɐ]
sabana (f)	savana (f)	[sɐ'venɐ]
tundra (f)	tundra (f)	['tũdrɐ]
estepa (f)	estepe (f)	[ə'ʃtɛpə]
desierto (m)	deserto (m)	[də'zɛrtu]
oasis (m)	oásis (m)	[o'aziʃ]
mar (m)	mar (m)	[mar]
lago (m)	lago (m)	['lagu]
océano (m)	oceano (m)	[ɔ'sjenu]
pantano (m)	pântano (m)	['pãtenu]
de agua dulce (adj)	de água doce	[də 'aguɐ 'dosə]
estanque (m)	lagoa (f)	[lɐ'goɐ]
río (m)	rio (m)	['ʀiu]
cubil (m)	toca (f) do urso	['tɔkɐ du 'ursu]
nido (m)	ninho (m)	['niɲu]
agujero (m)	buraco (m) de árvore	[bu'ʀaku də 'arvurə]
madriguera (f)	toca (f)	['tɔkɐ]
hormiguero (m)	formigueiro (m)	[furmi'gejru]

224. El cuidado de los animales

zoológico (m)	jardim (m) zoológico	[ʒɛr'dĩ zuu'lɔʒiku]
reserva (f) natural	reserva (f) natural	[ʀɐ'zɛrvɐ netu'ral]
criadero (m)	viveiro (m)	[vi'vejru]
jaula (f) al aire libre	jaula (f) de ar livre	['ʒaulɐ də ar 'livrɐ]
jaula (f)	jaula, gaiola (f)	['ʒaulɐ], [gɐ'jɔlɐ]
perrera (f)	casinha (f) de cão	[kɐ'ziɲɐ də 'kãu]
palomar (m)	pombal (m)	[põ'bal]
acuario (m)	aquário (m)	[ɐku'ariu]
delfinario (m)	delfinário (m)	[dɛlfi'nariu]
criar (~ animales)	criar (vt)	[kri'ar]
crías (f pl)	ninhada (f)	[ni'ɲadɐ]
domesticar (vt)	domesticar (vt)	[dumɐʃti'kar]
adiestrar (~ animales)	adestrar (vt)	[ɐdɐ'ʃtrar]
pienso (m), comida (f)	ração (f)	[ʀɐ'sãu]
dar de comer	alimentar (vt)	[ɐlimẽ'tar]

tienda (f) de animales	**loja** (f) **de animais**	['lɔʒe də ɐni'maɪʃ]
bozal (m) de perro	**açaime** (m)	[ɐ'sajmə]
collar (m)	**coleira** (f)	[ku'lejɾɐ]
nombre (m) (de perro, etc.)	**nome** (m)	['nomə]
pedigrí (m)	**pedigree** (m)	[pɛdi'gri]

225. Los animales. Miscelánea

manada (f) (de lobos)	**alcateia** (f)	[alkɐ'tejɐ]
bandada (f) (de pájaros)	**bando** (m)	['bãdu]
banco (m) de peces	**cardume** (m)	[kɐr'dumə]
caballada (f)	**manada** (f)	[mɐ'nadɐ]

macho (m)	**macho** (m)	['maʃu]
hembra (f)	**fêmea** (f)	['femiɐ]

hambriento (adj)	**faminto**	[fɐ'mĩtu]
salvaje (adj)	**selvagem**	[sɛ'lvaʒẽj]
peligroso (adj)	**perigoso**	[pɐri'gozu]

226. Los caballos

caballo (m)	**cavalo** (m)	[kɐ'valu]
raza (f)	**raça** (f)	['ʀasɐ]

potro (m)	**potro** (m)	['pɔtru]
yegua (f)	**égua** (f)	['ɛguɐ]

mustang (m)	**mustangue** (m)	[mu'ʃtãgə]
poni (m)	**pónei** (m)	['pɔnɐj]
caballo (m) de tiro	**cavalo** (m) **de tiro**	[kɐ'valu də 'tiru]

crin (f)	**crina** (f)	['krinɐ]
cola (f)	**cauda** (f)	['kaudɐ]

casco (m) (pezuña)	**casco** (m)	['kaʃku]
herradura (f)	**ferradura** (f)	[fɐʀɐ'durɐ]
herrar (vt)	**ferrar** (vt)	[fɐ'ʀar]
herrero (m)	**ferreiro** (m)	[fɐ'ʀejru]

silla (f)	**sela** (f)	['sɛlɐ]
estribo (m)	**estribo** (m)	[ɐ'ʃtribu]
bridón (m)	**brida** (f)	['bridɐ]
riendas (f pl)	**rédeas** (f pl)	['ʀɛdiɐʃ]
fusta (f)	**chicote** (m)	[ʃi'kɔtə]

jinete (m)	**cavaleiro** (m)	[kɐvɐ'lejru]
ensillar (vt)	**colocar sela**	[kulu'kar 'sɛlɐ]
montar al caballo	**montar no cavalo**	[mõ'tar nu kɐ'valu]

galope (m)	**galope** (m)	[gɐ'lɔpə]
ir al galope	**galopar** (vi)	[gɐlu'par]

trote (m)
al trote (adv)
ir al trote, trotar (vi)

trote (m)
a trote
ir a trote

['trotə]
[ɐ 'trotə]
[ir ɐ 'trotə]

caballo (m) de carreras
carreras (f pl)

cavalo (m) **de corrida**
corridas (f pl)

[kɐ'valu də ku'ʁidɐ]
[ku'ʁideʃ]

caballeriza (f)
dar de comer
heno (m)
dar de beber
limpiar (el caballo)

estábulo (m)
alimentar (vt)
feno (m)
dar água
limpar (vt)

[ə'ʃtabulu]
[ɐlimẽ'tar]
['fenu]
[dar 'aguɐ]
[lĩ'par]

carro (m)
pastar (vi)
relinchar (vi)
cocear (vi)

carroça (f)
pastar (vi)
relinchar (vi)
dar um coice

[kɐ'ʁosɐ]
[pɐ'ʃtar]
[ʁɐlĩ'ʃar]
[dar ũ 'kojsə]

La flora

árbol (m)	árvore (f)	['arvurə]
foliáceo (adj)	decídua	[də'siduə]
conífero (adj)	conifera	[ku'nifərə]
de hoja perenne	perene	[pə'rɛnə]
manzano (m)	macieira (f)	[mɐ'sjɐjɾɐ]
peral (m)	pereira (f)	[pə'rɐjɾɐ]
cerezo (m)	cerejeira (f)	[sərə'ʒɐjɾɐ]
guindo (m)	ginjeira (f)	[ʒĩ'ʒɐjɾɐ]
ciruelo (m)	ameixeira (f)	[ɐmɐj'ʃɐjɾɐ]
abedul (m)	bétula (f)	['bɛtulɐ]
roble (m)	carvalho (m)	[kɐr'vaʎu]
tilo (m)	tília (f)	['tiliɐ]
pobo (m)	choupo-tremedor (m)	['ʃopu trəmə'dor]
arce (m)	bordo (m)	['bordu]
pícea (f)	espruce (m)	[ə'ʃprusə]
pino (m)	pinheiro (m)	[pi'ɲɐjru]
alerce (m)	alerce, lariço (m)	[ɐ'lɛrsə], [lɐ'risu]
abeto (m)	abeto (m)	[ɐ'bɛtu]
cedro (m)	cedro (m)	['sɛdru]
álamo (m)	choupo, álamo (m)	['ʃopu], ['alɐmu]
serbal (m)	tramazeira (f)	[trɐmɐ'zɐjɾɐ]
sauce (m)	salgueiro (m)	[sa'lgɐjru]
aliso (m)	amieiro (m)	[ɐ'mjɐjru]
haya (f)	faia (f)	['fajɐ]
olmo (m)	ulmeiro (m)	[ul'mɐjru]
fresno (m)	freixo (m)	['frɐjʃu]
castaño (m)	castanheiro (m)	[kɐʃtɐ'ɲɐjru]
magnolia (f)	magnólia (f)	[mɐ'gnɔliɐ]
palmera (f)	palmeira (f)	[pal'mɐjɾɐ]
ciprés (m)	cipreste (m)	[sip'rɛʃtə]
mangle (m)	mangue (m)	['mãgə]
baobab (m)	embondeiro, baobá (m)	[ẽbõ'dɐjru], [bau'ba]
eucalipto (m)	eucalipto (m)	[euke'liptu]
secoya (f)	sequoia (f)	[sə'kwɔjɐ]

mata (f)	arbusto (m)	[ɐr'buʃtu]
arbusto (m)	arbusto (m), moita (f)	[ɐr'buʃtu], ['mojtɐ]

| vid (f) | videira (f) | [vi'dejɾɐ] |
| viñedo (m) | vinhedo (m) | [vi'ɲedu] |

frambueso (m)	framboeseira (f)	[frãbue'zejɾɐ]
grosellero (m) negro	groselheira-preta (f)	[gruzɐʎejɾɐ 'pretɐ]
grosellero (m) rojo	groselheira-vermelha (f)	[gruzɐ'ʎejɾɐ vɐr'meʎɐ]
grosellero (m) espinoso	groselheira (f) espinhosa	[gruzɐ'ʎejɾɐ ɐʃpi'ɲozɐ]

acacia (f)	acácia (f)	[ɐ'kasiɐ]
berberís (m)	bérberis (f)	['bɛrbɐriʃ]
jazmín (m)	jasmim (m)	[ʒɐʒ'mĩ]

enebro (m)	junípero (m)	[ʒu'nipɐru]
rosal (m)	roseira (f)	[ʀu'zejɾɐ]
escaramujo (m)	roseira (f) brava	[ʀu'zejɾɐ 'bravɐ]

229. Los hongos

seta (f)	cogumelo (m)	[kugu'mɛlu]
seta (f) comestible	cogumelo (m) comestível	[kugu'mɛlu kumɐ'ʃtivɛl]
seta (f) venenosa	cogumelo (m) venenoso	[kugu'mɛlu vɐnɐ'nozu]
sombrerete (m)	chapéu (m)	[ʃe'pɛu]
estipe (m)	pé, caule (m)	[pɛ], ['kaulɐ]

seta calabaza (f)	boleto (m)	[bu'letu]
boleto (m) castaño	boleto (m) alaranjado	[bu'letu 'ɐlɐrã'ʒadu]
boleto (m) áspero	míscaro (m) das bétulas	['miʃkɐru deʃ 'bɛtulɐʃ]
rebozuelo (m)	cantarela (f)	[kãte'rɛla]
rúsula (f)	rússula (f)	['ʀusulɐ]

colmenilla (f)	morchella (f)	[mu'rʃɛlɐ]
matamoscas (m)	agário-das-moscas (m)	[ɐ'gariu deʒ 'moʃkeʃ]
oronja (f) verde	cicuta (f) verde	[si'kutɐ 'verdɐ]

230. Las frutas. Las bayas

fruto (m)	fruta (f)	['frutɐ]
frutos (m pl)	frutas (f pl)	['frutɐʃ]
manzana (f)	maçã (f)	[mɐ'sã]
pera (f)	pera (f)	['perɐ]
ciruela (f)	ameixa (f)	[ɐ'mejʃɐ]

fresa (f)	morango (m)	[mu'rãgu]
guinda (f)	ginja (f)	['ʒĩʒɐ]
cereza (f)	cereja (f)	[sɐ'reʒɐ]
uva (f)	uva (f)	['uvɐ]

frambuesa (f)	framboesa (f)	[frãbu'ezɐ]
grosella (f) negra	groselha (f) preta	[gru'zeʎɐ 'pretɐ]
grosella (f) roja	groselha (f) vermelha	[gru'zeʎɐ vɐr'meʎɐ]
grosella (f) espinosa	groselha (f) espinhosa	[gru'zeʎɐ ɐʃpi'ɲozɐ]
arándano (m) agrio	oxicoco (m)	[ɔksi'koku]

naranja (f)	laranja (f)	[le'rãʒe]
mandarina (f)	tangerina (f)	[tãʒə'rine]
piña (f)	ananás (m)	[ene'naʃ]
banana (f)	banana (f)	[be'nene]
dátil (m)	tâmara (f)	['temere]

limón (m)	limão (m)	[li'mãu]
albaricoque (m)	damasco (m)	[de'maʃku]
melocotón (m)	pêssego (m)	['pesəgu]
kiwi (m)	kiwi (m)	[ki'vi]
toronja (f)	toranja (f)	[tu'rãʒe]

baya (f)	baga (f)	['bage]
bayas (f pl)	bagas (f pl)	['bageʃ]
arándano (m) rojo	arando (m) vermelho	[e'rãdu vər'meʎu]
fresa (f) silvestre	morango-silvestre (m)	[mu'rãgu sil'vɛʃtre]
arándano (m)	mirtilo (m)	[mir'tilu]

231. Las flores. Las plantas

| flor (f) | flor (f) | [flor] |
| ramo (m) de flores | ramo (m) de flores | ['ʀemu də 'floreʃ] |

rosa (f)	rosa (f)	['ʀɔze]
tulipán (m)	tulipa (f)	[tu'lipe]
clavel (m)	cravo (m)	['kravu]
gladiolo (m)	gladíolo (m)	[gle'diulu]

aciano (m)	centáurea (f)	[sẽ'taurie]
campanilla (f)	campânula (f)	[kã'penule]
diente (m) de león	dente-de-leão (m)	['dẽte də li'ãu]
manzanilla (f)	camomila (f)	[kamu'mile]

áloe (m)	aloé (m)	[elu'ɛ]
cacto (m)	cato (m)	['katu]
ficus (m)	fícus (m)	['fikuʃ]

azucena (f)	lírio (m)	['liriu]
geranio (m)	gerânio (m)	[ʒə'reniu]
jacinto (m)	jacinto (m)	[ʒe'sĩtu]

mimosa (f)	mimosa (f)	[mi'mɔze]
narciso (m)	narciso (m)	[nar'sizu]
capuchina (f)	capuchinha (f)	[kepu'ʃiɲe]

orquídea (f)	orquídea (f)	[ɔr'kidie]
peonía (f)	peónia (f)	[pi'onie]
violeta (f)	violeta (f)	[viu'lete]

trinitaria (f)	amor-perfeito (m)	[e'mor pər'fejtu]
nomeolvides (f)	não-me-esqueças (m)	['nãu me ə'ʃkeseʃ]
margarita (f)	margarida (f)	[merge'ride]
amapola (f)	papoula (f)	[pe'pole]
cáñamo (m)	cânhamo (m)	['keɲemu]

menta (f)	hortelã (f)	[ɔrtə'lã]
muguete (m)	lírio-do-vale (m)	['liriu du 'valə]
campanilla (f) de las nieves	campânula-branca (f)	[kãpɐnulɐ 'brãkɐ]

ortiga (f)	urtiga (f)	[ur'tigɐ]
acedera (f)	azeda (f)	[ɐ'zedɐ]
nenúfar (m)	nenúfar (m)	[nə'nufar]
helecho (m)	feto (m), samambaia (f)	['fɛtu], [sɐmã'bajɐ]
liquen (m)	líquen (m)	['likɛn]

invernadero (m) tropical	estufa (f)	[ə'ʃtufɐ]
césped (m)	relvado (m)	[ʀɛ'lvadu]
macizo (m) de flores	canteiro (m) de flores	[kã'tejru də 'florəʃ]

planta (f)	planta (f)	['plãtɐ]
hierba (f)	erva (f)	['ɛrvɐ]
hoja (f) de hierba	folha (f) de erva	['foʎɐ də 'ɛrvɐ]

hoja (f)	folha (f)	['foʎɐ]
pétalo (m)	pétala (f)	['pɛtɐlɐ]
tallo (m)	talo (m)	['talu]
tubérculo (m)	tubérculo (m)	[tu'bɛrkulu]

| retoño (m) | broto, rebento (m) | ['brout], [ʀə'bẽtu] |
| espina (f) | espinho (m) | [ə'ʃpiɲu] |

florecer (vi)	florescer (vi)	[flurə'ʃser]
marchitarse (vr)	murchar (vi)	[mur'ʃar]
olor (m)	cheiro (m)	['ʃejru]
cortar (vt)	cortar (vt)	[kur'tar]
coger (una flor)	colher (vt)	[ku'ʎɛr]

232. Los cereales, los granos

grano (m)	grão (m)	['grãu]
cereales (m pl) (plantas)	cereais (m pl)	[sə'rjaiʃ]
espiga (f)	espiga (f)	[ə'ʃpigɐ]

trigo (m)	trigo (m)	['trigu]
centeno (m)	centeio (m)	[sẽ'teju]
avena (f)	aveia (f)	[ɐ'vɐjɐ]

| mijo (m) | milho-miúdo (m) | ['miʎu mi'udu] |
| cebada (f) | cevada (f) | [sə'vadɐ] |

maíz (m)	milho (m)	['miʎu]
arroz (m)	arroz (m)	[ɐ'ʀoʒ]
alforfón (m)	trigo-sarraceno (m)	['trigu saʀɐ'senu]

guisante (m)	ervilha (f)	[er'viʎɐ]
fréjol (m)	feijão (m)	[fɐj'ʒãu]
soya (f)	soja (f)	['sɔʒɐ]
lenteja (f)	lentilha (f)	[lẽ'tiʎɐ]
habas (f pl)	fava (f)	['favɐ]

233. Los vegetales. Las verduras

legumbres (f pl)	**legumes** (m pl)	[lə'guməʃ]
verduras (f pl)	**verduras** (f pl)	[vər'dureʃ]
tomate (m)	**tomate** (m)	[tu'matə]
pepino (m)	**pepino** (m)	[pə'pinu]
zanahoria (f)	**cenoura** (f)	[sə'nore]
patata (f)	**batata** (f)	[bɐ'tate]
cebolla (f)	**cebola** (f)	[sə'bole]
ajo (m)	**alho** (m)	['aʎu]
col (f)	**couve** (f)	['kovə]
coliflor (f)	**couve-flor** (f)	['kovə 'flor]
col (f) de Bruselas	**couve-de-bruxelas** (f)	['kovə də bru'ʃɛleʃ]
brócoli (m)	**brócolos** (m pl)	['brɔkuluʃ]
remolacha (f)	**beterraba** (f)	[bətə'ʀabe]
berenjena (f)	**beringela** (f)	[bəɾĩ'ʒɛle]
calabacín (m)	**curgete** (f)	[kur'ʒɛtə]
calabaza (f)	**abóbora** (f)	[e'bobure]
nabo (m)	**nabo** (m)	['nabu]
perejil (m)	**salsa** (f)	['salse]
eneldo (m)	**funcho, endro** (m)	['fũʃu], ['ẽdru]
lechuga (f)	**alface** (f)	[al'fasə]
apio (m)	**aipo** (m)	['ajpu]
espárrago (m)	**espargo** (m)	[ə'ʃpargu]
espinaca (f)	**espinafre** (m)	[əʃpi'nafrə]
guisante (m)	**ervilha** (f)	[er'viʎe]
habas (f pl)	**fava** (f)	['fave]
maíz (m)	**milho** (m)	['miʎu]
fréjol (m)	**feijão** (m)	[fɐj'ʒãu]
pimentón (m)	**pimentão** (m)	[pimẽ'tãu]
rábano (m)	**rabanete** (m)	[ʀɐbe'netə]
alcachofa (f)	**alcachofra** (f)	[alke'ʃofre]

GEOGRAFÍA REGIONAL

234. Europa occidental

Europa (f)	Europa (f)	[eu'rɔpɐ]
Unión (f) Europea	União (f) Europeia	[u'njãu euru'pɐjɐ]
europeo (m)	europeu (m)	[euru'peu]
europeo (adj)	europeu	[euru'peu]
Austria (f)	Áustria (f)	['auʃtriɐ]
austriaco (m)	austríaco (m)	[au'ʃtriɐku]
austriaca (f)	austríaca (f)	[au'ʃtriɐkɐ]
austriaco (adj)	austríaco	[au'ʃtriɐku]
Gran Bretaña (f)	Grã-Bretanha (f)	[grãbrɐ'teɲɐ]
Inglaterra (f)	Inglaterra (f)	[ĩglɐ'tɛʀɐ]
inglés (m)	inglês (m)	[ĩ'gleʃ]
inglesa (f)	inglesa (f)	[ĩ'glezɐ]
inglés (adj)	inglês	[ĩ'gleʃ]
Bélgica (f)	Bélgica (f)	['bɛʒikɐ]
belga (m)	belga (m)	['bɛlgɐ]
belga (f)	belga (f)	['bɛlgɐ]
belga (adj)	belga	['bɛlgɐ]
Alemania (f)	Alemanha (f)	[ɐlɐ'meɲɐ]
alemán (m)	alemão (m)	[ɐlɐ'mãu]
alemana (f)	alemã (f)	[ɐlɐ'mã]
alemán (adj)	alemão	[ɐlɐ'mãu]
Países Bajos (m pl)	Países (m pl) Baixos	[pɐ'izeʃ 'baɪʃuʃ]
Holanda (f)	Holanda (f)	[ɔ'lãdɐ]
holandés (m)	holandês (m)	[ɔlã'deʃ]
holandesa (f)	holandesa (f)	[ɔlã'dezɐ]
holandés (adj)	holandês	[ɔlã'deʃ]
Grecia (f)	Grécia (f)	['grɛsiɐ]
griego (m)	grego (m)	['gregu]
griega (f)	grega (f)	['gregɐ]
griego (adj)	grego	['gregu]
Dinamarca (f)	Dinamarca (f)	[dinɐ'markɐ]
danés (m)	dinamarquês (m)	[dinɐmɐr'keʃ]
danesa (f)	dinamarquesa (f)	[dinɐmɐr'kezɐ]
danés (adj)	dinamarquês	[dinɐmɐr'keʃ]
Irlanda (f)	Irlanda (f)	[ir'lãdɐ]
irlandés (m)	irlandês (m)	[irlã'deʃ]
irlandesa (f)	irlandesa (f)	[irlã'dezɐ]
irlandés (adj)	irlandês	[irlã'deʃ]

Islandia (f)	Islândia (f)	[i'ʒlãdiɐ]
islandés (m)	islandês (m)	[iʒlã'deʃ]
islandesa (f)	islandesa (f)	[iʒlã'dezɐ]
islandés (adj)	islandês	[iʒlã'deʃ]
España (f)	Espanha (f)	[ə'ʃpaɲɐ]
español (m)	espanhol (m)	[əʃpɐ'ɲɔl]
española (f)	espanhola (f)	[əʃpɐ'ɲɔlɐ]
español (adj)	espanhol	[əʃpɐ'ɲɔl]
Italia (f)	Itália (f)	[i'taliɐ]
italiano (m)	italiano (m)	[itɐ'ljɐnu]
italiana (f)	italiana (f)	[itɐ'ljɐnɐ]
italiano (adj)	italiano	[itɐ'ljɐnu]
Chipre (m)	Chipre (m)	['ʃiprə]
chipriota (m)	cipriota (m)	[sip'rjɔtɐ]
chipriota (f)	cipriota (f)	[sip'rjɔtɐ]
chipriota (adj)	cipriota	[sip'rjɔtɐ]
Malta (f)	Malta (f)	['maltɐ]
maltés (m)	maltês (m)	[mal'teʃ]
maltesa (f)	maltesa (f)	[mal'tezɐ]
maltés (adj)	maltês	[mal'teʃ]
Noruega (f)	Noruega (f)	[nɔru'ɛgɐ]
noruego (m)	norueguês (m)	[nɔruɛ'geʃ]
noruega (f)	norueguesa (f)	[nɔruɛ'gezɐ]
noruego (adj)	norueguês	[nɔruɛ'geʃ]
Portugal (m)	Portugal (m)	[purtu'gal]
portugués (m)	português (m)	[purtu'geʃ]
portuguesa (f)	portuguesa (f)	[purtu'gezɐ]
portugués (adj)	português	[purtu'geʃ]
Finlandia (f)	Finlândia (f)	[fi'lãdiɐ]
finlandés (m)	finlandês (m)	[filã'deʃ]
finlandesa (f)	finlandesa (f)	[filã'dezɐ]
finlandés (adj)	finlandês	[filã'deʃ]
Francia (f)	França (f)	['frãsɐ]
francés (m)	francês (m)	[frã'seʃ]
francesa (f)	francesa (f)	[frã'sezɐ]
francés (adj)	francês	[frã'seʃ]
Suecia (f)	Suécia (f)	[su'ɛsiɐ]
sueco (m)	sueco (m)	[su'ɛku]
sueca (f)	sueca (f)	[su'ɛkɐ]
sueco (adj)	sueco	[su'ɛku]
Suiza (f)	Suíça (f)	[su'isɐ]
suizo (m)	suíço (m)	[su'isu]
suiza (f)	suíça (f)	[su'isɐ]
suizo (adj)	suíço	[su'isu]
Escocia (f)	Escócia (f)	[ə'ʃkɔsiɐ]
escocés (m)	escocês (m)	[əʃku'seʃ]

| escocesa (f) | escocesa (f) | [əʃku'seze] |
| escocés (adj) | escocês | [əʃku'seʃ] |

Vaticano (m)	Vaticano (m)	[veti'kenu]
Liechtenstein (m)	Liechtenstein (m)	[liʃtē'ʃtajn]
Luxemburgo (m)	Luxemburgo (m)	[luʃē'burgu]
Mónaco (m)	Mónaco (m)	['moneku]

235. Europa central y oriental

Albania (f)	Albânia (f)	[al'benie]
albanés (m)	albanês (m)	[albe'neʃ]
albanesa (f)	albanesa (f)	[albe'neze]
albanés (adj)	albanês	[albe'neʃ]

Bulgaria (f)	Bulgária (f)	[bul'garie]
búlgaro (m)	búlgaro (m)	['bulgeru]
búlgara (f)	búlgara (f)	['bulgere]
búlgaro (adj)	búlgaro	['bulgeru]

Hungría (f)	Hungria (f)	[ũ'grie]
húngaro (m)	húngaro (m)	['ũgeru]
húngara (f)	húngara (f)	['ũgere]
húngaro (adj)	húngaro	['ũgeru]

Letonia (f)	Letónia (f)	[lə'tonie]
letón (m)	letão (m)	[lə'tãu]
letona (f)	letã (f)	[lə'tã]
letón (adj)	letão	[lə'tãu]

Lituania (f)	Lituânia (f)	[litu'enie]
lituano (m)	lituano (m)	[litu'enu]
lituana (f)	lituana (f)	[litu'ene]
lituano (adj)	lituano	[litu'enu]

Polonia (f)	Polónia (f)	[pu'lonie]
polaco (m)	polaco (m)	[pu'laku]
polaca (f)	polaca (f)	[pu'lake]
polaco (adj)	polaco	[pu'laku]

Rumania (f)	Roménia (f)	[ʀu'mɛnie]
rumano (m)	romeno (m)	[ʀu'menu]
rumana (f)	romena (f)	[ʀu'mene]
rumano (adj)	romeno	[ʀu'menu]

Serbia (f)	Sérvia (f)	['sɛrvie]
serbio (m)	sérvio (m)	['sɛrviu]
serbia (f)	sérvia (f)	['sɛrvie]
serbio (adj)	sérvio	['sɛrviu]

Eslovaquia (f)	Eslováquia (f)	[əʒlɔ'vakie]
eslovaco (m)	eslovaco (m)	[əʒlɔ'vaku]
eslovaca (f)	eslovaca (f)	[əʒlɔ'vake]
eslovaco (adj)	eslovaco	[əʒlɔ'vaku]

Croacia (f)	Croácia (f)	[kru'asiɐ]
croata (m)	croata (m)	[kru'atɐ]
croata (f)	croata (f)	[kru'atɐ]
croata (adj)	croata	[kru'atɐ]
Chequia (f)	República (f) Checa	[Rɛ'publikɐ 'ʃɛkɐ]
checo (m)	checo (m)	['ʃɛku]
checa (f)	checa (f)	['ʃɛkɐ]
checo (adj)	checo	['ʃɛku]
Estonia (f)	Estónia (f)	[ə'ʃtɔniɐ]
estonio (m)	estónio (m)	[ə'ʃtɔniu]
estonia (f)	estónia (f)	[ə'ʃtɔniɐ]
estonio (adj)	estónio	[ə'ʃtɔniu]
Bosnia y Herzegovina	Bósnia e Herzegovina (f)	['bɔʒniɐ i ɛrzəgɔ'vinɐ]
Macedonia	Macedónia (f)	[mɐsə'dɔniɐ]
Eslovenia	Eslovénia (f)	[əʒlɔ'vɛniɐ]
Montenegro (m)	Montenegro (m)	[mõtə'negru]

236. Los países de la antes Unión Soviética

Azerbaiyán (m)	Azerbaijão (m)	[ezərbaj'ʒãu]
azerbaiyano (m)	azeri (m)	[ezə'ri]
azerbaiyana (f)	azeri (f)	[ezə'ri]
azerbaiyano (adj)	azeri, azerbaijano	[ezə'ri], [ezərbaj'ʒɐnu]
Armenia (f)	Arménia (f)	[ɐr'mɛniɐ]
armenio (m)	arménio (m)	[ɐr'mɛniu]
armenia (f)	arménia (f)	[ɐr'mɛniɐ]
armenio (adj)	arménio	[ɐr'mɛniu]
Bielorrusia (f)	Bielorrússia (f)	[biɛlɔ'Rusiɐ]
bielorruso (m)	bielorrusso (m)	[biɛlɔ'Rusu]
bielorrusa (f)	bielorrussa (f)	[biɛlɔ'Rusɐ]
bielorruso (adj)	bielorrusso	[biɛlɔ'Rusu]
Georgia (f)	Geórgia (f)	[ʒj'ɔrʒiɐ]
georgiano (m)	georgiano (m)	[ʒiɔr'ʒjɐnu]
georgiana (f)	georgiana (f)	[ʒiɔr'ʒjɐnɐ]
georgiano (adj)	georgiano	[ʒiɔr'ʒjɐnu]
Kazajstán (m)	Cazaquistão (m)	[kezeki'ʃtãu]
kazajo (m)	cazaque (m)	[kɐ'zakə]
kazaja (f)	cazaque (f)	[kɐ'zakə]
kazajo (adj)	cazaque	[kɐ'zakə]
Kirguizistán (m)	Quirguistão (m)	[kirgis'tãu]
kirguís (m)	quirguiz (m)	[kir'gis]
kirguisa (f)	quirguiz (f)	[kir'gis]
kirguís (adj)	quirguiz	[kir'gis]
Moldavia (f)	Moldávia (f)	[mol'daviɐ]
moldavo (m)	moldavo (m)	[mɔl'davu]

| moldava (f) | moldava (f) | [mɔl'davɐ] |
| moldavo (adj) | moldavo | [mɔl'davu] |

Rusia (f)	Rússia (f)	['ʀusiɐ]
ruso (m)	russo (m)	['ʀusu]
rusa (f)	russa (f)	['ʀusɐ]
ruso (adj)	russo	['ʀusu]

Tayikistán (m)	Tajiquistão (m)	[teʒiki'ʃtãu]
tayiko (m)	tajique (m)	[tɐ'ʒikə]
tayika (f)	tajique (f)	[tɐ'ʒikə]
tayiko (adj)	tajique	[tɐ'ʒikə]

Turkmenistán (m)	Turquemenistão (m)	[turkəməni'ʃtãu]
turkmeno (m)	turcomeno (m)	[turku'menu]
turkmena (f)	turcomena (f)	[turku'menɐ]
turkmeno (adj)	turcomeno	[turku'menu]

Uzbekistán (m)	Uzbequistão (f)	[uʒbəki'ʃtãu]
uzbeko (m)	uzbeque (m)	[u'ʒbɛkə]
uzbeka (f)	uzbeque (f)	[u'ʒbɛkə]
uzbeko (adj)	uzbeque	[u'ʒbɛkə]

Ucrania (f)	Ucrânia (f)	[u'krɐniɐ]
ucraniano (m)	ucraniano (m)	[ukrɐ'njɐnu]
ucraniana (f)	ucraniana (f)	[ukrɐ'njɐnɐ]
ucraniano (adj)	ucraniano	[ukrɐ'njɐnu]

237. Asia

| Asia (f) | Ásia (f) | ['aziɐ] |
| asiático (adj) | asiático | [ɐ'zjatiku] |

Vietnam (m)	Vietname (m)	[viɛ'tnɐmə]
vietnamita (m)	vietnamita (m)	[viɛtnɐ'mitɐ]
vietnamita (f)	vietnamita (f)	[viɛtnɐ'mitɐ]
vietnamita (adj)	vietnamita	[viɛtnɐ'mitɐ]

India (f)	Índia (f)	['ĩdiɐ]
indio (m)	indiano (m)	[ĩ'djɐnu]
india (f)	indiana (f)	[ĩ'djɐnɐ]
indio (adj)	indiano	[ĩdi'ɐnu]

Israel (m)	Israel (m)	[iʒʀɐ'ɛl]
israelí (m)	israelita (m)	[iʒʀɐɛ'litɐ]
israelí (f)	israelita (f)	[iʒʀɐɛ'litɐ]
israelí (adj)	israelita	[iʒʀɐɛ'litɐ]

hebreo (m)	judeu (m)	[ʒu'deu]
hebrea (f)	judia (f)	[ʒu'diɐ]
hebreo (adj)	judeu	[ʒu'deu]

| China (f) | China (f) | ['ʃinɐ] |
| chino (m) | chinês (m) | [ʃi'neʃ] |

213

| china (f) | chinesa (f) | [ʃi'nezɐ] |
| chino (adj) | chinês | [ʃi'neʃ] |

Corea (f) del Sur	Coreia (f) do Sul	[ku'rejɐ du sul]
Corea (f) del Norte	Coreia (f) do Norte	[ku'rejɐ du 'nɔrtə]
coreano (m)	coreano (m)	[ku'rjenu]
coreana (f)	coreana (f)	[ku'rjenɐ]
coreano (adj)	coreano	[ku'rjenu]

Líbano (m)	Líbano (m)	['libenu]
libanés (m)	libanês (m)	[libe'neʃ]
libanesa (f)	libanesa (f)	[libe'nezɐ]
libanés (adj)	libanês	[libe'neʃ]

Mongolia (f)	Mongólia (f)	[mõ'gɔliɐ]
mongol (m)	mongol (m)	[mõ'gɔl]
mongola (f)	mongol (f)	[mõ'gɔl]
mongol (adj)	mongol	[mõ'gɔl]

Malasia (f)	Malásia (f)	[me'laziɐ]
malayo (m)	malaio (m)	[me'laju]
malaya (f)	malaia (f)	[me'lajɐ]
malayo (adj)	malaio	[me'laju]

Pakistán (m)	Paquistão (m)	[pɐki'ʃtãu]
pakistaní (m)	paquistanês (m)	[pɐkiʃte'neʃ]
pakistaní (f)	paquistanesa (f)	[pɐkiʃte'nezɐ]
pakistaní (adj)	paquistanês	[pɐkiʃte'neʃ]

Arabia (f) Saudita	Arábia (f) Saudita	[e'rabiɐ sau'ditɐ]
árabe (m)	árabe (m)	['arɐbə]
árabe (f)	árabe (f)	['arɐbə]
árabe (adj)	árabe	['arɐbə]

Tailandia (f)	Tailândia (f)	[taj'lãdiɐ]
tailandés (m)	tailandês (m)	[tajlã'deʃ]
tailandesa (f)	tailandesa (f)	[tajlã'dezɐ]
tailandés (adj)	tailandês	[tajlã'deʃ]

Taiwán (m)	Taiwan (m)	[taj'wen]
taiwanés (m)	taiwanês (m)	[tajwe'neʃ]
taiwanesa (f)	taiwanesa (f)	[tajwe'nezɐ]
taiwanés (adj)	taiwanês	[tajwe'neʃ]

Turquía (f)	Turquia (f)	[tur'kiɐ]
turco (m)	turco (m)	['turku]
turca (f)	turca (f)	['turkɐ]
turco (adj)	turco	['turku]

Japón (m)	Japão (m)	[ʒe'pãu]
japonés (m)	japonês (m)	[ʒepu'neʃ]
japonesa (f)	japonesa (f)	[ʒepu'nezɐ]
japonés (adj)	japonês	[ʒepu'neʃ]

| Afganistán (m) | Afeganistão (m) | [efəgeni'ʃtãu] |
| Bangladesh (m) | Bangladesh (m) | [bãglɐ'dɛʃ] |

| Indonesia (f) | Indonésia (f) | [ĩdɔ'nɛziɐ] |
| Jordania (f) | Jordânia (f) | [ʒur'dɐniɐ] |

Irak (m)	Iraque (m)	[i'rakə]
Irán (m)	Irão (m)	[i'rãu]
Camboya (f)	Camboja (f)	[kã'bɔdʒɐ]
Kuwait (m)	Kuwait (m)	[ku'wejt]

Laos (m)	Laos (m)	[lɐuʃ]
Myanmar (m)	Myanmar (m), Birmânia (f)	[miã'marʃ], [bir'mɐniɐ]
Nepal (m)	Nepal (m)	[nə'pal]
Emiratos (m pl) Árabes Unidos	Emirados (m pl) Árabes Unidos	[emi'raduʃ 'arɐbəʃ u'niduʃ]

| Siria (f) | Síria (f) | ['siriɐ] |
| Palestina (f) | Palestina (f) | [pɐlə'ʃtinɐ] |

238. América del Norte

Estados Unidos de América (m pl)	Estados Unidos da América (m pl)	[ə'ʃtaduʃ u'niduʃ dɐ ɐ'mɛrikɐ]
americano (m)	americano (m)	[emɐri'kɐnu]
americana (f)	americana (f)	[emɐri'kɐnɐ]
americano (adj)	americano	[emɐri'kɐnu]

Canadá (f)	Canadá (m)	[kɐnɐ'da]
canadiense (m)	canadiano (m)	[kɐnɐ'djɐnu]
canadiense (f)	canadiana (f)	[kɐnɐ'djɐnɐ]
canadiense (adj)	canadiano	[kɐnɐ'djɐnu]

Méjico (m)	México (m)	['mɛʃiku]
mejicano (m)	mexicano (m)	[məʃi'kɐnu]
mejicana (f)	mexicana (f)	[məʃi'kɐnɐ]
mejicano (adj)	mexicano	[məʃi'kɐnu]

239. Centroamérica y Sudamérica

Argentina (f)	Argentina (f)	[erʒẽ'tinɐ]
argentino (m)	argentino (m)	[erʒẽ'tinu]
argentina (f)	argentina (f)	[erʒẽ'tinɐ]
argentino (adj)	argentino	[erʒẽ'tinu]

Brasil (m)	Brasil (m)	[brɐ'zil]
brasileño (m)	brasileiro (m)	[brɐzi'lejru]
brasileña (f)	brasileira (f)	[brɐzi'lejrɐ]
brasileño (adj)	brasileiro	[brɐzi'lejru]

Colombia (f)	Colômbia (f)	[ku'lõbiɐ]
colombiano (m)	colombiano (m)	[kulõ'bjɐnu]
colombiana (f)	colombiana (f)	[kulõ'bjɐnɐ]
colombiano (adj)	colombiano	[kulõ'bjɐnu]
Cuba (f)	Cuba (f)	['kubɐ]

cubano (m)	**cubano** (m)	[ku'bɐnu]
cubana (f)	**cubana** (f)	[ku'bɐnɐ]
cubano (adj)	**cubano**	[ku'bɐnu]

Chile (m)	**Chile** (m)	['ʃilə]
chileno (m)	**chileno** (m)	[ʃi'lenu]
chilena (f)	**chilena** (f)	[ʃi'lenɐ]
chileno (adj)	**chileno**	[ʃi'lenu]

Bolivia (f)	**Bolívia** (f)	[bu'liviɐ]
Venezuela (f)	**Venezuela** (f)	[vənəzu'ɛlɐ]
Paraguay (m)	**Paraguai** (m)	[pɐɾɐgu'aj]
Perú (m)	**Peru** (m)	[pə'ru]

Surinam (m)	**Suriname** (m)	[suri'nɐmə]
Uruguay (m)	**Uruguai** (m)	[uru'gwaj]
Ecuador (m)	**Equador** (m)	[ekwɐ'doɾ]

Islas (f pl) Bahamas	**Bahamas, Baamas** (f pl)	[ba'ɐmɐʃ]
Haití (m)	**Haiti** (m)	[aj'ti]
República (f) Dominicana	**República** (f) **Dominicana**	[ʀɛ'publikɐ dumini'kɐnɐ]
Panamá (f)	**Panamá** (m)	[pɐnɐ'ma]
Jamaica (f)	**Jamaica** (f)	[ʒɐ'majkɐ]

240. África

Egipto (m)	**Egito** (m)	[e'ʒitu]
egipcio (m)	**egípcio** (m)	[e'ʒipsiu]
egipcia (f)	**egípcia** (f)	[e'ʒipsiɐ]
egipcio (adj)	**egípcio**	[e'ʒipsiu]

Marruecos (m)	**Marrocos**	[mɐ'ʀɔkuʃ]
marroquí (m)	**marroquino** (m)	[mɐʀu'kinu]
marroquí (f)	**marroquina** (f)	[mɐʀu'kinɐ]
marroquí (adj)	**marroquino**	[mɐʀu'kinu]

Túnez (m)	**Tunísia** (f)	[tu'niziɐ]
tunecino (m)	**tunisino** (m)	[tuni'zinu]
tunecina (f)	**tunisina** (f)	[tuni'zinɐ]
tunecino (adj)	**tunisino**	[tuni'zinu]

Ghana (f)	**Gana** (f)	['gɐnɐ]
Zanzíbar (m)	**Zanzibar** (m)	[zãzi'baɾ]
Kenia (f)	**Quénia** (f)	['kɛniɐ]
Libia (f)	**Líbia** (f)	['libiɐ]
Madagascar (m)	**Madagáscar** (m)	[mɐdɐ'gaʃkaɾ]
Namibia (f)	**Namíbia** (f)	[nɐ'mibiɐ]
Senegal (m)	**Senegal** (m)	[sənə'gal]
Tanzania (f)	**Tanzânia** (f)	[tã'zɐniɐ]
República (f) Sudafricana	**África** (f) **do Sul**	['afrikɐ du sul]

africano (m)	**africano** (m)	[ɐfri'kɐnu]
africana (f)	**africana** (f)	[ɐfri'kɐnɐ]
africano (adj)	**africano**	[ɐfri'kɐnu]

241. Australia. Oceanía

Australia (f)	Austrália (f)	[au'ʃtralie]
australiano (m)	australiano (m)	[auʃtrɐ'ljenu]
australiana (f)	australiana (f)	[auʃtrɐ'ljene]
australiano (adj)	australiano	[auʃtrɐ'ljenu]
Nueva Zelanda (f)	Nova Zelândia (f)	['nɔve zə'lãdie]
neocelandés (m)	neozelandês (m)	[nɛɔzəlã'deʃ]
neocelandesa (f)	neozelandesa (f)	[nɛɔzəlã'deze]
neocelandés (adj)	neozelandês	[nɛɔzəlã'deʃ]
Tasmania (f)	Tasmânia (f)	[te'ʒmenie]
Polinesia (f) Francesa	Polinésia (f) Francesa	[puli'nɛzie frã'seze]

242. Las ciudades

Ámsterdam	Amesterdão	[eməʃtɛr'dãu]
Ankara	Ancara	[ã'kare]
Atenas	Atenas	[e'teneʃ]
Bagdad	Bagdade	[beg'dadə]
Bangkok	Banguecoque	[bãgə'kɔkə]
Barcelona	Barcelona	[bersə'lone]
Beirut	Beirute	[bej'rutə]
Berlín	Berlim	[bər'lĩ]
Mumbai	Bombaim	[bõbe'ĩ]
Bonn	Bona	['bɔne]
Bratislava	Bratislava	[brati'ʒlave]
Bruselas	Bruxelas	[bru'ʃɛleʃ]
Bucarest	Bucareste	[buke'rɛʃtə]
Budapest	Budapeste	[budɐ'pɛʃtə]
Burdeos	Bordéus	[bur'dɛuʃ]
El Cairo	Cairo	['kajru]
Calcuta	Calcutá	[kalku'ta]
Chicago	Chicago	[ʃi'kagu]
Copenhague	Copenhaga	[kɔpə'ɲage]
Dar-es-Salam	Dar es Salaam	[dar əʃ se'laãm]
Delhi	Deli	['dɛli]
Dubai	Dubai	[du'baj]
Dublín	Dublin, Dublim	[du'blin], [du'blĩ]
Dusseldorf	Düsseldorf	[dusɛldɔrf]
Estambul	Istambul	[iʃtã'bul]
Estocolmo	Estocolmo	[əʃtu'kolmu]
Florencia	Florença	[flo'rẽse]
Fráncfort del Meno	Frankfurt	['frãkfurt]
Ginebra	Genebra	[ʒə'nɛbre]
La Habana	Havana	[e'vene]
Hamburgo	Hamburgo	[ã'burgu]

Hanói	Hanói	[e'nɔj]
La Haya	Haia	['aje]
Helsinki	Helsínquia	[ɛ'lsĩkie]
Hiroshima	Hiroshima	[irɔ'ʃime]
Hong Kong	Hong Kong	[oŋ'koŋ]

Jerusalén	Jerusalém	[ʒəruza'lẽ']
Kiev	Kiev	[ki'ɛv]
Kuala Lumpur	Kuala Lumpur	[ku'ale lũ'pur]

Lisboa	Lisboa	[li'ʒboe]
Londres	Londres	['lõdrəʃ]
Los Ángeles	Los Angeles	[luʃ 'ãʒeləʃ]
Lyon	Lyon	[li'ɔŋ]

Madrid	Madrid	[me'drid]
Marsella	Marselha	[mer'seʎe]
Ciudad de México	Cidade do México	[si'dadə du 'mɛʃiku]
Miami	Miami	[me'jami]
Montreal	Montreal	[mõtri'al]
Moscú	Moscovo	[mu'ʃkovu]
Múnich	Munique	[munikə]

Nairobi	Nairóbi	[naj'rɔbi]
Nápoles	Nápoles	['napuləʃ]
Niza	Nice	['nisə]
Nueva York	Nova York	['nɔve 'jɔrk]

Oslo	Oslo	['ɔʒlou]
Ottawa	Ottawa	[ɔ'taue]
París	Paris	[pe'riʃ]
Pekín	Pequim	[pə'kĩ]
Praga	Praga	['prage]

Río de Janeiro	Rio de Janeiro	['ʀiu də ʒe'nejru]
Roma	Roma	['ʀome]
San Petersburgo	São Petersburgo	['sãu pətɛr'ʒburgu]
Seúl	Seul	[sɛ'ul]
Shanghái	Xangai	[ʃã'gaj]
Singapur	Singapura	[sĩge'pure]
Sydney	Sydney	['sidnej]

Taipei	Taipé	[taj'pɛ]
Tokio	Tóquio	['tɔkiu]
Toronto	Toronto	[tu'rõtu]
Varsovia	Varsóvia	[ver'sɔvie]
Venecia	Veneza	[və'neze]
Viena	Viena	['vjene]
Washington	Washington	['weʃĩgtɔn]

243. La política. El gobierno. Unidad 1

política (f)	política (f)	[pu'litike]
político (adj)	político	[pu'litiku]

político (m)	político (m)	[pu'litiku]
estado (m)	estado (m)	[ə'ʃtadu]
ciudadano (m)	cidadão (m)	[side'dãu]
ciudadanía (f)	cidadania (f)	[sidede'nie]

| escudo (m) nacional | brasão (m) de armas | [bre'zãu də 'armeʃ] |
| himno (m) nacional | hino (m) nacional | ['inu nesju'nal] |

gobierno (m)	governo (m)	[gu'vernu]
jefe (m) de estado	Chefe (m) de Estado	['ʃɛfə də ə'ʃtadu]
parlamento (m)	parlamento (m)	[perle'mẽtu]
partido (m)	partido (m)	[per'tidu]

| capitalismo (m) | capitalismo (m) | [kepite'liʒmu] |
| capitalista (adj) | capitalista | [kepite'liʃte] |

| socialismo (m) | socialismo (m) | [susie'liʒmu] |
| socialista (adj) | socialista | [susie'liʃte] |

comunismo (m)	comunismo (m)	[kumu'niʒmu]
comunista (adj)	comunista	[kumu'niʃte]
comunista (m)	comunista (m)	[kumu'niʃte]

democracia (f)	democracia (f)	[dəmukre'sie]
demócrata (m)	democrata (m)	[dəmu'krate]
democrático (adj)	democrático	[dəmu'kratiku]
Partido (m) Democrático	Partido (m) Democrático	[per'tidu dəmu'kratiku]

| liberal (m) | liberal (m) | [libə'ral] |
| liberal (adj) | liberal | [libə'ral] |

| conservador (m) | conservador (m) | [kõsərve'dor] |
| conservador (adj) | conservador | [kõsərve'dor] |

república (f)	república (f)	[Rɛ'publike]
republicano (m)	republicano (m)	[Republi'kenu]
Partido (m) Republicano	Partido (m) Republicano	[per'tidu Republi'kenu]

elecciones (f pl)	eleições (f pl)	[elej'soɪʃ]
elegir (vi)	eleger (vt)	[elə'ʒer]
elector (m)	eleitor (m)	[elej'tor]
campaña (f) electoral	campanha (f) eleitoral	[kã'peɲe elejtu'ral]

votación (f)	votação (f)	[vute'sãu]
votar (vi)	votar (vi)	[vu'tar]
derecho (m) a voto	direito (m) de voto	[di'rejtu də 'vɔtu]

candidato (m)	candidato (m)	[kãdi'datu]
presentarse como candidato	candidatar-se (vi)	[kãdide'tarsə]
campaña (f)	campanha (f)	[kã'peɲe]

| de oposición (adj) | da oposição | [de ɔpuzi'sãu] |
| oposición (f) | oposição (f) | [ɔpuzi'sãu] |

| visita (f) | visita (f) | [vi'zite] |
| visita (f) oficial | visita (f) oficial | [vi'zite ɔfi'sjal] |

internacional (adj)	internacional	[ĩtərnesiu'nal]
negociaciones (f pl)	negociações (f pl)	[nəgusie'soɪʃ]
negociar (vi)	negociar (vi)	[nəgu'sjar]

244. La política. El gobierno. Unidad 2

sociedad (f)	sociedade (f)	[susiɛ'dadə]
constitución (f)	constituição (f)	[kõʃtitui'sãu]
poder (m)	poder (m)	[pu'der]
corrupción (f)	corrupção (f)	[kuʀup'sãu]

| ley (f) | lei (f) | [lɐj] |
| legal (adj) | legal | [lə'gal] |

| justicia (f) | justiça (f) | [ʒu'ʃtisə] |
| justo (adj) | justo | ['ʒuʃtu] |

comité (m)	comité (m)	[kumi'tɛ]
proyecto (m) de ley	projeto-lei (m)	[pru'ʒɛtu 'lɐj]
presupuesto (m)	orçamento (m)	[ɔrse'mẽtu]
política (f)	política (f)	[pu'litikɐ]
reforma (f)	reforma (f)	[ʀə'fɔrmɐ]
radical (adj)	radical	[ʀɐdi'kal]

potencia (f) (~ militar, etc.)	força (f)	['forsɐ]
poderoso (adj)	poderoso	[pudə'rozu]
partidario (m)	partidário (m)	[pɛrti'dariu]
influencia (f)	influência (f)	[ĩflu'ẽsiɐ]

régimen (m)	regime (m)	[ʀə'ʒimə]
conflicto (m)	conflito (m)	[kõ'flitu]
complot (m)	conspiração (f)	[kõʃpire'sãu]
provocación (f)	provocação (f)	[pruvuke'sãu]

derrocar (al régimen)	derrubar (vt)	[dəʀu'bar]
derrocamiento (m)	derrube (m), queda (f)	[də'ʀubə], ['kɛdə]
revolución (f)	revolução (f)	[ʀəvulu'sãu]

| golpe (m) de estado | golpe (m) de Estado | ['gɔlpə də ə'ʃtadu] |
| golpe (m) militar | golpe (m) militar | ['gɔlpə mili'tar] |

crisis (f)	crise (f)	['krizə]
recesión (f) económica	recessão (f) económica	[ʀəsə'sãu eku'nɔmikɐ]
manifestante (m)	manifestante (m)	[mɐnifə'ʃtãtə]
manifestación (f)	manifestação (f)	[mɐnifəʃte'sãu]
ley (f) marcial	lei (f) marcial	[lɐj mer'sjal]
base (f) militar	base (f) militar	['bazə mili'tar]

| estabilidad (f) | estabilidade (f) | [əʃtɐbili'dadə] |
| estable (adj) | estável | [ə'ʃtavɛl] |

explotación (f)	exploração (f)	[əʃplure'sãu]
explotar (vt)	explorar (vt)	[əʃplu'rar]
racismo (m)	racismo (m)	[ʀa'siʒmu]

racista (m)	racista (m)	[ʀa'siʃte]
fascismo (m)	fascismo (m)	[fe'ʃsiʒmu]
fascista (m)	fascista (m)	[fe'ʃsiʃte]

245. Los países. Miscelánea

extranjero (m)	estrangeiro (m)	[eʃtrã'ʒejru]
extranjero (adj)	estrangeiro	[eʃtrã'ʒejru]
en el extranjero	no estrangeiro	[nu eʃtrã'ʒejru]

emigrante (m)	emigrante (m)	[emi'grãte]
emigración (f)	emigração (f)	[emigrɐ'sãu]
emigrar (vi)	emigrar (vi)	[emi'grar]

Oeste (m)	Ocidente (m)	[ɔsi'dẽte]
Oriente (m)	Oriente (m)	[ɔ'rjẽte]
Extremo Oriente (m)	Extremo Oriente (m)	[e'ʃtremu ɔ'rjẽte]
civilización (f)	civilização (f)	[sivilize'sãu]
humanidad (f)	humanidade (f)	[umeni'dade]
mundo (m)	mundo (m)	['mũdu]
paz (f)	paz (f)	[paʒ]
mundial (adj)	mundial	[mũ'djal]

patria (f)	pátria (f)	['patrie]
pueblo (m)	povo (m)	['povu]
población (f)	população (f)	[pupule'sãu]
gente (f)	gente (f)	['ʒẽte]
nación (f)	nação (f)	[ne'sãu]
generación (f)	geração (f)	[ʒɛre'sãu]
territorio (m)	território (m)	[teʀi'tɔriu]
región (f)	região (f)	[ʀe'ʒjãu]
estado (m) (parte de un país)	estado (m)	[e'ʃtadu]

tradición (f)	tradição (f)	[tredi'sãu]
costumbre (f)	costume (m)	[ku'ʃtume]
ecología (f)	ecologia (f)	[ɛkulu'ʒie]

indio (m)	índio (m)	['ĩdiu]
gitano (m)	cigano (m)	[si'genu]
gitana (f)	cigana (f)	[si'genɐ]
gitano (adj)	cigano	[si'genu]

imperio (m)	império (m)	[ĩ'pɛriu]
colonia (f)	colónia (f)	[ku'lɔnie]
esclavitud (f)	escravidão (f)	[eʃkrevi'dãu]
invasión (f)	invasão (f)	[ĩva'zãu]
hambruna (f)	fome (f)	['fɔme]

246. Grupos religiosos principales. Las confesiones

| religión (f) | religião (f) | [ʀeli'ʒjãu] |
| religioso (adj) | religioso | [ʀeli'ʒjozu] |

creencia (f)	crença (f)	['krẽsɐ]
creer (en Dios)	crer (vt)	[krer]
creyente (m)	crente (m)	['krẽtə]

| ateísmo (m) | ateísmo (m) | [ɐte'iʒmu] |
| ateo (m) | ateu (m) | [ɐ'teu] |

cristianismo (m)	cristianismo (m)	[kriʃtiɐ'niʒmu]
cristiano (m)	cristão (m)	[kri'ʃtãu]
cristiano (adj)	cristão	[kri'ʃtãu]

catolicismo (m)	catolicismo (m)	[kɐtuli'siʒmu]
católico (m)	católico (m)	[kɐ'tɔliku]
católico (adj)	católico	[kɐ'tɔliku]

protestantismo (m)	protestantismo (m)	[prutɐʃtɐ'tiʒmu]
Iglesia (f) protestante	Igreja (f) Protestante	[i'greʒe prutə'ʃtãtə]
protestante (m)	protestante (m)	[prutə'ʃtãtə]

ortodoxia (f)	ortodoxia (f)	[ɔrtɔdɔ'ksiɐ]
Iglesia (f) ortodoxa	Igreja (f) Ortodoxa	[i'greʒe ɔrtɔ'dɔksɐ]
ortodoxo (m)	ortodoxo (m)	[ɔrtɔ'dɔksu]

presbiterianismo (m)	presbiterianismo (m)	[prəʒbitɐriɐ'niʒmu]
Iglesia (f) presbiteriana	Igreja (f) Presbiteriana	[i'greʒe prəʒbitə'rjɐnɐ]
presbiteriano (m)	presbiteriano (m)	[prəʒbitə'rjɐnu]

| Iglesia (f) luterana | Igreja (f) Luterana | [i'greʒe lutə'rɐnɐ] |
| luterano (m) | luterano (m) | [lutə'rɐnu] |

| Iglesia (f) bautista | Igreja (f) Batista | [i'greʒe bɐ'tiʃtɐ] |
| bautista (m) | batista (m) | [bɐ'tiʃtɐ] |

| Iglesia (f) anglicana | Igreja (f) Anglicana | [i'greʒe ãgli'kɐnɐ] |
| anglicano (m) | anglicano (m) | [ãgli'kɐnu] |

| mormonismo (m) | mormonismo (m) | [murmu'niʒmu] |
| mormón (m) | mórmon (m) | ['mɔrmɔn] |

| judaísmo (m) | Judaísmo (m) | [ʒudɐ'iʒmu] |
| judío (m) | judeu (m) | [ʒu'deu] |

| budismo (m) | budismo (m) | [bu'diʒmu] |
| budista (m) | budista (m) | [bu'diʃtɐ] |

| hinduismo (m) | hinduísmo (m) | [ĩdu'iʒmu] |
| hinduista (m) | hindu (m) | [ĩ'du] |

Islam (m)	Islão (m)	[i'ʒlãu]
musulmán (m)	muçulmano (m)	[musul'mɐnu]
musulmán (adj)	muçulmano	[musul'mɐnu]

chiísmo (m)	Xiismo (m)	[ʃi'iʒmu]
chiita (m)	xiita (m)	[ʃi'itɐ]
sunismo (m)	sunismo (m)	[su'niʒmu]
suní (m, f)	sunita (m)	[su'nitɐ]

247. Las religiones. Los sacerdotes

sacerdote (m)	padre (m)	['padrə]
Papa (m)	Papa (m)	['papɐ]
monje (m)	monge (m)	['mõʒə]
monja (f)	freira (f)	['frɐjrɐ]
pastor (m)	pastor (m)	[pɐ'ʃtor]
abad (m)	abade (m)	[ɐ'badə]
vicario (m)	vigário (m)	[vi'gariu]
obispo (m)	bispo (m)	['biʃpu]
cardenal (m)	cardeal (m)	[kɐr'djal]
predicador (m)	pregador (m)	[prəgɐ'dor]
prédica (f)	sermão (m)	[sɐr'mãu]
parroquianos (pl)	paroquianos (pl)	[pɐru'kjɐnuʃ]
creyente (m)	crente (m)	['krẽtə]
ateo (m)	ateu (m)	[ɐ'teu]

248. La fe. El cristianismo. El islamismo

Adán	Adão	[ɐ'dãu]
Eva	Eva	['ɛvɐ]
Dios (m)	Deus (m)	['deuʃ]
Señor (m)	Senhor (m)	[sə'ɲor]
el Todopoderoso	Todo Poderoso (m)	['todu pudə'rozu]
pecado (m)	pecado (m)	[pə'kadu]
pecar (vi)	pecar (vi)	[pə'kar]
pecador (m)	pecador (m)	[pɐkɐ'dor]
pecadora (f)	pecadora (f)	[pɐkɐ'dorɐ]
infierno (m)	inferno (m)	[ĩ'fɛrnu]
paraíso (m)	paraíso (m)	[pɐrɐ'izu]
Jesús	Jesus	[ʒə'zuʃ]
Jesucristo (m)	Jesus Cristo	[ʒə'zuʃ 'kriʃtu]
el Espíritu Santo	Espírito (m) Santo	[ə'ʃpiritu 'sãtu]
el Salvador	Salvador (m)	[salvɐ'dor]
la Virgen María	Virgem Maria (f)	['virʒɐ̃ĭ mɐ'riɐ]
el Diablo	Diabo (m)	['djabu]
diabólico (adj)	diabólico	[diɐ'bɔliku]
Satán (m)	Satanás (m)	[sɐtɐ'naʃ]
satánico (adj)	satânico	[sɐ'tɐniku]
ángel (m)	anjo (m)	['ãʒu]
ángel (m) custodio	anjo (m) da guarda	['ãʒu dɐ gu'ardɐ]
angelical (adj)	angélico	[ã'ʒɛliku]

apóstol (m)	apóstolo (m)	[ɐ'poʃtulu]
arcángel (m)	arcanjo (m)	[ɐr'kãʒu]
anticristo (m)	anticristo (m)	[ãti'kriʃtu]

Iglesia (f)	Igreja (f)	[i'greʒɐ]
Biblia (f)	Bíblia (f)	['bibliɐ]
bíblico (adj)	bíblico	['bibliku]

Antiguo Testamento (m)	Velho Testamento (m)	['vɛʎu tɐʃtɐ'mẽtu]
Nuevo Testamento (m)	Novo Testamento (m)	['novu tɐʃtɐ'mẽtu]
Evangelio (m)	Evangelho (m)	[evã'ʒɛʎu]
Sagrada Escritura (f)	Sagradas Escrituras (f pl)	[sɐ'gradɐʃ ɐʃkri'turɐʃ]
cielo (m)	Céu (m)	['sɛu]

mandamiento (m)	mandamento (m)	[mãdɐ'mẽtu]
profeta (m)	profeta (m)	[pru'fɛtɐ]
profecía (f)	profecia (f)	[prufɐ'siɐ]

Alá	Alá	[a'la]
Mahoma	Maomé	[mau'mɛ]
Corán, Korán (m)	Corão, Alcorão (m)	[ku'rãu], [alku'rãu]

mezquita (f)	mesquita (f)	[mɐ'ʃkitɐ]
mulá (m), mullah (m)	mulá (m)	[mu'la]
oración (f)	oração (f)	[orɐ'sãu]
orar, rezar (vi)	rezar, orar (vi)	[ʀɐ'zar], [ɔ'rar]

peregrinación (f)	peregrinação (f)	[pɐrɐgrinɐ'sãu]
peregrino (m)	peregrino (m)	[pɐrɐ'grinu]
La Meca	Meca (f)	['mɛkɐ]

iglesia (f)	igreja (f)	[i'greʒɐ]
templo (m)	templo (m)	['tẽplu]
catedral (f)	catedral (f)	[kɐtɐ'dral]
gótico (adj)	gótico	['gɔtiku]
sinagoga (f)	sinagoga (f)	[sinɐ'gogɐ]
mezquita (f)	mesquita (f)	[mɐ'ʃkitɐ]

capilla (f)	capela (f)	[kɐ'pɛlɐ]
abadía (f)	abadia (f)	[ɐbɐ'diɐ]
convento (m)	convento (m)	[kõ'vẽtu]
monasterio (m)	mosteiro (m)	[mu'ʃtɐjru]

campana (f)	sino (m)	['sinu]
campanario (m)	campanário (m)	[kãpɐ'nariu]
sonar (vi)	repicar (vi)	[ʀɐpi'kar]

cruz (f)	cruz (f)	[kruʃ]
cúpula (f)	cúpula (f)	['kupulɐ]
icono (m)	ícone (m)	['ikɔnɐ]

alma (f)	alma (f)	['almɐ]
destino (m)	destino (m)	[dɐ'ʃtinu]
maldad (f)	mal (m)	[mal]
bien (m)	bem (m)	[bẽj]
vampiro (m)	vampiro (m)	[vã'piru]

bruja (f)	bruxa (f)	['bruʃɐ]
demonio (m)	demónio (m)	[də'mɔniu]
espíritu (m)	espírito (m)	[ə'ʃpiritu]

| redención (f) | redenção (f) | [ʀədẽ'sãu] |
| redimir (vt) | redimir (vt) | [ʀədi'mir] |

culto (m), misa (f)	missa (f)	['misɐ]
decir misa	celebrar a missa	[sələ'brar ɐ 'misɐ]
confesión (f)	confissão (f)	[kõfi'sãu]
confesarse (vr)	confessar-se (vr)	[kõfə'sarsə]

santo (m)	santo (m)	['sãtu]
sagrado (adj)	sagrado	[sɐ'gradu]
agua (f) santa	água (f) benta	['aguɐ 'bẽtɐ]

rito (m)	ritual (m)	[ʀitu'al]
ritual (adj)	ritual	[ʀitu'al]
sacrificio (m)	sacrifício (m)	[sɐkri'fisiu]

superstición (f)	superstição (f)	[supərʃti'sãu]
supersticioso (adj)	supersticioso	[supərʃti'sjozu]
vida (f) de ultratumba	vida (f) depois da morte	['vidɐ də'poiʃ dɐ 'mɔrtɐ]
vida (f) eterna	vida (f) eterna	['vidɐ e'tɛrnɐ]

MISCELÁNEA

249. Varias palabras útiles

alto (m) (parada temporal)	paragem (f)	[pɐ'raʒɐ̃ʲ]
ayuda (f)	ajuda (f)	[ɐ'ʒudɐ]
balance (m)	equilíbrio (m)	[eki'libriu]
barrera (f)	barreira (f)	[bɐ'ʀɐjɾɐ]
base (f) (~ científica)	base (f)	['bazə]
categoría (f)	categoria (f)	[kɐtəgu'riɐ]
causa (f)	causa (f)	['kauzɐ]
coincidencia (f)	coincidência (f)	[kuĩsi'dẽsiɐ]
comienzo (m) (principio)	começo (m)	[ku'mesu]
comparación (f)	comparação (f)	[kõpɐɾɐ'sãu]
compensación (f)	compensação (f)	[kõpẽsɐ'sãu]
confortable (adj)	cómodo	['kɔmudu]
cosa (f) (objeto)	coisa (f)	['kojzɐ]
crecimiento (m)	crescimento (m)	[krəʃsi'mẽtu]
desarrollo (m)	desenvolvimento (m)	[dəzẽvɔlvi'mẽtu]
diferencia (f)	diferença (f)	[difə'ɾẽsɐ]
efecto (m)	efeito (m)	[e'fɐjtu]
ejemplo (m)	exemplo (m)	[e'zẽplu]
variedad (f) (selección)	variedade (f)	[vɐɾiɛ'dadə]
elemento (m)	elemento (m)	[elə'mẽtu]
error (m)	erro (m)	['eʀu]
esfuerzo (m)	esforço (m)	[ə'fforsu]
estándar (adj)	padrão	[pɐ'drãu]
estándar (m)	padrão (m)	[pɐ'drãu]
estilo (m)	estilo (m)	[ə'ʃtilu]
fin (m)	fim (m)	[fĩ]
fondo (m) (color de ~)	fundo (m)	['fũdu]
forma (f) (contorno)	forma (f)	['fɔrmɐ]
frecuente (adj)	frequente	[frəku'ẽtɐ]
grado (m) (en mayor ~)	grau (m)	['grau]
hecho (m)	facto (m)	['faktu]
ideal (m)	ideal (m)	[i'djal]
laberinto (m)	labirinto (m)	[lɐbi'rĩtu]
modo (m) (de otro ~)	modo (m)	['mɔdu]
momento (m)	momento (m)	[mu'mẽtu]
objeto (m)	objeto (m)	[ɔb'ʒɛtu]
obstáculo (m)	obstáculo (m)	[ɔb'ʃtakulu]
original (m)	original (m)	[ɔriʒi'nal]
parte (f)	parte (f)	['partə]

partícula (f)	partícula (f)	[pɐr'tikulɐ]
pausa (f)	pausa (f)	['pauzɐ]
posición (f)	posição (f)	[puzi'sãu]
principio (m) (tener por ~)	princípio (m)	[prĩ'sipiu]
problema (m)	problema (m)	[prub'lemɐ]

proceso (m)	processo (m)	[pru'sɛsu]
progreso (m)	progresso (m)	[pru'grɛsu]
propiedad (f) (cualidad)	propriedade (f)	[prupriɛ'dadə]
reacción (f)	reação (f)	[ʀia'sãu]

riesgo (m)	risco (m)	['ʀiʃku]
secreto (m)	segredo (m)	[sə'gredu]
serie (f)	série (f)	['sɛriə]
sistema (m)	sistema (m)	[si'ʃtemɐ]
situación (f)	situação (f)	[situɐ'sãu]

solución (f)	solução (f)	[sulu'sãu]
tabla (f) (~ de multiplicar)	tabela (f)	[tɐ'bɛlɐ]
tempo (m) (ritmo)	ritmo (m)	['ʀitmu]
término (m)	termo (m)	['termu]

tipo (m) (p.ej. ~ de deportes)	tipo (m)	['tipu]
tipo (m) (no es mi ~)	tipo (m)	['tipu]
turno (m) (esperar su ~)	vez (f)	[veʒ]
urgente (adj)	urgente	[ur'ʒẽtə]

urgentemente	urgentemente	[urʒẽtə'mẽtə]
utilidad (f)	utilidade (f)	[utili'dadə]
variante (f)	variante (f)	[vɐ'rjãtə]
verdad (f)	verdade (f)	[vər'dadə]
zona (f)	zona (f)	['zonɐ]

250. Los adjetivos. Unidad 1

abierto (adj)	aberto	[ɐ'bɛrtu]
adicional (adj)	suplementar	[supləmẽ'tar]
agradable (~ voz)	agradável	[ɐgrɐ'davɛl]
agradecido (adj)	agradecido	[ɐgrɐdə'sidu]

agrio (sabor ~)	azedo	[ɐ'zedu]
agudo (adj)	afiado	[ɐ'fjadu]
alegre (adj)	alegre	[ɐ'lɛgrə]
amargo (adj)	amargo	[ɐ'margu]

amplio (~a habitación)	amplo	['ãplu]
ancho (camino ~)	largo	['largu]
antiguo (adj)	antigo	[ã'tigu]
apretado (falda ~a)	apertado	[ɐpər'tadu]

arriesgado (adj)	arriscado	[ɐʀiʃ'kadu]
artificial (adj)	artificial	[ɐrtifi'sjal]
azucarado, dulce (adj)	doce	['dosə]
bajo (voz ~a)	baixo	['baɪʃu]

barato (adj)	barato	[bɐ'ratu]
bello (hermoso)	bonito	[bu'nitu]
blando (adj)	mole	['mɔlə]
bronceado (adj)	bronzeado	[brõ'zjadu]
bueno (de buen corazón)	bondoso	[bõ'dozu]

bueno (un libro, etc.)	bom	[bõ]
caliente (adj)	quente	['kẽtə]
calmo, tranquilo	calmo	['kalmu]
cansado (adj)	cansado	[kã'sadu]

cariñoso (un padre ~)	carinhoso	[kɐri'ɲozu]
caro (adj)	caro	['karu]
central (adj)	central	[sẽ'tral]
cerrado (adj)	fechado	[fə'ʃadu]
ciego (adj)	cego	['sɛgu]

civil (derecho ~)	civil	[si'vil]
clandestino (adj)	clandestino	[klãdə'ʃtinu]
claro (color)	claro	['klaru]
claro (explicación, etc.)	claro	['klaru]
compatible (adj)	compatível	[kõpɐ'tivɛl]

congelado (pescado ~)	congelado	[kõʒə'ladu]
conjunto (decisión ~a)	conjunto	[kõ'ʒũtu]
considerable (adj)	considerável	[kõsidə'ravɛl]
contento (adj)	contente	[kõ'tẽtə]
continuo (adj)	contínuo	[kõ'tinuu]

continuo (incesante)	ininterrupto	[inĩtə'ʀuptu]
conveniente (apto)	apropriado	[ɐprupri'adu]
correcto (adj)	correto	[ku'ʀɛtu]
cortés (adj)	educado	[edu'kadu]
corto (adj)	curto	['kurtu]

crudo (huevos ~s)	cru	[kru]
de atrás (adj)	de trás	[də traʃ]
de corta duración (adj)	de curta duração	[də 'kurtɐ durɐ'sãu]
de segunda mano	usado	[u'zadu]
delgado (adj)	magro	['magru]

flaco, delgado (adj)	magro	['magru]
denso (~a niebla)	denso	['dẽsu]
derecho (adj)	direito	[di'rejtu]
diferente (adj)	diferente	[difə'rẽtə]
difícil (decisión)	difícil	[di'fisil]

difícil (problema ~)	difícil, complexo	[di'fisil], [kõ'plɛksu]
distante (adj)	remoto, longínquo	[ʀə'mɔtu], [lõ'ʒĩkuu]
dulce (agua ~)	doce	['dosə]
duro (material, etc.)	duro	['duru]

el más alto	superior	[supə'rjoɾ]
el más importante	o mais importante	[u 'maɪʃ ĩpur'tãtə]
el más próximo	mais próximo	['maɪʃ 'prɔsimu]
enfermo (adj)	doente	[du'ẽtə]

enorme (adj)	enorme	[e'nɔrmə]
entero (adj)	inteiro	[ĩ'tejru]
especial (adj)	especial	[əʃpə'sjal]
espeso (niebla ~a)	cerrado	[sə'Radu]
estrecho (calle, etc.)	estreito	[ə'ʃtrejtu]

exacto (adj)	exato	[e'zatu]
excelente (adj)	excelente	[əksə'lẽtə]
excesivo (adj)	excessivo	[əʃsə'sivu]
exterior (adj)	externo	[ə'ʃtɛrnu]
extranjero (adj)	estrangeiro	[əʃtrã'ʒejru]

fácil (adj)	fácil	['fasil]
fatigoso (adj)	cansativo	[kãse'tivu]
feliz (adj)	feliz	[fə'liʃ]
fértil (la tierra ~)	fértil	['fɛrtil]

frágil (florero, etc.)	frágil	['fraʒil]
fresco (está ~ hoy)	fresco	['freʃku]
fresco (pan, etc.)	fresco	['freʃku]
frío (bebida ~a, etc.)	frio	['friu]

fuerte (~ voz)	alto	['altu]
fuerte (adj)	forte	['fɔrtə]
grande (en dimensiones)	grande	['grãdə]
graso (alimento ~)	gordo	['gordu]

gratis (adj)	gratuito, grátis	[grɐ'tuitu], ['gratiʃ]
grueso (muro, etc.)	grosso	['grosu]
hambriento (adj)	faminto	[fɐ'mĩtu]
hermoso (~ palacio)	belo	['bɛlu]
hostil (adj)	hostil	[ɔ'ʃtil]

húmedo (adj)	húmido	['umidu]
igual, idéntico (adj)	igual	[igu'al]
importante (adj)	importante	[ĩpur'tãtə]
imposible (adj)	impossível	[ĩpu'sivɛl]

imprescindible (adj)	indispensável	[ĩdiʃpẽ'savɛl]
indescifrable (adj)	incompreensível	[ĩkõpriẽ'sivɛl]
infantil (adj)	infantil	[ĩfã'til]
inmóvil (adj)	imóvel	[i'mɔvɛl]
insignificante (adj)	insignificante	[ĩsignifi'kãtə]

inteligente (adj)	inteligente	[ĩtəli'ʒẽtə]
interior (adj)	interno	[ĩ'tɛrnu]
izquierdo (adj)	esquerdo	[ə'ʃkerdu]
joven (adj)	jovem	['ʒɔvẽ']

251. Los adjetivos. Unidad 2

largo (camino)	longo	['lõgu]
legal (adj)	legal	[lə'gal]
lejano (adj)	distante	[di'ʃtãtə]

libre (acceso ~)	livre	['livrə]
ligero (un metal ~)	leve	['lɛvə]
limitado (adj)	limitado	[limi'tadu]
limpio (camisa ~)	limpo	['lĩpu]
líquido (adj)	líquido	['likidu]
liso (piel, pelo, etc.)	liso	['lizu]
lleno (adj)	cheio	['ʃeju]
maduro (fruto, etc.)	maduro	[mɐ'duru]
malo (adj)	mau	['mau]
mas próximo	perto	['pɛrtu]
mate (sin brillo)	mate, baço	['matə], ['basu]
meticuloso (adj)	meticuloso	[mətiku'lozu]
miope (adj)	míope	['miupə]
misterioso (adj)	enigmático	[eni'gmatiku]
mojado (adj)	molhado	[mu'ʎadu]
moreno (adj)	moreno	[mu'renu]
muerto (adj)	morto	['mortu]
natal (país ~)	natal	[nɐ'tal]
necesario (adj)	necessário	[nəsə'sariu]
negativo (adj)	negativo	[nəgɐ'tivu]
negligente (adj)	descuidado	[dəʃkui'dadu]
nervioso (adj)	nervoso	[nər'vozu]
no difícil (adj)	não difícil	['nãu di'fisil]
no muy grande (adj)	não muito grande	['nãu 'mujtu 'grãdə]
normal (adj)	normal	[nɔr'mal]
nuevo (adj)	novo	['novu]
obligatorio (adj)	obrigatório	[ɔbrigɐ'tɔriu]
opuesto (adj)	contrário	[kõ'trariu]
ordinario (adj)	comum, normal	[ku'mũ], [nɔr'mal]
original (inusual)	original	[ɔriʒi'nal]
oscuro (cuarto ~)	escuro	[ə'ʃkuru]
pasado (tiempo ~)	mais recente	['maiʃ ʀə'sẽtə]
peligroso (adj)	perigoso	[pəri'gozu]
pequeño (adj)	pequeno	[pə'kenu]
perfecto (adj)	soberbo, perfeito	[su'berbu], [pər'fejtu]
permanente (adj)	permanente	[pərmɐ'nẽtə]
personal (adj)	pessoal	[pəsu'al]
pesado (adj)	pesado	[pə'zadu]
plano (pantalla ~a)	plano	['plɐnu]
plano (superficie ~a)	liso	['lizu]
pobre (adj)	pobre	['pɔbrə]
indigente (adj)	indigente	[ĩdi'ʒẽtə]
poco claro (adj)	não é clara	['nãu ɛ 'klarɐ]
poco profundo (adj)	pouco fundo	['poku 'fũdu]
posible (adj)	possível	[pu'sivɛl]
precedente (adj)	prévio	['prɛviu]
presente (momento ~)	presente	[prɐ'zẽtə]

principal (~ idea)	principal	[prĩsi'pal]
principal (la entrada ~)	principal	[prĩsi'pal]
privado (avión ~)	privado	[pri'vadu]
probable (adj)	provável	[pru'vavɛl]
próximo (cercano)	próximo	['prɔsimu]
público (adj)	público	['publiku]
puntual (adj)	pontual	[põtu'al]
rápido (adj)	rápido	['ʀapidu]
raro (adj)	raro	['ʀaru]
recto (línea ~a)	reto	['ʀɛtu]
sabroso (adj)	gostoso	[gu'ʃtozu]
salado (adj)	salgado	[sa'lgadu]
satisfecho (cliente)	satisfeito	[sɐti'ʃfejtu]
seco (adj)	seco	['seku]
seguro (no peligroso)	seguro	[sə'guru]
siguiente (avión, etc.)	seguinte	[sə'gĩtə]
similar (adj)	similar	[simi'lar]
simpático, amable (adj)	encantador	[ẽkãtɐ'dor]
simple (adj)	simples	['sĩpləʃ]
sin experiencia (adj)	inexperiente	[inəʃpə'ɾjẽtə]
sin nubes (adj)	desanuviado	[dəzɐnu'vjadu]
soleado (un día ~)	de sol, ensolarado	[də sɔl], [ẽsulɐ'radu]
sólido (~a pared)	sólido	['sɔlidu]
sombrío (adj)	sombrio	[sõ'briu]
sucio (no limpio)	sujo	['suʒu]
templado (adj)	quente	['kẽtə]
tenue (una ~ luz)	fraco	['fraku]
tierno (afectuoso)	terno, afetuoso	['tɛrnu], [ɐfɛtu'ozu]
tonto (adj)	burro, estúpido	['buʀu], [ə'ʃtupidu]
tranquilo (adj)	tranquilo	[trãku'ilu]
transparente (adj)	transparente	[trãʃpɐ'rẽtə]
triste (adj)	triste	['triʃtə]
triste (mirada ~)	triste	['triʃtə]
último (~a oportunidad)	último	['ultimu]
último (~a vez)	passado	[pɐ'sadu]
único (excepcional)	único	['uniku]
vacío (vaso medio ~)	vazio	[vɐ'ziu]
vario (adj)	diverso	[di'vɛrsu]
vecino (casa ~a)	vizinho	[vi'ziɲu]
viejo (casa ~a)	velho	['vɛʎu]

231

LOS 500 VERBOS PRINCIPALES

252. Los verbos A-C

abandonar (vt)	deixar (vt)	[dɐɪˈʃar]
abrazar (vt)	abraçar (vt)	[ɐbɾɐˈsar]
abrir (vt)	abrir (vt)	[ɐˈbɾir]
aburrirse (vr)	aborrecer-se (vr)	[ɐbuʁɐˈsersə]
acariciar (~ el cabello)	acariciar (vt)	[ɐkɛɾiˈsjar]
acercarse (vr)	aproximar-se (vr)	[ɐprɔsiˈmarsə]
acompañar (vt)	acompanhar (vt)	[ɐkõpɐˈɲar]
aconsejar (vt)	aconselhar (vt)	[ɐkõsəˈʎar]
actuar (vi)	agir (vi)	[ɐˈʒir]
acusar (vt)	acusar (vt)	[ɐkuˈzar]
adiestrar (~ animales)	adestrar (vt)	[ɐdəˈʃtrar]
adivinar (vt)	adivinhar (vt)	[ɐdiviˈɲar]
admirar (vt)	admirar (vt)	[ɐdmiˈrar]
adular (vt)	lisonjear (vt)	[lizõˈʒjar]
advertir (avisar)	advertir (vt)	[ɐdvərˈtir]
afeitarse (vr)	barbear-se (vr)	[bɐrˈbjarsə]
afirmar (vt)	afirmar (vt)	[ɐfirˈmar]
agitar la mano	acenar (vt)	[ɐsəˈnar]
agradecer (vt)	agradecer (vt)	[ɐgrɐdəˈser]
ahogarse (vr)	afogar-se (vr)	[ɐfuˈgarsə]
aislar (al enfermo, etc.)	isolar (vt)	[izuˈlar]
alabarse (vr)	gabar-se (vr)	[gɐˈbarsə]
alimentar (vt)	alimentar (vt)	[ɐlimẽˈtar]
almorzar (vi)	almoçar (vi)	[almuˈsar]
alquilar (~ una casa)	alugar (vt)	[ɐluˈgar]
alquilar (barco, etc.)	alugar (vt)	[ɐluˈgar]
aludir (vi)	insinuar (vt)	[ĩsinuˈar]
alumbrar (vt)	iluminar (vt)	[ilumiˈnar]
amarrar (vt)	atracar (vi)	[ɐtrɐˈkar]
amenazar (vt)	ameaçar (vt)	[ɐmiɐˈsar]
amputar (vt)	amputar (vt)	[ɐ̃puˈtar]
añadir (vt)	acrescentar (vt)	[ɐkrəʃsẽˈtar]
anotar (vt)	anotar (vt)	[ɐnuˈtar]
anular (vt)	anular, cancelar (vt)	[ɐnuˈlar], [kãsəˈlar]
apagar (~ la luz)	desligar (vt)	[dəʒliˈgar]
aparecer (vi)	aparecer (vi)	[ɐpɐɾəˈser]
aplastar (insecto, etc.)	esmagar (vt)	[ɐʒmɐˈgar]
aplaudir (vi, vt)	aplaudir (vi)	[ɐplauˈdir]

apoyar (la decisión)	apoiar (vt)	[ɐpoˈjar]
apresurar (vt)	apressar (vt)	[ɐprəˈsar]
apuntar a ...	apontar para ...	[ɐpõˈtar ˈpɐrɐ]
arañar (vt)	arranhar (vt)	[ɐʀɐˈɲar]
arrancar (vt)	arrancar (vt)	[ɐʀɐ̃ˈkar]

arrepentirse (vr)	arrepender-se (vr)	[ɐʀɨpẽˈdersə]
arriesgar (vt)	arriscar (vt)	[ɐʀiˈʃkar]
asistir (vt)	assistir (vt)	[ɐsiˈʃtir]
aspirar (~ a algo)	aspirar a ...	[ɐʃpiˈrar ɐ]

atacar (mil.)	atacar (vt)	[ɐtɐˈkar]
atar (cautivo)	amarrar (vt)	[ɐmɐˈʀar]
atar a ...	atar (vt)	[ɐˈtar]
aumentar (vt)	aumentar (vt)	[aumẽˈtar]
aumentarse (vr)	aumentar (vi)	[aumẽˈtar]

autorizar (vt)	permitir (vt)	[pərmiˈtir]
avanzarse (vr)	avançar (vi)	[ɐvɐ̃ˈsar]
avistar (vt)	avistar (vt)	[ɐviˈʃtar]
ayudar (vt)	ajudar (vt)	[ɐʒuˈdar]

bajar (vt)	baixar (vt)	[baɪˈʃar]
bañar (~ al bebé)	dar banho, lavar (vt)	[dar ˈbɐɲu], [lɐˈvar]
bañarse (vr)	ir nadar	[ir nɐˈdar]
beber (vi, vt)	beber, tomar (vt)	[bəˈber], [tuˈmar]
borrar (vt)	apagar (vt)	[ɐpɐˈgar]

brillar (vi)	brilhar (vi)	[briˈʎar]
bromear (vi)	fazer piadas	[fɐˈzer ˈpjadɐʃ]
bucear (vi)	mergulhar (vi)	[mərguˈʎar]
burlarse (vr)	zombar (vt)	[zõˈbar]

buscar (vt)	buscar (vt)	[buˈʃkar]
calentar (vt)	aquecer (vt)	[ɐkɛˈser]
callarse (no decir nada)	ficar em silêncio	[fiˈkar ẽ siˈlẽsiu]
calmar (vt)	acalmar (vt)	[ɐkalˈmar]
cambiar (de opinión)	mudar (vt)	[muˈdar]

cambiar (vt)	trocar, mudar (vt)	[truˈkar], [muˈdar]
cansar (vt)	fatigar (vt)	[fɐtiˈgar]
cargar (camión, etc.)	carregar (vt)	[kɐʀəˈgar]
cargar (pistola)	carregar (vt)	[kɐʀəˈgar]
casarse (con una mujer)	casar-se (vr)	[kɐˈzarsə]

castigar (vt)	punir, castigar (vt)	[puˈnir], [kɐʃtiˈgar]
cavar (fosa, etc.)	cavar (vt)	[kɐˈvar]
cazar (vi, vt)	caçar (vi)	[kɐˈsar]
ceder (vi, vt)	ceder (vi)	[səˈder]

cegar (deslumbrar)	cegar, ofuscar (vt)	[səˈgar], [ɔfuˈʃkar]
cenar (vi)	jantar (vi)	[ʒɐ̃ˈtar]
cerrar (vt)	fechar (vt)	[fəˈʃar]
cesar (vt)	cessar (vt)	[səˈsar]
citar (vt)	citar (vt)	[siˈtar]
coger (flores, etc.)	colher (vt)	[kuˈʎɛr]

coger (pelota, etc.)	pegar (vt)	[pə'gar]
colaborar (vi)	cooperar (vi)	[kuupə'rar]
colgar (vt)	pendurar (vt)	[pēdu'rar]

colocar (poner)	pôr, colocar (vt)	[por], [kulu'kar]
combatir (vi)	combater (vi, vt)	[kõbɐ'ter]
comenzar (vt)	começar (vt)	[kumə'sar]
comer (vi, vt)	comer (vt)	[ku'mer]
comparar (vt)	comparar (vt)	[kõpɐ'rar]

compensar (vt)	compensar (vt)	[kõpē'sar]
competir (vi)	competir (vi)	[kõpə'tir]
compilar (~ una lista)	fazer, elaborar (vt)	[fɐ'zer], [elɐbu'rar]
complicar (vt)	complicar (vt)	[kõpli'kar]

componer (música)	compor (vt)	[kõ'por]
comportarse (vr)	comportar-se (vr)	[kõpur'tarsə]
comprar (vt)	comprar (vt)	[kõ'prar]
comprender (vt)	compreender (vt)	[kõprië'der]

comprometer (vt)	comprometer (vt)	[kõprumə'ter]
informar (~ a la policía)	informar (vt)	[ĩfur'mar]
concentrarse (vr)	concentrar-se (vr)	[kõsē'trarsə]
condecorar (vt)	condecorar (vt)	[kõdəku'rar]

conducir el coche	conduzir (vt)	[kõdu'zir]
confesar (un crimen)	confessar-se (vr)	[kõfə'sarsə]
confiar (vt)	confiar (vt)	[kõ'fjar]
confundir (vt)	confundir (vt)	[kõfũ'dir]

conocer (~ a alguien)	conhecer (vt)	[kuɲə'ser]
consultar (a un médico)	consultar ...	[kõsul'tar]
contagiar (vt)	infetar, contagiar (vt)	[ĩfɛ'tar], [kõtɐ'ʒjar]
contagiarse (de ...)	contagiar-se com ...	[kõtɐ'ʒjarsə kõ]

contar (dinero, etc.)	calcular (vt)	[kalku'lar]
contar (una historia)	contar (vt)	[kõ'tar]
contar con ...	contar com ...	[kõ'tar kõ]
continuar (vt)	continuar (vt)	[kõtinu'ar]

contratar (~ a un abogado)	contratar (vt)	[kõtrɐ'tar]
controlar (vt)	controlar (vt)	[kõtru'lar]
convencer (vt)	convencer (vt)	[kõvē'ser]
convencerse (vr)	estar convencido	[ə'ʃtar kõvē'sidu]

| coordinar (vt) | coordenar (vt) | [kuurdə'nar] |
| corregir (un error) | corrigir (vt) | [kuʀi'ʒir] |

| correr (vi) | correr (vi) | [ku'ʀer] |
| cortar (un dedo, etc.) | cortar (vt) | [kur'tar] |

costar (vt)	custar (vt)	[ku'ʃtar]
crear (vt)	criar (vt)	[kri'ar]
creer (vt)	crer (vt)	[krer]
cultivar (plantas)	cultivar (vt)	[kulti'var]
curar (vt)	tratar (vt)	[trɐ'tar]

253. Los verbos D-E

dar (algo a alguien)	dar (vt)	[dar]
darse prisa	apressar-se (vr)	[epre'sarse]
darse un baño	lavar-se (vr)	[le'varse]
datar de …	datar (vi)	[de'tar]
deber (v aux)	dever (vi)	[də'ver]
decidir (vt)	decidir (vt)	[dəsi'dir]
decir (vt)	dizer (vt)	[di'zer]
decorar (para la fiesta)	decorar (vt)	[dəku'rar]
dedicar (vt)	dedicar (vt)	[dədi'kar]
defender (vt)	defender (vt)	[dəfẽ'der]
defenderse (vr)	defender-se (vr)	[dəfẽ'dersə]
dejar caer	deixar cair (vt)	[deɪ'ʃar ke'ir]
dejar de hablar	calar-se (vr)	[ke'larsə]
denunciar (vt)	denunciar (vt)	[dənü'sjar]
depender de …	depender de … (vi)	[dəpẽ'der də]
derramar (líquido)	derramar (vt)	[dəʀe'mar]
desamarrar (vt)	desatracar (vi)	[dəzetre'kar]
desaparecer (vi)	desaparecer (vi)	[dəzeperə'ser]
desatar (vt)	desatar (vt)	[dəze'tar]
desayunar (vi)	tomar o pequeno-almoço	[tu'mar u pə'kenu al'mosu]
descansar (vi)	descansar (vi)	[dəʃkã'sar]
descender (vi)	descer (vi)	[də'ʃser]
descubrir (tierras nuevas)	descobrir (vt)	[dəʃku'brir]
desear (vt)	desejar (vt)	[dəzə'ʒar]
desparramarse (azúcar)	derramar-se (vr)	[dəʀe'marsə]
emitir (~ un olor)	emitir (vt)	[emi'tir]
despegar (el avión)	descolar (vi)	[dəʃku'lar]
despertar (vt)	acordar, despertar (vt)	[ekur'dar], [dəʃpər'tar]
despreciar (vt)	desprezar (vt)	[dəʃprə'zar]
destruir (~ las pruebas)	destruir (vt)	[dəʃtru'ir]
devolver (paquete, etc.)	devolver (vt)	[dəvɔ'lver]
diferenciarse (vr)	ser diferente	[ser difə'rẽtə]
distribuir (~ folletos)	distribuir (vt)	[diʃtribu'ir]
dirigir (administrar)	dirigir (vt)	[diri'ʒir]
dirigirse (~ al jurado)	dirigir-se (vr)	[diri'ʒirsə]
disculpar (vt)	desculpar (vt)	[dəʃkul'par]
disculparse (vr)	desculpar-se (vr)	[dəʃkul'parsə]
discutir (vt)	discutir (vt)	[diʃku'tir]
disminuir (vt)	reduzir (vt)	[ʀədu'zir]
distribuir (comida, agua)	distribuir (vt)	[diʃtribu'ir]
divertirse (vr)	divertir-se (vr)	[divər'tirsə]
dividir (~ 7 entre 5)	dividir (vt)	[divi'dir]
doblar (p.ej. capital)	dobrar (vt)	[du'brar]

| dudar (vt) | duvidar (vt) | [duvi'dar] |
| elevarse (alzarse) | **elevar-se acima de ...** | [elə'varsə ɐ'simɐ də] |

eliminar (obstáculo)	**remover, eliminar** (vt)	[ʀəmu'ver], [elimi'nar]
emerger (submarino)	**emergir** (vi)	[emər'ʒir]
empaquetar (vt)	**embrulhar** (vt)	[ẽbru'ʎar]
emplear (utilizar)	**usar** (vt)	[u'zar]

emprender (~ acciones)	**empreender** (vt)	[ẽpriẽ'der]
empujar (vt)	**empurrar** (vt)	[ẽpu'ʀar]
enamorarse (de ...)	**apaixonar-se de ...**	[ɐpaɪʃu'narsə də]
encabezar (vt)	**encabeçar** (vt)	[ẽkɐbə'sar]

encaminar (vt)	**direcionar** (vt)	[dirɛsiu'nar]
encender (hoguera)	**acender** (vt)	[esẽ'der]
encender (radio, etc.)	**ligar** (vt)	[li'gar]
encontrar (hallar)	**encontrar** (vt)	[ẽkõ'trar]

enfadar (vt)	**zangar** (vt)	[zã'gar]
enfadarse (con ...)	**zangar-se com ...**	[zã'garsə kõ]
engañar (vi, vt)	**enganar** (vt)	[ẽgɐ'nar]
enrojecer (vi)	**corar** (vi)	[kɔ'rar]

enseñar (vi, vt)	**ensinar** (vt)	[ẽsi'nar]
ensuciarse (vr)	**sujar-se** (vr)	[su'ʒarsə]
entrar (vi)	**entrar** (vi)	[ẽ'trar]
entrenar (vt)	**treinar** (vt)	[trej'nar]

entrenarse (vr)	**treinar-se** (vr)	[trej'narsə]
entretener (vt)	**divertir** (vt)	[divər'tir]
enviar (carta, etc.)	**enviar** (vt)	[ẽ'vjar]
envidiar (vt)	**invejar** (vt)	[ĩvə'ʒar]

equipar (vt)	**equipar** (vt)	[eki'par]
equivocarse (vr)	**errar** (vi)	[ɛ'ʀar]
escoger (vt)	**escolher** (vt)	[əʃku'ʎer]
esconder (vt)	**esconder** (vt)	[əʃkõ'der]
escribir (vt)	**escrever** (vt)	[əʃkrə'ver]

escuchar (vt)	**escutar** (vt)	[əʃku'tar]
escuchar a hurtadillas	**escutar atrás da porta**	[əʃku'tar ɐ'traʃ də 'pɔrtɐ]
escupir (vi)	**cuspir** (vi)	[ku'ʃpir]
esperar (aguardar)	**esperar** (vi, vt)	[əʃpə'rar]

esperar (anticipar)	**esperar** (vt)	[əʃpə'rar]
esperar (tener esperanza)	**esperar** (vt)	[əʃpə'rar]
estar (~ sobre la mesa)	**estar**	[ə'ʃtar]
estar (vi)	**estar** (vi)	[ə'ʃtar]

estar acostado	**estar deitado**	[ə'ʃtar dej'tadu]
estar basado (en ...)	**basear-se** (vr)	[bɐ'zjarsə]
estar cansado	**ficar cansado**	[fi'kar kã'sadu]
estar conservado	**ser preservado**	[ser prəzər'vadu]
estar de acuerdo	**concordar** (vi)	[kõkur'dar]
estar en guerra	**guerrear** (vt)	[gɛʀə'ar]
estar perplejo	**estar perplexo**	[ə'ʃtar pər'plɛksu]

estar sentado	estar sentado	[ə'ʃtar sẽ'tadu]
estremecerse (vr)	estremecer (vi)	[əʃtrəmə'ser]
estudiar (vt)	estudar (vt)	[əʃtu'dar]

evitar (peligro, etc.)	evitar (vt)	[evi'tar]
examinar (propuesta)	examinar (vt)	[ezɐmi'nar]
excluir (vt)	expulsar (vt)	[əʃpu'lsar]
exigir (vt)	exigir (vt)	[ezi'ʒir]

existir (vi)	existir (vi)	[ezi'ʃtir]
explicar (vt)	explicar (vt)	[əʃpli'kar]
expresar (vt)	expressar (vt)	[əʃprə'sar]
expulsar (ahuyentar)	afugentar (vt)	[ɐfuʒẽ'tar]

254. Los verbos F-M

facilitar (vt)	facilitar (vt)	[fesili'tar]
faltar (a las clases)	faltar a ...	[fal'tar ɐ]
fascinar (vt)	fascinar (vt)	[feʃsi'nar]
felicitar (vt)	felicitar (vt)	[fəlisi'tar]

firmar (~ el contrato)	assinar (vt)	[ɐsi'nar]
formar (vt)	formar (vt)	[fur'mar]
fortalecer (vt)	reforçar (vt)	[Rəfur'sar]
forzar (obligar)	forçar (vt)	[fur'sar]

fotografiar (vt)	fotografar (vt)	[futugrɐ'far]
garantizar (vt)	garantir (vt)	[gɐrã'tir]
girar (~ a la izquierda)	virar (vi)	[vi'rar]
golpear (la puerta)	bater (vi)	[bɐ'ter]

gritar (vi)	gritar (vi)	[gri'tar]
guardar (cartas, etc.)	guardar (vt)	[guer'dar]
gustar (el tenis, etc.)	gostar (vt)	[gu'ʃtar]
gustar (vi)	gostar (vt)	[gu'ʃtar]
habitar (vi, vt)	morar (vt)	[mu'rar]

hablar con ...	falar com ...	[fɐ'lar kõ]
hacer (vt)	fazer (vt)	[fɐ'zer]
hacer conocimiento	conhecer-se (vr)	[kuɲə'sersə]
hacer copias	tirar cópias	[ti'rar 'kɔpiɐʃ]

hacer la limpieza	arrumar, limpar (vt)	[ɐRu'mar], [lĩ'par]
hacer una conclusión	tirar uma conclusão	[ti'rar 'umɐ kõklu'zãu]
hacerse (vr)	tornar-se (vr)	[tur'narsə]
hachear (vt)	cortar (vt)	[kur'tar]
heredar (vt)	herdar (vt)	[er'dar]

imaginarse (vr)	imaginar (vt)	[imɐʒi'nar]
imitar (vt)	imitar (vt)	[imi'tar]
importar (vt)	importar (vt)	[ĩpur'tar]
indignarse (vr)	indignar-se (vr)	[ĩdi'gnarsə]
influir (vt)	influenciar (vt)	[ĩfluẽ'sjar]
informar (vt)	informar (vt)	[ĩfur'mar]

informarse (vr)	informar-se (vt)	[ĩfur'marsə]
inquietar (vt)	preocupar (vt)	[priɔku'par]
inquietarse (vr)	preocupar-se (vr)	[priɔku'parsə]
inscribir (en la lista)	inscrever (vt)	[ĩʃkrə'ver]
insertar (~ la llave)	inserir (vt)	[ĩsə'rir]
insistir (vi)	insistir (vi)	[ĩsi'ʃtir]
inspirar (vt)	inspirar (vt)	[ĩʃpi'rar]
instruir (enseñar)	instruir (vt)	[ĩʃtru'ir]
insultar (vt)	insultar (vt)	[ĩsul'tar]
intentar (vt)	tentar (vt)	[tẽ'tar]
intercambiar (vt)	trocar (vt)	[tru'kar]
interesar (vt)	interessar (vt)	[ĩtərə'sar]
interesarse (vr)	interessar-se (vr)	[ĩtərə'sarsə]
interpretar (actuar)	desempenhar (vt)	[dəzẽpə'ɲar]
intervenir (vi)	intervir (vi)	[ĩtər'vir]
inventar (máquina, etc.)	inventar (vt)	[ĩvẽ'tar]
invitar (vt)	convidar (vt)	[kõvi'dar]
ir (~ en taxi)	ir (vi)	[ir]
ir (a pie)	ir (vi)	[ir]
irritar (vt)	irritar (vt)	[iʀi'tar]
irritarse (vr)	irritar-se (vr)	[iʀi'tarsə]
irse a la cama	ir para a cama	[ir 'pɐrɐ ɐ 'kɐmɐ]
jugar (divertirse)	brincar, jogar (vi, vt)	[brĩ'kar], [ʒu'gar]
lanzar (comenzar)	lançar (vt)	[lã'sar]
lavar (vt)	lavar (vt)	[lɐ'var]
lavar la ropa	lavar a roupa	[lɐ'var ɐ 'ʀopɐ]
leer (vi, vt)	ler (vt)	[ler]
levantarse (de la cama)	levantar-se (vr)	[ləvã'tarsə]
liberar (ciudad, etc.)	libertar (vt)	[libər'tar]
librarse de …	livrar-se de …	[li'vrarsə də]
limitar (vt)	limitar (vt)	[limi'tar]
limpiar (~ el horno)	limpar (vt)	[lĩ'par]
limpiar (zapatos, etc.)	limpar (vt)	[lĩ'par]
llamar (le llamamos …)	denominar (vt)	[dənumi'nar]
llamar (por ayuda)	chamar (vt)	[ʃe'mar]
llamar (vt)	chamar (vt)	[ʃe'mar]
llegar (~ al Polo Norte)	chegar a …	[ʃə'gar ɐ]
llegar (tren)	chegar (vi)	[ʃə'gar]
llenar (p.ej. botella)	encher (vt)	[ẽ'ʃer]
retirar (~ los platos)	levar (vt)	[lə'var]
llorar (vi)	chorar (vi)	[ʃu'rar]
lograr (un objetivo)	alcançar (vt)	[alkã'sar]
luchar (combatir)	lutar (vt)	[lu'tar]
luchar (sport)	lutar (vi)	[lu'tar]
mantener (la paz)	preservar (vt)	[prəzər'var]
marcar (en el mapa, etc.)	marcar (vt)	[mɛr'kar]

matar (vt)	matar (vt)	[mɐ'tar]
memorizar (vt)	memorizar (vt)	[məmuri'zar]
mencionar (vt)	mencionar (vt)	[mẽsiu'nar]
mentir (vi)	mentir (vi)	[mẽ'tir]
merecer (vt)	merecer (vt)	[mərə'ser]

mezclar (vt)	misturar (vt)	[miʃtu'rar]
mirar (vi, vt)	olhar (vt)	[ɔ'ʎar]
mirar a hurtadillas	espreitar (vi)	[əʃprej'tar]
molestar (vt)	perturbar (vt)	[pərtur'bar]

mostrar (~ el camino)	indicar (vt)	[ĩdi'kar]
mostrar (demostrar)	mostrar (vt)	[mu'ʃtrar]
mover (el sofá, etc.)	mover (vt)	[mu'ver]
multiplicar (mat)	multiplicar (vt)	[multipli'kar]

255. Los verbos N-R

nadar (vi)	nadar (vi)	[nɐ'dar]
negar (rechazar)	recusar (vt)	[ʀəku'zar]
negar (vt)	negar (vt)	[nə'gar]
negociar (vi)	negociar (vi)	[nəgu'sjar]

nombrar (designar)	nomear (vt)	[nu'mjar]
notar (divisar)	perceber (vt)	[pərsə'ber]
obedecer (vi, vt)	obedecer (vt)	[ɔbədə'ser]
objetar (vt)	objetar (vt)	[ɔbʒɛ'tar]

observar (vt)	observar (vt)	[ɔbsər'var]
ofender (vt)	ofender (vt)	[ɔfẽ'der]
oír (vt)	ouvir (vt)	[o'vir]
oler (despedir olores)	cheirar (vi)	[ʃej'rar]
oler (percibir olores)	cheirar (vi)	[ʃej'rar]

olvidar (dejar)	deixar (vt)	[dɐɪ'ʃar]
olvidar (vt)	esquecer (vt)	[əʃkɛ'ser]
omitir (vt)	omitir (vt)	[ɔmi'tir]
orar (vi)	rezar, orar (vi)	[ʀə'zar], [ɔ'rar]

ordenar (mil.)	ordenar (vt)	[ɔrdə'nar]
organizar (concierto, etc.)	organizar (vt)	[ɔrgeni'zar]
osar (vi)	ousar (vt)	[o'zar]
pagar (vi, vt)	pagar (vt)	[pɐ'gar]

pararse (vr)	parar (vi)	[pɐ'rar]
parecerse (vr)	parecer-se (vr)	[pərə'sersə]
participar (vi)	participar (vi)	[pərtisi'par]
partir (~ a Londres)	partir (vt)	[pər'tir]
pasar (~ el pueblo)	passar (vt)	[pɐ'sar]

pecar (vi)	pecar (vi)	[pə'kar]
pedir (ayuda, etc.)	pedir (vt)	[pə'dir]
pedir (restaurante)	pedir (vt)	[pə'dir]
pegar (golpear)	bater (vt)	[bɐ'ter]

peinarse (vr)	**pentear-se** (vr)	[pẽ'tjarsə]
pelear (vi)	**bater-se** (vr)	[bɐ'tersə]
penetrar (vt)	**penetrar** (vt)	[pənə'trar]
pensar (creer)	**achar** (vt)	[ɐ'ʃar]
pensar (vi, vt)	**pensar** (vt)	[pẽ'sar]
perder (paraguas, etc.)	**perder** (vt)	[pər'der]
perdonar (vt)	**perdoar** (vt)	[pərdu'ar]
permitir (vt)	**permitir** (vt)	[pərmi'tir]
pertenecer a …	**pertencer a …**	[pərtẽ'ser ɐ]
pesar (tener peso)	**pesar** (vt)	[pə'zar]
pescar (vi)	**pescar** (vt)	[pə'ʃkar]
planchar (vi, vt)	**passar a ferro**	[pɐ'sar ɐ 'fɛru]
planear (vt)	**planear** (vt)	[plɐ'njar]
poder (v aux)	**poder** (vi)	[pu'der]
poner (colocar)	**pôr, colocar** (vt)	[por], [kulu'kar]
poner en orden	**consertar** (vt)	[kõsər'tar]
poseer (vt)	**possuir** (vt)	[pusu'ir]
preferir (vt)	**preferir** (vt)	[prəfə'rir]
preocuparse (vr)	**preocupar-se** (vr)	[priɔku'parsə]
preparar (la cena)	**cozinhar** (vt)	[kuzi'ɲar]
preparar (vt)	**preparar** (vt)	[prəpe'rar]
presentar (~ a sus padres)	**apresentar** (vt)	[ɐprəzẽ'tar]
presentar (vt) (persona)	**apresentar** (vt)	[ɐprəzẽ'tar]
presentar un informe	**reportar** (vt)	[ʀəpur'tar]
prestar (vt)	**tomar emprestado** (vt)	[tu'mar ẽprə'ʃtadu]
prever (vt)	**prever** (vt)	[prə'ver]
privar (vt)	**privar** (vt)	[pri'var]
probar (una teoría, etc.)	**provar** (vt)	[pru'var]
prohibir (vt)	**proibir** (vt)	[prui'bir]
prometer (vt)	**prometer** (vt)	[prumə'ter]
pronunciar (vt)	**pronunciar** (vt)	[prunũ'sjar]
proponer (vt)	**propor** (vt)	[pru'por]
proteger (la naturaleza)	**proteger** (vt)	[prutə'ʒer]
protestar (vi, vt)	**protestar** (vi)	[prutə'ʃtar]
provocar (vt)	**provocar** (vt)	[pruvu'kar]
proyectar (~ un edificio)	**projetar, criar** (vt)	[pruʒɛ'tar], [kri'ar]
publicitar (vt)	**publicitar** (vt)	[publisi'tar]
quedar (una ropa, etc.)	**servir** (vi)	[sər'vir]
quejarse (vr)	**queixar-se** (vr)	[kɐɪ'ʃarsə]
quemar (vt)	**queimar** (vt)	[kɐj'mar]
querer (amar)	**amar** (vt)	[ɐ'mar]
querer (desear)	**querer** (vt)	[kə'rer]
quitar (~ una mancha)	**remover** (vt)	[ʀəmu'ver]
quitar (cuadro de la pared)	**tirar** (vt)	[ti'rar]
guardar (~ en su sitio)	**guardar** (vt)	[guɐr'dar]
rajarse (vr)	**rachar-se** (vr)	[ʀɐ'ʃarsə]

realizar (vt)	realizar (vt)	[ʀiɐli'zaɾ]
recomendar (vt)	recomendar (vt)	[ʀəkumẽ'daɾ]
reconocer (admitir)	reconhecer (vt)	[ʀəkuɲə'seɾ]
reconocer (una voz, etc.)	reconhecer (vt)	[ʀəkuɲə'seɾ]
recordar (tener en mente)	lembrar (vt)	[lẽ'bɾaɾ]

recordar algo a algn	fazer lembrar	[fɐ'zeɾ lẽ'bɾaɾ]
recordarse (vr)	recordar, lembrar (vt)	[ʀəkuɾ'daɾ], [lẽ'bɾaɾ]
recuperarse (vr)	recuperar-se (vr)	[ʀəkupə'ɾaɾsə]
reflexionar (vi)	ficar pensativo	[fi'kaɾ pẽsɐ'tivu]
regañar (vt)	repreender (vt)	[ʀəpɾiẽ'deɾ]

regar (plantas)	regar (vt)	[ʀə'gaɾ]
regresar (~ a la ciudad)	voltar (vi)	[vɔl'taɾ]
rehacer (vt)	refazer (vt)	[ʀəfɐ'zeɾ]
reírse (vr)	rir (vi)	[ʀiɾ]

reparar (arreglar)	reparar (vt)	[ʀəpe'ɾaɾ]
repetir (vt)	repetir (vt)	[ʀəpə'tiɾ]
reprochar (vt)	censurar (vt)	[sẽsu'ɾaɾ]
reservar (~ una mesa)	reservar (vt)	[ʀəzəɾ'vaɾ]

resolver (~ el problema)	resolver (vt)	[ʀəzɔ'lveɾ]
resolver (~ la discusión)	resolver (vt)	[ʀəzɔ'lveɾ]
respirar (vi)	respirar (vi)	[ʀəʃpi'ɾaɾ]
responder (vi, vt)	responder (vt)	[ʀəʃpõ'deɾ]

retener (impedir)	refrear (vt)	[ʀəfɾi'aɾ]
robar (vt)	roubar (vt)	[ʀo'baɾ]
romper (mueble, etc.)	quebrar (vt)	[kə'bɾaɾ]
romperse (la cuerda)	romper-se (vr)	[ʀõ'peɾsə]

256. Los verbos S-V

saber (~ algo mas)	saber (vt)	[sɐ'beɾ]
sacudir (agitar)	agitar, sacudir (vt)	[ɐʒi'taɾ], [sɐku'diɾ]
salir (libro)	sair (vi)	[sɐ'iɾ]
salir (vi)	sair (vi)	[sɐ'iɾ]

saludar (vt)	saudar (vt)	[sɐu'daɾ]
salvar (vt)	salvar (vt)	[sa'lvaɾ]
satisfacer (vt)	satisfazer (vt)	[sɐtiʃfɐ'zeɾ]
secar (ropa, pelo)	secar (vt)	[sə'kaɾ]

seguir ...	seguir ...	[sə'giɾ]
seleccionar (vt)	selecionar (vt)	[sələsiu'naɾ]
sembrar (semillas)	semear (vt)	[sə'mjaɾ]
sentarse (vr)	sentar-se (vr)	[sẽ'taɾsə]

sentenciar (vt)	sentenciar (vt)	[sẽtẽ'sjaɾ]
sentir (peligro, etc.)	sentir (vt)	[sẽ'tiɾ]
ser (vi)	ser (vi)	[seɾ]
ser causa de ...	causar (vt)	[kau'zaɾ]
ser indispensable	ser indispensável	[seɾ ĩdiʃpẽ'savɛl]

| ser necesario | ser necessário | [ser nəsə'sariu] |
| ser suficiente | bastar (vi) | [be'ʃtar] |

servir (~ a los clientes)	servir (vt)	[sər'vir]
significar (querer decir)	significar (vt)	[signifi'kar]
significar (vt)	significar (vt)	[signifi'kar]
simplificar (vt)	simplificar (vt)	[sĩplifi'kar]

sobreestimar (vt)	sobrestimar (vt)	[sobrəʃti'mar]
sofocar (un incendio)	apagar (vt)	[ɐpe'gar]
soñar (durmiendo)	sonhar (vi)	[su'ɲar]
soñar (fantasear)	sonhar (vt)	[su'ɲar]

sonreír (vi)	sorrir (vi)	[su'ʀir]
soplar (viento)	soprar (vi)	[su'prar]
soportar (~ el dolor)	suportar (vt)	[supur'tar]
sorprender (vt)	surpreender (vt)	[surpriẽ'der]

sorprenderse (vr)	surpreender-se (vr)	[surpriẽ'dersə]
sospechar (vt)	suspeitar (vt)	[suʃpej'tar]
subestimar (vt)	subestimar (vt)	[subəʃti'mar]
subrayar (vt)	sublinhar (vt)	[subli'ɲar]

sufrir (dolores, etc.)	sofrer (vt)	[su'frer]
suplicar (vt)	implorar (vt)	[ĩplu'rar]
suponer (vt)	supor (vt)	[su'por]
suspirar (vi)	suspirar (vi)	[suʃpi'rar]

temblar (de frío)	tremer (vi)	[trə'mer]
tener (vt)	ter (vt)	[ter]
tener miedo	ter medo	[ter 'medu]
terminar (vt)	terminar (vt)	[tərmi'nar]

tirar (cuerda)	puxar (vt)	[pu'ʃar]
tirar (disparar)	atirar (vi)	[ɐti'rar]
tirar (piedras, etc.)	jogar, atirar (vt)	[ʒu'gar], [ɐti'rar]

tocar (con la mano)	tocar (vt)	[tu'kar]
tomar (vt)	pegar (vt)	[pə'gar]
tomar nota	anotar (vt)	[ɐnu'tar]
trabajar (vi)	trabalhar (vi)	[trebe'ʎar]

traducir (vt)	traduzir (vt)	[tredu'zir]
traer (un recuerdo, etc.)	trazer (vt)	[tre'zer]
transformar (vt)	transformar (vt)	[trãʃfur'mar]
tratar (de hacer algo)	tentar (vt)	[tẽ'tar]

unir (vt)	juntar, unir (vt)	[ʒũ'tar], [u'nir]
unirse (~ al grupo)	juntar-se a ...	[ʒũ'tarsə ɐ]
usar (la cuchara, etc.)	utilizar (vt)	[utili'zar]
vacunar (vt)	vacinar (vt)	[vesi'nar]

vender (vt)	vender (vt)	[vẽ'der]
vengar (vt)	vingar (vt)	[vĩ'gar]
verter (agua, vino)	verter, encher (vt)	[vər'ter], [ẽ'ʃer]
vivir (vi)	viver (vi)	[vi'ver]

volar (pájaro, avión)	**voar** (vi)	[vu'ar]
volver (~ fondo arriba)	**virar** (vt)	[vi'rar]
volverse de espaldas	**virar as costas**	[vi'rar eʃ 'koʃteʃ]
votar (vi)	**votar** (vi)	[vu'tar]

Printed in Great Britain
by Amazon

47412492R00136